George-Étienne Cartier
bourgeois montréalais

Les Éditions du Boréal remercient le Conseil des Arts du Canada ainsi que le ministère du Patrimoine canadien et la SODEC pour leur soutien financier.

Les Éditions du Boréal bénéficient également du Programme de crédit d'impôt pour l'édition de livres du gouvernement du Québec.

Couverture : George-Étienne Cartier, en 1863. Archives photographiques Notman, Musée McCord d'histoire canadienne, Montréal, I-7956.

Dépôt légal : 4e trimestre 2004
Bibliothèque nationale du Québec

Diffusion au Canada : Dimedia
Diffusion et distribution en Europe : Les Éditions du Seuil

Données de catalogage avant publication (Canada)

Young, Brian, 1940-

George-Étienne Cartier : bourgeois montréalais
2e éd.
Traduction de : George-Etienne Cartier, Montréal bourgeois.

Comprend des réf. bibliogr.

ISBN 2-7646-0350-9

1. Cartier, George-Étienne, Sir, 1814-1873. 2. Canada – Politique et gouvernement – 1841-1867. 3. Canada – Politique et gouvernement – 1867-1873 – Biographies. 4. Hommes d'État – Canada – Biographies. I. Titre.

FC471.C37Y6814 2004 971.04'092 C2004-941776-2

Brian Young

George-Étienne Cartier

bourgeois montréalais

traduit de l'anglais (Canada)
par André D'Allemagne

préface d'André Champagne

Boréal

À Mildred et Stanley Bréhaut Ryerson

Préface

George-Étienne Cartier n'a pas bonne réputation. Père de la Confédération, bras droit de Sir John A. Macdonald, conseiller juridique de la compagnie Grand Tronc, ancien patriote converti au réformisme de Louis-Hippolyte La Fontaine, ministre corrompu impliqué dans le scandale du Canadien Pacifique, politicien qui ne cessait de répéter : « Je construis pour l'avenir », il a été pour le moins malmené par les historiens nationalistes qui l'ont perçu et décrit comme un carriériste opportuniste prêt à toutes les compromissions pour arriver au pouvoir et le conserver.

Habile coulissier aux yeux de ses ennemis, George-Étienne Cartier est d'abord et avant tout un politicien réaliste qui a compris, au lendemain de l'échec des Rébellions de 1837-1838, qu'il était impératif de nouer des alliances avec les députés réformistes du Canada-Ouest qui partageaient sa vision du développement politique et économique du Canada-Uni.

Cartier a été systématiquement comparé à Louis-Joseph Papineau. Pour des générations de nationalistes québécois, Papineau incarne l'idéal national. Pourtant, c'est Papineau qui a conduit les Canadiens français à l'impasse de la rébellion et c'est lui qui, à son retour d'exil en 1848, a prôné l'annexion du Canada-Est (le Québec) aux États-Unis… ! Au début du régime de l'Union, en 1840, l'avenir semblait sombre pour les Canadiens français, promis à une assimilation certaine dans cette nouvelle province dominée par les « Canadians ». Grâce à l'intelligence politique de La Fontaine, qui a eu le courage de négocier une alliance avec les réformistes de Robert Baldwin, les Canadiens français ont obtenu la reconnaissance de leurs droits linguistiques et scolaires au Canada-Uni. En observant La Fontaine, Cartier à compris qu'il était possible de défendre les intérêts des siens en s'associant aux politiciens anglo-canadiens lucides et ouverts au compromis. Cartier clamait souvent : « Si nous nous unissons, nous formerons une nation politique, indépendante de l'origine nationale et de la religion des individus. »

En 1864, Cartier, Macdonald et George Brown forment la Grande Coalition dont l'objectif est de regrouper les provinces de la British North America dans une fédération. Aux conférences de Charlottetown et de Québec, Cartier n'hésite pas à contrer le rusé Macdonald qui tente de regrouper les provinces dans une union législative qui centraliserait presque tous les pouvoirs. Sa défense des intérêts et des particularismes des provinces démontre que Cartier n'a pas trahi les Canadiens français et qu'il faut reconsidérer son rôle dans l'histoire politique canadienne et québécoise.

En 1982, George-Étienne Cartier, bourgeois montréalais *paraissait. Dans ce livre, Brian Young présente Cartier comme un grand avocat montréalais étroitement mêlé aux milieux financier et politique. Cartier évolue avec aisance dans ce milieu anglophone où l'on voue une admiration inconditionnelle aux institutions parlementaires britanniques et où argent et politique vont main dans la main.*

À une époque où notre historiographie était dominée par l'histoire économique et sociale inspirée par l'École des Annales, Brian Young a su produire une brillante œuvre historique mêlant le politique à l'économique. Fait étonnant pour un historien universitaire, l'auteur a réussi le tour de force d'intégrer à son livre des éléments de la vie privée de Cartier qui ne cachait pas son penchant pour les femmes et les mondanités.

À l'occasion de la réédition de ce livre en 2004, il est intéressant d'examiner à nouveau le trajet d'un politicien partisan du régime fédéral. On ne peut s'empêcher d'établir une comparaison entre Cartier et tous ces politiciens québécois des dernières décennies qui ont fait le pari du Canada — au nombre desquels on compte, par exemple, l'actuel premier ministre Jean Charest — et qui croient au fédéralisme, dans la mesure où Ottawa respecte les provinces et renonce à sa volonté centralisatrice si manifeste depuis les quarante dernières années. À une époque où on s'interroge sur la pertinence de l'option souverainiste et où on peut croire en la possibilité d'établir un fédéralisme asymétrique, il est opportun de réfléchir à la carrière étonnante d'un politicien devenu apôtre du fédéralisme canadien.

André Champagne

Avant-propos de la nouvelle édition

Je me réjouis de la réédition de cette biographie qui aborde des thèmes centraux de l'histoire politique et sociale, dont la famille, les classes sociales, les institutions et les idéologies pendant la période névralgique qui sépare les Rébellions de 1837-1838 et la Confédération de 1867.

L'origine sociale, l'école, la profession, l'environnement urbain, les amis, les passe-temps ont concouru à façonner les multiples facettes de la personnalité de George-Étienne Cartier. Cet ouvrage donne une importance primordiale au lieu, en l'occurrence Montréal. Pour saisir le personnage, il faut comprendre qu'il est avant tout un Montréalais. On ne saurait réduire G.-É. Cartier à l'image populaire du père canadien-français de la Confédération. Sa carrière doit plutôt être envisagée à la lumière du contexte plus large de ses activités intellectuelles, sociales, sentimentales et parentales.

Il est intéressant de noter que la recherche que j'ai effectuée pour ce livre, en m'amenant à étudier le rôle de Cartier au sein des institutions québécoises, m'a ultérieurement conduit à m'intéresser à l'étude de nombreuses institutions, au système judiciaire et à la propriété terrienne, ainsi qu'aux formes que prend la mémoire collective au Québec.

Une génération d'intellectuels qui ont écrit sur G.-É. Cartier, dont Gérard Parizeau (1994) et Henry Best (2004), ont disparu depuis la première édition de ce livre. À ce chapitre, il faut mentionner André D'Allemagne qui en avait assuré la traduction : ce théoricien et activiste d'envergure, dont le travail est remarquable par son exactitude et sa « discrétion », m'a beaucoup apporté, étant lui-même un intellectuel plus expérimenté que je ne l'étais, issu d'une tradition politique différente de la mienne.

Plus récemment, nombreux auteurs, tels Éric Bédard, Michel Ducharme, Jean-Marie Fecteau, Allan Greer, René Hardy et J. I. Little, ont enrichi l'étude de la période de l'Union. La bibliographie mise à jour reflète ces contributions.

En tant qu'ouvrage d'histoire sociale, ce livre s'intéresse à la microhistoire, aux aspects matériels, allant jusqu'à étudier le contenu des poches des individus ! Aujourd'hui, de nouvelles questions et pistes d'intérêt surgissent : le discours de Cartier, son rôle dans le dossier du Manitoba ou de la milice. D'autres part, de nouvelles questions me passionnent aujourd'hui : les relations interethniques à Montréal, l'État, les hiérarchies urbaines, les paysages urbains, les nuances entre les termes « libéral » et « conservateur » et, enfin, le pouvoir, que ce soit celui de l'État, de la religion, qu'il soit social ou physique (et qu'on ne peut simplement ramener à une dimension économique). L'historien n'a pas la liberté du romancier, qui étoffe et enrichit le passé, il ne peut échapper aux faits, à la réalité, aux archives et aux données historiques. Ernest Labrousse avait raison, je pense, lorsqu'il disait : « L'histoire, c'est l'histoire du dialogue entre l'économique, le social et le mental. » La biographie permet à l'historien d'entrer dans ce dialogue : en vérité, la vitalité, l'humanité de la vie de Cartier et de ceux qui l'entouraient semblent parfois dépasser la fiction. La biographie est une forme d'écriture historique enrichissante, c'est un superbe « observatoire ».

Ce livre est dédié à deux Montréalais : au professeur Stanley Bréhaut Ryerson qui, souvent isolé, a aidé toute une génération à appréhender les questions entourant le nationalisme, les classes sociales et le changement social, de même qu'à Mildred Ryerson, qui, par son activisme et par son action communautaire, a maintenu vivante et primordiale l'idée de la dignité de l'individu.

Brian Young, octobre 2004

Avant-propos

Depuis sa mort, en 1873, jusqu'à nos jours, George-Étienne Cartier a décidément eu bonne presse. John A. Macdonald lui faisait déjà l'honneur de le considérer comme son *alter ego*. Un de ses premiers biographes le présentait comme «patriote, législateur, réformateur, administrateur, homme d'État, bâtisseur de pays». Aux yeux de plusieurs, Cartier demeure un des principaux fondateurs du Canada moderne, représentant authentique des Canadiens français. L'historien W.L. Morton voit en lui «le personnage le plus audacieux et le plus marquant de l'histoire politique du Canada».

John Irwin Cooper s'est interrogé sur son manque de pensée politique et sur son goût pour l'efficacité à tout prix, mais les historiens nationalistes canadiens, comme Pierre Berton, en ont fait le Jefferson de la fédération canadienne. L'auteur de sa biographie la plus récente le décrit comme «un nouveau Napoléon» qui incarnait un mode de vie authentiquement national[1]. À l'Assemblée nationale du Québec, on peut voir son buste drapé d'une toge de législateur romain et à Ottawa sa statue fait face aux édifices du parlement.

À Montréal, des parcs et des écoles portent son nom et on lui a érigé un monument de plus de vingt-six mètres de haut sur lequel on peut lire l'inscription: «Avant tout soyons Canadiens».

En fait, l'image que Cartier a laissée reflète bien l'évolution de sa carrière: le farouche rebelle canadien-français de 1837 qui, s'étant amendé et ayant perçu l'appel du destin, devint par la suite, aux côtés de La Fontaine, le promoteur de la démocratie parlementaire et de l'alliance entre libéraux francophones et anglophones. Cartier est ainsi devenu le prototype du «bon Canadien français»: dépourvu d'agressivité et disposé au compromis, alliant le sens politique à la joie de vivre, catholique à l'esprit ouvert, nationaliste modéré, confiant de pouvoir défendre les intérêts de son peuple à l'intérieur du cadre canadien. Dégagé des courants de pensée européens et respectueux de la tradition constitutionnelle britannique, Cartier sut percevoir les besoins politiques particuliers du Canada et amener le Canada français à la confédération qui devait marquer un tournant décisif dans l'histoire du pays. Son alliance avec John A. Macdonald symbolisait la collaboration entre les deux groupes ethniques. En affaires, il s'intéressa surtout au Grand Tronc, dont le développement allait contribuer largement à l'unification du pays.

Ce culte de Cartier et l'importance qu'on a donnée à son rôle de parrain d'une nouvelle constitution libérale ont masqué d'autres aspects du personnage. Or, la participation de Cartier à la transformation de la société montréalaise et à la mise en place de nouvelles institutions sociales, économiques et juridiques a été aussi importante que son action politique. Sa carrière, par ailleurs, a coïncidé avec l'avènement de la vapeur et la généralisation de l'instruction au Québec. Enfin, Cartier a joué un rôle clé dans l'abolition du régime seigneurial sur l'île de Montréal, il a contribué au développement du réseau ferroviaire de la région pendant une vingtaine d'années et il a participé activement à l'adoption d'une vaste gamme de mesures sociales.

À ces divers titres, Cartier fait plutôt figure de grand bourgeois montréalais et c'est sous cet angle que nous allons nous intéresser à lui. Cette expression est quelque peu inexacte dans le contexte de la société montréalaise du milieu du siècle dernier, où la complexité des classes sociales et des liens familiaux reste encore obscure; elle offre cependant l'avantage de délimiter le cadre à l'intérieur duquel s'inscrivent les origines de Cartier, son mode de vie, ses relations, ses activités professionnelles et politiques. Son conservatisme, son enthousiasme pour l'expansion commerciale, son respect pour les valeurs britanniques, tout comme son culte de l'épargne et du travail, son exploitation mesurée du nationalisme et sa crainte du républicanisme ou de tout mouvement populaire qui eût risqué de porter atteinte à l'ordre établi, participent nettement de la tradition de la bourgeoisie coloniale. Ses principaux alliés furent le Colonial Office et ses administrateurs locaux, le Grand Tronc et les milieux d'affaires de Montréal, ainsi que les sulpiciens, qui constituaient alors l'élément le plus influent de l'Église catholique à Montréal. Le comportement de Cartier en tant qu'agent de l'élite coloniale, commerçante et religieuse, était déterminé par les exigences des conflits de classe parfois malaisés à définir mais prépondérants dans la politique montréalaise au milieu du dix-neuvième siècle.

Par ailleurs, la carrière de Cartier illustre bien l'importance des chemins de fer dans l'évolution de Montréal au siècle dernier. Pendant dix-huit ans, Cartier fut à la fois ministre de la couronne et avocat pour la principale société ferroviaire du pays. Mais s'il sut renforcer l'alliance conclue par La Fontaine entre le clergé et des éléments influents de la bourgeoisie tant anglophone que francophone, Cartier ne sut pas bien comprendre les forces de la nouvelle société industrielle. Montréal avait connu des changements radicaux depuis les années 1840. Jadis fief d'une petite élite, la ville s'était transformée en une mosaïque de ghettos ethniques et sociaux. Elle s'était industrialisée et était devenue de plus en plus catholique et française. Allié à la classe dirigeante traditionnelle, Cartier se trouva pris au dépourvu par les pressions provenant d'un clergé ultramontain dynamique, d'un prolétariat urbain en expansion et d'une nouvelle bourgeoisie industrielle formée de gestionnaires impitoyables et alimentée par de nouvelles sources de capitaux. Concentrant son attention sur les problèmes du pays, le domaine qu'il venait d'acquérir et la maladie qui devait finalement l'emporter, Cartier négligea son comté et fut défait aux élections générales de 1872. Il mourut à Londres neuf mois plus tard, au moment où éclatait le scandale du Pacifique.

Cette étude se propose de donner un peu plus de consistance à ce politicien plutôt nébuleux. Elle retrace sa vie familiale et scolaire, et décrit l'évolution de l'avocat, du rentier et de l'investisseur, pour montrer les liens qui peuvent exister entre les agissements d'un homme et son compte en banque. Sa vie privée nous aide à comprendre la société bourgeoise de l'époque. Son «nomadisme», sa non-observance de la vie familiale traditionnelle donnent l'impression d'un manque de racines et font contraste avec ses activités professionnelles et financières concentrées au coeur de Montréal. Cet homme, à la fois leader national et représentant d'une circonscription ouvrière, était un éminent bourgeois, s'enorgueillissant d'un valet, d'un blason et d'un domaine; anglophile invétéré, il allait chercher à Londres à la fois ses vêtements, et son idéologie. En cela, on peut croire qu'il ressemblait à bien d'autres bourgeois canadiens-français de son époque.

Dans cette optique, nous ne nous attarderons pas sur certains aspects — pourtant importants — du rôle politique de Cartier, abondamment traités par ses autres biographes, comme, par exemple, la question scolaire au Nouveau-Brunswick, les relations entre le Canada et les États-Unis, l'acquisition de l'Ouest ou l'affaire Riel[2]. De même, nous laisserons à l'arrière-plan certaines autres facettes de sa carrière, sur lesquelles on ne trouve d'ailleurs que des données incomplètes, telles que ses liens avec la milice canadienne et sa participation à l'élaboration des institutions municipales.

La priorité accordée aux thèmes de la famille, de la condition sociale, de l'idéologie et des institutions a éliminé tout exposé purement chronologique. Le lecteur pourra y remédier en consultant le tableau, à la fin de l'ouvrage, qui lui permettra de mieux faire le lien entre la vie privée du personnage et ses activités professionnelles et publiques.

La carrière de Cartier s'étendant sur trois régimes constitutionnels, nous adopterons certaines simplifications terminologiques. Ainsi, bien qu'à proprement parler ils ne s'appliquent qu'à partir de 1867, nous utiliserons souvent les termes *Ontario* et *Québec* pour toute la période qui suit 1840, plutôt que les désignations plus lourdes de Canada-Ouest et Canada-Est. Pour éviter toute confusion que pourraient engendrer les nombreux changements de nom des partis politiques sous l'Union (de 1840 à 1867), nous parlerons du *Parti de la réforme* jusqu'en 1854 et du *Parti conservateur* par la suite. Pour les mêmes raisons, nous parlerons des «rouges» pour toute la période qui va de 1849 à 1870. Les lecteurs soucieux de rétablir la terminologie exacte et de se renseigner sur les calculs politiques qui sont à l'origine des changements de nom des partis pourront consulter notamment: *Les Rouges, libéralisme, nationalisme et anticléricalisme au milieu du XIXe siècle* de Jean-Paul Bernard, *Histoire du Québec contemporain,* de Paul-André Linteau, René Durocher et Jean-Claude Robert, *Union of the Canadas: the Growth of Canadian Institutions,* de J. M. S. Careless et *The Alignment of Political Groups in Canada — 1841-1867,* de Paul Cornell.

Le Conseil de recherches en sciences humaines du Canada m'a accordé une bourse pour la rédaction de cet ouvrage. J'ai aussi bénéficié d'une bourse de recherche de l'Université Mc Gill.

Les Archives publiques du Canada et les Archives nationales du Québec m'ont accordé une aide généreuse. Le père Bruno Harel, archiviste au Séminaire de Saint-Sulpice, à Montréal, m'a fourni une aide particulièrement précieuse en me donnant accès aux registres des sulpiciens. De même, je dois à Pamela Miller l'accès à la collection Cartier du Musée McCord, de Montréal. Je remercie aussi Ed Dahl, directeur de la Division des cartes aux Archives publiques du Canada, de ses conseils pertinents. Le docteur George-Étienne Cartier, pour sa part, a eu l'amabilité de mettre à ma disposition sa collection de papiers de famille. Merci aussi à Marthe Lacombe et à Louis Richer de Parcs-Canada. Deux amis de l'Université McGill, Bob Sweeny et Brian Palmer, m'ont grandement aidé à éclaircir les problèmes théoriques que pose la société canadienne du dix-neuvième siècle. Enfin, je tiens à exprimer ma reconnaissance particulière à Richard Rice pour sa lecture minutieuse du manuscrit.

1
Les origines

Le paisible village de Saint-Antoine, où naquit George-Étienne Cartier, se trouve au bord du Richelieu, à une trentaine de kilomètres en amont de Sorel. Au sud-ouest, la rivière irrigue les régions de Saint-Jean et du lac Champlain. Montréal est à cinquante-sept kilomètres à l'ouest. (Voir carte 1). Le lieu où s'étend le village faisait jadis partie de la seigneurie de Contrecoeur. Il fut défriché dans les années 1720 et la première église y fut bâtie en 1750[1]. La rue principale du village longe la rivière et, de l'église, on voit très bien le village de Saint-Denis, sur la rive opposée. Le cimetière, situé entre l'église et la patinoire publique, abrite de nombreuses tombes sur lesquelles est gravé le nom des Cartier. D'après les registres paroissiaux, les ancêtres de George-Étienne s'établirent à Saint-Antoine au milieu du dix-huitième siècle. Certains de leurs descendants y habitent encore. Bien que la demeure familiale de George-Étienne Cartier ait été détruite, la maison de son oncle, située à une centaine de mètres en amont de l'église, est encore la plus imposante du village.

George-Étienne Cartier naquit le 6 septembre 1814, d'une famille de marchands depuis trois générations. Les Cartier, qui ne semblent aucunement apparentés au célèbre navigateur, tirent leurs origines de la région d'Angers, en France. L'arrière-grand-père, Jacques Cartier (1720-1770), émigra au Canada en 1735 et dès 1750 il était devenu un important marchand de sel et de poisson de Québec. Resté au Canada après la Conquête, il s'engagea aussi dans le commerce des céréales, malgré la dure concurrence des commerçants anglais. À la fin du siècle, les Cartier possédaient deux entrepôts dans le port de Québec, un quai et deux moulins d'une capacité annuelle de 70 000 boisseaux. L'impressionnante maison familiale, au 50 de la rue Saint-Jean, comportait deux étages, une vaste galerie extérieure, une écurie et un four à pain. Jacques Cartier possédait en outre deux terrains au bord de la rivière Saint-Charles et un domaine d'une centaine d'acres à Deschambault[2].

Vers 1770, ses deux fils s'installèrent dans la vallée du Richelieu où ils ne tardèrent pas à devenir prospères en exportant du blé, des pois et du lin. Le grand-père (1750-1814) s'établit à Saint-Antoine et son frère Joseph (né en 1752) à Saint-Denis, de l'autre côté de la rivière. En 1801, l'aîné créa un service postal entre Sorel et Saint-Hyacinthe. Cinq ans plus tard, les Cartier liquidèrent l'entreprise familiale de Québec pour faire affaires désormais avec la maison d'exportation de George Symes, de Québec, et son associé Austin Cuvillier, de Montréal. Au début des années 1820, ils étaient propriétaires de plusieurs navires qui transportaient les marchandises sur le Saint-Laurent et d'autres bâtiments plus petits, appelés *bateaux du roi,* qui faisaient le transport sur le Richelieu[3].

En 1800, les Cartier étaient donc devenus de riches négociants. Leurs mariages, leurs maisons, leurs fonctions politiques, leurs responsabilités dans l'armée et leur mode de vie illustraient leur condition. Ainsi Joseph Cartier cimenta leur alliance commerciale avec les Cuvillier en épousant Marie-Aimée Cuvillier. Pour sa part, le grand-père épousa Cécile Gervaise (1753-1783), issue d'une vieille famille montréalaise et cousine de l'évêque Plessis. En 1782, il se fit construire un somptueux immeuble de pierre qui comprenait un magasin, un entrepôt, une voûte, un bureau, trois appartements et

Carte 1: la région de Montréal

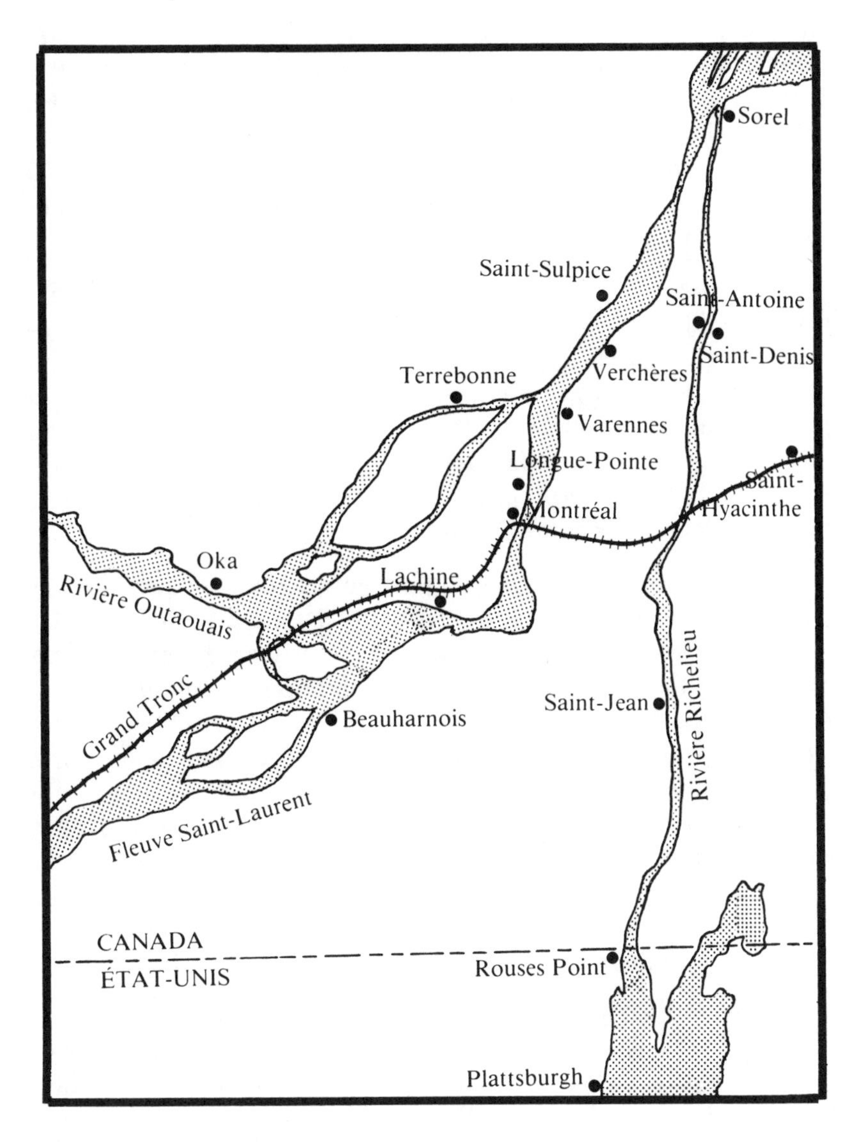

des quartiers pour les domestiques. Quelques années plus tard, il en fit bâtir une semblable pour son neveu. Il devint un important propriétaire foncier en achetant la moitié de la concession de Saint-Antoine, à laquelle il ajouta un boisé et divers autres terrains. En 1802, il acheta 59 onces d'argent pour décorer l'argenterie familiale. À sa mort, en 1814, ses biens immobiliers étaient évalués à 166 370 livres. Ses autres biens, à l'exception de ce qu'il y avait dans sa maison, furent vendus aux enchères au prix de 46 122 livres[4].

Le grand-père instaura aussi dans sa famille une tradition politique et militaire. Il combattit dans l'armée anglaise durant la Révolution américaine et, de 1805 à 1809, il représenta la circonscription de Surrey (Verchères) à l'assemblée législative. Au moment de sa mort, il était commandant de la milice de Verchères. D'ailleurs, au moins douze membres de la famille Cartier eurent des responsbilités militaires de 1789 à 1814: cinq furent lieutenants, deux capitaines, deux majors et deux commissaires[5].

Le mariage des parents de George-Étienne, Jacques Cartier (1774-1841) et Marguerite Paradis (1779-1848), unissait deux familles de marchands. S'ils n'avaient pas une influence comparable à celle des Cartier, les Paradis étaient néanmoins bien connus à Saint-Antoine. Le grand-père maternel, Joseph Paradis (1732-1802) avait été marin pendant trois ans avant de s'établir comme négociant à Saint-Antoine en 1750. Quelques années plus tard, il détenait un permis de vente d'alcool et 83 000 livres en lettres de change. Il était en mesure d'envoyer son fils à l'école de Sorel et pouvait marier sa fille à un Cartier. Quant à Marguerite Paradis, elle était née à Saint-Antoine. Elle épousa Jacques Cartier en 1798 et un an plus tard elle donnait le jour au premier de ses huit enfants[6].

Tout indique que les parents de George-Étienne avaient des personnalités aussi contrastantes que, plus tard, leur fils et son épouse. Le père, en effet, était gai, sociable et extraverti, tandis que le tempérament de Marguerite l'orientait surtout vers la famille et la religion. Bien qu'il se décrivît lui-même comme un marchand, Jacques Cartier s'intéressait peu au commerce. C'est probablement

Après la messe à Saint-Antoine-sur-le-Richelieu. (Archives publiques du Canada, C-40579)

pourquoi son père avait fait venir son neveu, Joseph Cartier (1780-1844) à Saint-Antoine, lui avait fait construire une maison et lui avait confié une bonne partie des affaires familiales[7]. Jacques Cartier, qui aimait les beaux vêtements et les bons vins, la musique et «la société joyeuse et dissipée», avait tendance à délaisser ses entrepôts pour les salons et le terrain de manoeuvre. Il préférait la compagnie des seigneurs et des officiers anglais à celle des prêtres invités par sa femme et il était particulièrement fier de son grade de lieutenant-colonel ainsi que de son service dans les rangs de la milice de Verchères au cours de la guerre de 1812[8].

C'est à cette époque que commença, au Québec, une grave crise agricole qui devait durer plusieurs décennies. La richesse des Cartier se fondait sur l'exportation du blé et sur la prospérité de la vallée du Richelieu. Or la production de blé du comté de Verchères tomba de 2 003 664 litres, en 1831, à 157 248 en 1844. Quant à la population de Saint-Antoine, qui de 300 âmes, en 1750, était montée à 1285 en 1790, pour atteindre 2 316 en 1840, elle ne sera plus que de 1663 en 1871[9]. Jacques Cartier avait reçu un capital de 83 180 livres en héritage de son père. Il avait de plus réalisé 46 122 livres de la vente de biens mobiliers, auxquelles venaient s'ajouter la maison familiale et tout ce qu'elle contenait[10]. Quinze ans plus tard, il ne restait plus rien de l'héritage et Cartier était réduit à la faillite. En 1830, sa femme le poursuivit en justice dans le but, semble-t-il, de sauver la fortune de la famille. La cour lui accorda 1 823 livres. N'ayant pu les percevoir, elle intenta une nouvelle poursuite en 1840[11].

Malgré la faillite du père, les Cartier vivaient bien. Ils louaient trois bancs à l'église paroissiale, étaient abonnés au journal montréalais *La Minerve* et avaient quatre domestiques[12]. Leurs fils fréquentaient le collège le plus prestigieux de Montréal. (Voir figure 1). L'aîné, Jacques-Elzéar (1803-1819), mourut alors qu'il était encore collégien. Sylvestre (1804-1886) se fit médecin à Saint-Aimé de Yamaska. Antoine-Côme (1809-1886) étudia le notariat mais devint administrateur du domaine familial à Saint-Antoine. Enfin, François-Damien (1813-1865) et George-Étienne s'établirent tous deux à Montréal comme avocats. Des trois filles, l'une, Marguerite (1801-1879), resta célibataire, se consacra à l'équitation et occupa

Jacques Cartier II, grand-père de Cartier. (Archives publiques du Canada, C-28024)

une place de choix dans la bonne société de Saint-Antoine. Ses deux cadettes épousèrent des médecins[13].

Cartier fut baptisé George-Étienne, vraisemblablement en l'honneur du roi d'Angleterre, George III, mais on francisait souvent son nom en Georges. Conformément à l'usage, on lui donna pour second prénom celui de son parrain, Étienne Gauvreau. Bien que ses biographes signalent son passage à l'école locale, il semble bien qu'il ait fait ses premières études surtout à domicile[14].

En 1824, à l'âge de dix ans, George-Étienne et son frère Damien furent envoyés au Collège de Montréal que fréquentaient les fils de l'élite de la région montréalaise et où la famille Cartier était déjà bien connue. Leur aîné y était mort et un autre de leurs fils, Antoine-Côme, y avait passé deux ans[15]. Il y avait chez les sulpiciens une section anglaise et vingt-trois des camarades de classe de George-Étienne portaient des noms anglais. Sa promotion fit huit

Figure 1: L'arbre généalogique de Cartier

Jacques Cartier (1720-1770)
Né à Prulier en France,
émigra au Canada en 1735;
marchand de sel et de poisson;
épousa en 1744 Marguerite Mongeon (décédée en 1801)

Jacques Cartier II (1750-1814)
Marchand de grains de Saint-Antoine;
représentant de Surrey à l'Assemblée
législative et commandant de milice;
épousa en 1772 Cécile Gervaise
(1753-1783), fille du sieur Charles
Gervaise et de Céleste Plessis-Bélair;
nièce du premier curé de Saint-
Antoine et cousine de Mgr Plessis.

Joseph Cartier (1752-?)
marchand de grains de Saint-Denis

4 filles
de noms
inconnus

Jacques Cartier III (1774-1841)
Marchand peu actif et officier de
milice; épousa en septembre 1798
Marguerite Paradis (1779-1848), fille
de Joseph Paradis, marchand de
Saint-Antoine

Cécile
épousa L.-J. Édouard Hubert
marchand de Saint-Denis

Marguerite
(1801-1879)

Jacques-Elzéar
(1803-1819)

Sylvestre
(1804-1886)

Antoine-Côme
(1809-1886)

Émérante
(1810-1879)

François- Damien
(1813-1865)

George-Étienne

Léocadie
(1816-1879)

Joséphine
née à Montréal
en 1847, céliba-
taire, décédée à
Cannes, France,
en 1886

Hortense
née à Montréal
en 1849, céliba-
taire, décédée à
Cannes, France,
en 1941

Reine-Victoria
(1853-1854)

Jacques Cartier III, père de Cartier. (Archives publiques du Canada, C-28025)

marchands, cinq avocats, cinq notaires, cinq médecins et trois prêtres[16].

Tenu par des religieux qui modelaient leur enseignement sur celui de leur maison mère en France, le Collège de Montréal dispensait un cours classique fondé sur la syntaxe, la méthodologie, la littérature, la rhétorique et la philosophie. Situé dans l'ouest de la ville, le collège était entouré d'un joli parc où se trouvaient un terrain de jeu et même un ruisseau. Cartier y logeait avec 120 autres pensionnaires dans cinq vastes dortoirs dotés, ainsi que le soulignait la brochure du collège, de toilettes intérieures[17]. L'inscription coûtait 80 dollars par an et chaque élève devait fournir son matelas, ses draps, sa brosse à vêtements, son couvert, deux paires de souliers neufs et deux casquettes bleues. Le régime de l'institution était rigoureux. Les élèves devaient porter un uniforme bleu et une ceinture fléchée. Les vestes voyantes, les boucles d'argent, les bottes de castor et les chapeaux blancs étaient interdits. Le lever avait lieu à cinq heures et demie et la classe commençait à huit heures, après la messe et le petit

Marguerite Paradis, mère de Cartier. (Archives publiques du Canada, C-28026)

déjeuner. Pour protéger les bonnes moeurs, les élèves ne devaient aller aux toilettes qu'un à la fois et il leur fallait une permission spéciale pour entrer dans la cuisine ou dans les quartiers réservés aux domestiques. Toutes les lettres étaient soumises à la censure et le règlement prescrivait de dénoncer tout camarade qui avait juré, qui possédait de mauvais livres ou qui avait contracté quelque maladie infectieuse[18]. Les pensionnaires ne sortaient que rarement. Ceux qui avaient la permission d'aller en ville devaient être rentrés à seize heures. Le dimanche ils se rendaient, sur deux rangs, à l'église Notre-Dame pour y entendre la messe. Une fois par semaine, ils faisaient une promenade jusqu'à la ferme des sulpiciens sur la montagne[19].

Cette discipline sévère n'empêchait cependant pas les étudiants de se révolter à l'occasion. Ainsi en 1830, trois mois après les journées de Juillet en France, et alors que se déroulaient de turbulentes élections au Bas-Canada, l'agitation gagna le collège. Se plaignant de la dureté de leurs maîtres et reprochant aux sulpiciens d'engager

George-Étienne Cartier en 1853. (Archives publiques du Canada, C-8360)

trop de professeurs français, plutôt que des Canadiens, les rebelles réclamaient l'abolition des châtiments corporels et l'adoption d'une charte définissant leurs droits[20]. Ils arborèrent le drapeau tricolore, brûlèrent un professeur en effigie et dénoncèrent le directeur, le comparant à Charles X qui venait d'être détrôné. Le rôle de Cartier dans ces événements n'est pas clair, mais on sait que tous les élèves, à l'exception de certains des plus jeunes, participèrent à la révolte qui dura trois jours. Parmi les plus actifs se trouvaient deux des fils de Papineau ainsi que son neveu Louis Dessaulles, Joseph Duquette (exécuté en 1838) et Joseph-Amable Berthelot, ami de Cartier[21].

Bon élève, Cartier remporta des prix de religion, de grammaire et d'histoire contemporaine. C'est lui qui fut chargé de prononcer le discours d'adieu de sa promotion[22]. Mais, ce qui est plus important, son passage chez les sulpiciens renforça sa conscience bourgeoise et lui permit de se faire d'utiles relations. Trente-cinq ans plus tard, il rappelait que ses maîtres l'avaient «instruit, discipliné, éclairé» et lui avaient indiqué «la voie à suivre»[23]. C'est d'ailleurs parmi ses anciens camarades de collège qu'il trouva beaucoup de ses amis les plus fidèles et de ses associés en affaires. Ainsi, Joseph-Amable Berthelot fut son associé dans son bureau d'avocat. Charles Leblanc, shérif de Montréal, lui servit de conseiller dans le domaine de la politique municipale. Durant ses dix dernières années, il confia la gestion de ses affaires à Maurice Cuvillier. Seigneurs de l'île de Montréal, fidèles défenseurs du gouvernement en place, les sulpiciens étaient conservateurs sur le plan social et politique mais progressistes dans le domaine économique. Devenu leur avocat, Cartier les défendit dans leurs longs démêlés avec l'évêque de Montréal, fit valoir leurs intérêts auprès des milieux gouvernementaux et suivit de près la transformation de leurs biens seigneuriaux en propriétés libres.

À dix-sept ans, Cartier commença sa cléricature à l'étude juridique d'Édouard-Étienne Rodier, à Montréal. Son choix lui était tout normalement dicté par les origines marchandes de sa famille, ses aptitudes scolaires et son goût pour la vie de société. L'essor économique de Montréal faisait du droit une profession riche de possibilités. En 1825, alors que la population de la ville dépassait 22 000 âmes, on ne comptait à Montréal que 55 avocats et 20 étudiants en droit[24]. Par ailleurs, la décision d'entrer dans le bureau de Rodier mérite d'être soulignée. Nationaliste, anticlérical et bon vivant, Rodier était le plus jeune député à l'Assemblée législative. Il présenta son élève aux patriotes: Papineau, Thomas Storrow Brown, Louis-Hippolyte La Fontaine et Augustin-Norbert Morin. En même temps que leur taverne, Cartier découvrit leurs idées. Du bureau de Rodier, rue Craig, Cartier pouvait facilement s'éclipser pour assister aux réunions nationalistes qui se tenaient à l'Hôtel Nelson ou à la librairie de son futur beau-père, Édouard-Raymond Fabre.

La rébellion, au Bas-Canada, avait un aspect social et régional qui lui était propre. Elle était entretenue surtout par les milieux bourgeois francophones de Montréal et des régions avoisinantes de Deux-Montagnes et du Richelieu. Comme jeune avocat francophone et fils d'un commerçant rural ruiné, Cartier représentait de

La femme de Cartier, Hortense Fabre, vers 1860. (Archives photographiques Notman)

façon typique les éléments sociaux qui se rangeaient sous la bannière de Papineau. Les mauvaises récoltes, le marasme économique et la pression démographique des Cantons de l'Est anglophones constituaient autant de menaces pour l'entreprise familiale à Saint-Antoine. Pour leur part, les milieux de professions libérales de langue française, à Montréal, supportaient mal la domination qu'exerçait la communauté anglophone sur la politique et le commerce international. Le flot des immigrants, composé notamment de catholiques irlandais, qui répandait le choléra et perturbait le marché du travail, augmenta encore le sentiment d'insécurité des Canadiens français[25]. Cartier, semble-t-il, se rangeait plutôt dans la faction conservatrice des patriotes, parmi ceux qu'un historien appelait des «étudiants à l'esprit un peu dévié parfois, hantés par l'inquiétude de leur avenir» bien plus qu'animés par des principes révolutionnaires[26]. Bien qu'il soit difficile de retracer avec précision ses idées politiques et sociales, l'éducation de Cartier, son refus de participer à la seconde vague insurrectionnelle de 1838, plus radicale, de même que sa déclaration de loyauté en septembre 1838 et sa carrière politique postérieure portent à croire qu'il ne faisait pas partie de l'élément anticlérical, antiseigneurial et antimonarchiste du mouvement patriote.

Cartier ne tarda pas à se distinguer comme secrétaire et homme à tout faire de diverses organisations nationalistes. En 1834, alors qu'il n'avait que vingt ans et qu'il était encore étudiant en droit, Cartier signa le manifeste d'une société secrète: «*Aide-toi, le Ciel t'aidera*». Quelques mois plus tard il écrivit et chanta «*O Canada, mon pays, mes amours*» pour la célébration de la première fête de la Saint-Jean-Baptiste:

> «Comme le veut un vieil adage,
> Rien n'est plus beau que son pays,
> Et de le chanter c'est l'usage.
> Le mien je chante à mes amis.
> L'étranger voit avec un oeil d'envie
> Du Saint-Laurent le majestueux cours.
> À son aspect le Canadien s'écrie:
> O Canada, mon pays, mes amours!»[27]

Cartier fit campagne pour Papineau et Robert Nelson aux élections de 1834 et il souscrivit au fonds de secours créé pour venir en aide au directeur de *La Minerve,* Ludger Duvernay, qui était en pri-

Luce Cuvillier en 1865. (Archives photographiques Notman)

Cartier et ses filles, rue Dorchester à Montréal. (Archives photographiques Notman)

son. En 1836, la célébration de la Saint-Jean-Baptiste refléta le radicalisme croissant des patriotes. On porta des toasts à Papineau, aux États-Unis et aux réformistes du Haut-Canada. À cette occasion, Cartier chanta sa nouvelle oeuvre: «Avant tout je suis Canadien». Des associations constitutionnelles et des organisations paramilitaires se formèrent en réponse à l'agressivité des conservateurs et à la politique intransigeante énoncée dans les Dix Résolutions de lord Russell. Cartier s'occupa de l'organisation des patriotes dans la banlieue montréalaise de Saint-Laurent et il fut particulièrement actif comme secrétaire du comité central du district de Montréal[28]. Ce comité, dont l'importance était grande, étendit ses activités à l'ensemble de la région de Montréal. Il fit circuler une pétition appuyant les chartistes d'Angleterre. Il réclamait notamment une justice plus efficace, un meilleur réseau de communications, la liberté religieuse et le financement des écoles à même les revenus provenant des terres de la couronne.

Cartier, Maurice Cuvillier et trois prêtres. (Archives photographiques Notman)

La situation s'aggrava rapidement à l'automne 1837. En septembre, Cartier se trouvait au nombre des 500 patriotes qui se réunirent à l'Hôtel Nelson pour fonder l'association des Fils de la liberté. S'inspirant du groupement révolutionnaire américain du même nom, ce mouvement avait l'indépendance pour principal but. La violence ne cessait de se répandre, tout d'abord à Montréal puis dans les campagnes. À une occasion, les Fils de la liberté se heurtèrent, devant la Taverne Bonacina, à un groupe de conservateurs armés, selon leur habitude, de manches de hache. Un patriote y laissa un oeil, la Loi de l'émeute fut proclamée et il fallut faire appel à la troupe. Des mandats d'arrestation ayant été émis à l'endroit des dirigeants patriotes, Cartier, qui se sentait menacé, se réfugia à Saint-Antoine.

Ce retour dans la vallée du Richelieu le plaçait au coeur même de l'activité révolutionnaire. Le 23 octobre, il participa à une assemblée des Six Comtés à Saint-Charles, au cours de laquelle les orateurs s'en prirent à l'obligarchie qui contrôlait l'exécutif et demandèrent que les juges et les officiers de la milice soient élus par la population. Un des frères de Cartier aida à organiser des manifestations dans le comté de Verchères. Son cousin, Henri Cartier, participa à la rébellion et un certain Eusèbe Cartier fut emprisonné à Saint-Hyacinthe[29]. George-Étienne Cartier prit lui-même la parole après la messe à Saint-Antoine mais il ne réussit pas, semble-t-il, à convaincre les villageois de se révolter puisque, si l'on en croit un journal hostile à sa cause, «une fois rassemblé, son régiment, luimême y compris, ne comprenait que quatre recrues»[30].

Cartier participa à la victoire de Saint-Denis: au cours du combat il traversa la rivière pour aller à Saint-Antoine chercher des munitions. Après la retraite des troupes gouvernementales, il passa neuf jours, aux côtés de Wolfred Nelson, à organiser la résistance locale, abattant des arbres pour barrer les routes et préparant la défense. Les appuis, cependant, ne tardèrent pas à manquer. L'évêque Lartigue ordonna au curé de Saint-Denis de refuser les sacrements à ceux qui soutenaient les rebelles. Plusieurs chefs patriotes, comme Rodier et Papineau, s'enfuirent aux États-Unis, tandis que d'autres étaient jetés en prison. À l'approche des troupes anglaises, Cartier, Nelson et les autres activistes se réfugièrent dans un marécage, près de Saint-Denis, puis ils se séparèrent pour prendre le chemin de l'exil[31].

Les journaux ayant annoncé qu'il était mort de froid, Cartier passa l'hiver caché avec son cousin dans une confortable ferme des environs de Saint-Antoine. Seulement, ils portaient trop d'intérêt à la servante de leur hôte; le prétendant de la jeune fille, réputé pour sa jalousie, menaça de les dénoncer aux autorités[32]. Ainsi forcés de quitter les lieux, les Cartier traversèrent en mai 1838 la frontière américaine à Rouse's Point, cachés dans des tonneaux. Après un premier séjour à Plattsburgh, George-Étienne Cartier s'en fut retrouver Papineau au sud, à Saratoga, puis Ludger Duvernay à Burlington dans le Vermont.

Les événements de 1837 allaient par la suite servir de tremplin à nombre de politiciens canadiens-français. Cartier, pour sa part, en retira plusieurs titres de gloire: dix ans de services rendus à la cause des patriotes, une accusation de trahison et l'endossement élogieux de héros reconnus comme Wolfred Nelson. Tout comme ses origines familiales, son éducation chez les sulpiciens et sa formation juridique, sa participation à la rébellion l'unissait désormais à ses collègues francophones.

2

Le contexte professionnel, familial et social

Reçu au Barreau en novembre 1835, Cartier avait ouvert un bureau avec son frère, dans le district judiciaire de Montréal. Trois ans plus tard, il était en exil et accusé de trahison. Mais après une dizaine d'années, sa situation s'était totalement transformée. En 1848, en effet, on le retrouve avocat au service de l'*establishment,* riche propriétaire urbain, capitaine dans la milice de Montréal, marié et député à l'Assemblée législative. Puis, dans les années 1850 et 1860, sa réputation de chef de file des conservateurs, à Montréal, lui attire de nouveaux et importants clients: l'Église, le gouvernement français, des entreprises ferroviaires, des sociétés minières et maritimes. Au terme de sa carrière, il représentait, à titre d'avocat, la plus riche communauté religieuse et la plus puissante entreprise de Montréal. Il tirait aussi d'importants revenus de la location de ses immeubles, de son étude, de ses titres en bourse et des faveurs que lui accordaient ses amis. Sa richesse et son prestige politique lui avaient permis de satisfaire ses ambitions sociales: un domaine à la campagne, un titre, des armoiries et de fréquents voyages en Europe.

Vie professionnelle

Au début, la clientèle de Cartier se composait largement de parents, de gens de son village natal faisant affaires à Montréal, un seigneur ami, un curé des environs, de petits commerçants et de son futur beau-père. Par une ironie du sort, les faillites et les démêlés de sa famille l'aidèrent à s'établir. Ainsi, il fut chargé, moyennant rémunération, de régler les affaires financières de sa mère, d'un procès intenté par un de ses cousins, de la faillite de son oncle et de la succession de son père[1]. D'ailleurs, les deux premières fois où il eut recours à un huissier, c'était en rapport avec les affaires de son père. D'autres Cartier lui confiaient la préparation de leurs testaments, de leurs hypothèques, de leurs baux et de leurs divers contrats. Pour lancer son bureau, Cartier tira parti des relations qu'il s'était faites au collège, dans sa famille et dans les milieux politiques. Parmi ses premiers clients, on trouve par exemple le seigneur Joseph Masson de Terrebonne, un camarade du collège de Montréal, L.-A. Dessaulles, des patriotes comme Wolfred Nelson, un ami de sa famille, son futur beau-père, É.-R. Fabre, et Ludger Duvernay. Il obtint un permis d'hôtellerie pour un de ses clients, servit de tuteur à un autre, obtint l'intervention du shériff pour un troisième[2]. Si plus tard dans sa carrière il devait se faire une clientèle surtout dans les milieux urbains, ses premières causes lui vinrent surtout des paroisses rurales que sa famille avait habitées depuis presque un siècle. Le curé de Contrecoeur, village voisin de Saint-Antoine, fit quatre fois appel à ses services en 1841. Il eut aussi comme clients la fabrique de Contrecoeur et la municipalité de Varennes. Son principal client rural, le seigneur de Varennes, lui versa, de 1841 à 1848, la somme de 177 livres pour avoir réglé une querelle de clôtures, rédigé les clauses d'un prêt de 2 000 livres et intenté des poursuites contre ceux qui avaient détérioré ses chemins[3].

À partir des années 1840, les élites traditionnelles de la banque et du commerce, majoritairement anglophones et conservatrices, virent leur suprématie contestée par de nouvelles générations de Montréalais bien déterminés à profiter eux aussi de l'urbanisation, de l'essor de la vapeur et de la nouvelle conjoncture politique. Les manufacturiers, les imprimeurs, les affréteurs et les grossistes envahissaient les rues étroites, où ils se mêlaient aux avocats, aux agents

Carte 2: Bailliage de Cartier: le coeur de Montréal au milieu du 19e siècle

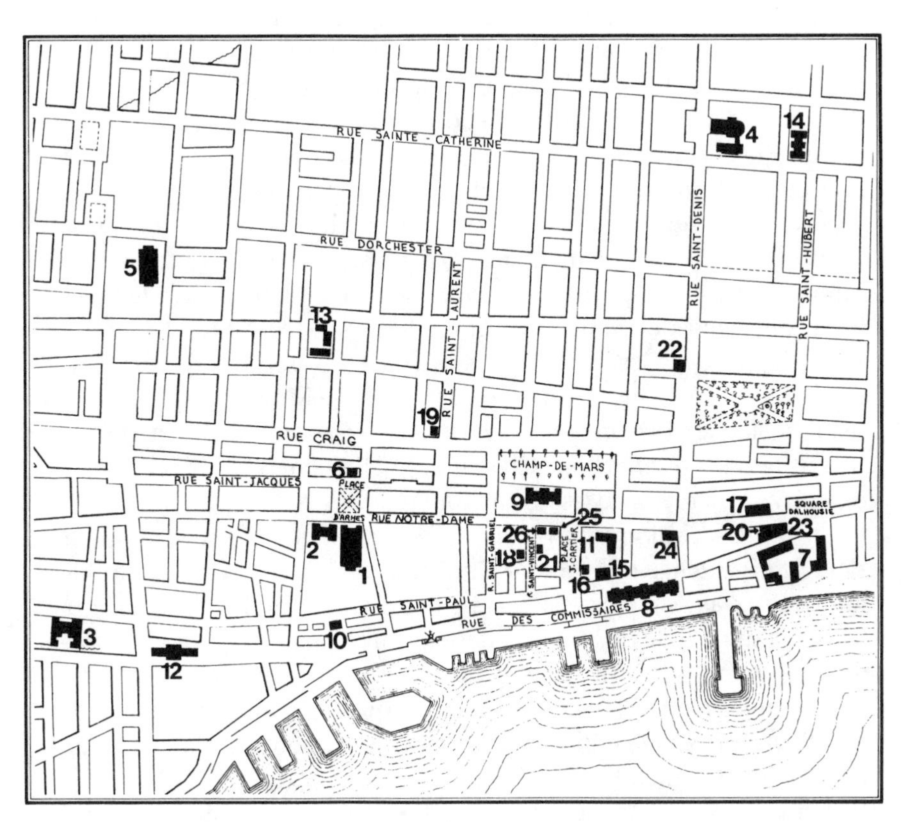

Institutions

1. Église Notre-Dame
2. Séminaire de Montréal
3. Collège de Montréal
4. Cathédrale Saint-Jacques
5. Église Saint-Patrick
6. Banque de Montréal
7. Casernes
8. Marché Bonsecours
9. Palais de justice
10. Bureaux de douane
11. Résidence du gouverneur
12. Parlement
13. Établissement des frères des Écoles chrétiennes
14. Hospice des soeurs de la Providence
15. Hôtel Rasco
16. Hôtel Nelson
17. Hôtel Donnegana

Privé

18. Librairie de Fabre
19. Résidence de Fabre
20. Résidence de Cartier
21. Étude de Cartier
22. Maison de Luce Cuvillier

Propriétés (dont quelques-unes acquises après 1850)

23. 42 et 43, rue Saint-Paul et 30, rue Notre-Dame
24. 74, rue Notre-Dame
25. 82 et 84, rue Notre-Dame
26. 86 et 88, rue Notre-Dame

d'assurance, aux notaires, aux courtiers et aux spéculateurs fonciers. C'est là que Cartier avait ses bureaux. Malgré l'hostilité de certains membres du vieil *establishment* commercial, qui le considéraient comme un vulgaire avocaillon en quête de notoriété, Cartier, s'appuyant sur ses origines familiales et sa réputation de patriote, se sentait à l'aise et sûr de lui dans ce contexte changeant[4]. Le vernis qu'il avait acquis au collège et sa bonne humeur, alliés à son absence de scrupules et à son conservatisme pragmatique, lui avaient forgé une personnalité qui concordait bien avec les moeurs de la ville. Doué du sens de l'organisation, il savait au besoin déléguer les responsabilités et tirer pleinement parti de ses journées de travail de quinze heures. Les clercs qui travaillaient dans son étude, au nombre d'une demi-douzaine, étaient recrutés dans des familles en vue. Les notaires avec lesquels il faisait affaires (Joseph Belle et Théodore Doucet) étaient parmi les plus réputés de Montréal. Laissant à ses associés les *travaux de cour* et la correspondance, Cartier se réservait la représentation. C'est lui qui allait chercher les clients et qui arrangeait les causes. Son domaine, c'était la rue, l'arrière-boutique, les couloirs du palais de justice. S'étant très tôt initié à l'art de l'influence politique, il était toujours porté à considérer les lois sous cet aspect. Ce n'est pas par hasard que certains de ses clients lui demandaient de faire des recherches sur les terres de la couronne, de préparer la constitution de sociétés commerciales ou même d'acheminer leurs cas «en haut», c'est-à-dire jusqu'à La Fontaine. D'ailleurs, lorsque celui-ci fut nommé juge, son associé et beau-frère, J.-A. Berthelot, devint associé de Cartier (en 1853). Lorsque Berthelot, à son tour, accéda à la magistrature (en 1859), François Pominville le remplaça dans l'étude de Cartier, où Louis Betournay vint le rejoindre trois ans plus tard. Pominville, ancien associé du conservateur bien connu L.-O. Loranger, avait été secrétaire du Barreau de Montréal. Il fut aussi le premier vice-président de l'Institut canadien-français lorsque ce groupe, en 1858, se détacha de l'Institut canadien dominé par les rouges[5].

Les comptes de Cartier reflètent l'essor rapide de son étude de 1844 à 1846. Des testaments, contrats de mariages et affaires de famille il passe à des causes plus substantielles comme les baux, les ventes de terrains, les contrats commerciaux et les poursuites civiles. Les causes de faillite sont particulièrement nombreuses, mais cela

Le port de Montréal et le pont Victoria vus d'une des tours de Notre-Dame. (Archives publiques du Canada, C-89671)

tient sans doute à l'époque. Au milieu des années 1840, sa clientèle est solidement établie. Elle se compose surtout de marchands de détail, de spéculateurs fonciers, d'hôteliers, de fabricants, d'entrepreneurs et de petits ou moyens commerçants tels que E.-R. Fabre, Denoyer et Généreux, Pierre Cadieux, Beaudry et Frères, et Louis Haldimand. Les meilleurs clients de Cartier, Éphrem et Victor Hudon, qui sont aussi ses amis et ses conseillers politiques, apparaissent dans les livres à titre de marchands, mais ils deviendront plus tard d'importants fabricants dans les textiles.

Les considérations d'ordre ethnique ne jouaient guère dans les milieux d'affaires que fréquentait Cartier. Ainsi, la colonie italienne de Montréal, peu nombreuse mais prospère, lui confiait des causes importantes. On relève, par exemple, dans la clientèle de Cartier, les noms de Sarafino Giraldi, John Donegani, célèbre spéculateur foncier des années 1840, et Francesco Rasco, propriétaire d'un hôtel réputé où habitait Cartier[6]. Le nombre des clients anglophones augmentait aussi de façon continue. Parmi ceux-ci se trouvaient notamment Benjamin Starnes, marchand en gros, qui deviendra plus tard maire et en quelque sorte agent politique de Cartier, George Hagar, propriétaire d'une grande quincaillerie, les frères Bailey et George Chapman. À l'occasion, Cartier recevait de ses collègues des instructions succintes: «Tout ce que je vous demande, c'est de vous adresser au jury au tout début de la plaidoirie de l'accusé. La moitié des jurés sont Français, l'autre moitié Anglais. Vous n'aurez pas cette fois les difficultés de la dernière cause(...) Austin (Cuvillier) vous remettra dix dollars. Vous en recevrez vingt pour la dernière cause; je vous les remettrai une autre fois»[7].

En 1848, Cartier plaida une importante cause contre la Banque de Montréal, pour le compte de la manufacture Knopp and Noad. Trois ans plus tard, il commença à faire des inscriptions en anglais dans ses livres. Sa renommée politique lui attira aussi de nouveaux clients. L'étude de Cartier prépara l'émission des obligations de l'European Assurance Company, intenta des poursuites en recouvrement de dettes pour diverses entreprises comme celle des Cuvillier, représenta plusieurs municipalités dont celle de Longueuil et défendit même, à Rome, le Séminaire de Montréal.

Comme tout le monde dans les milieux d'affaires de Montréal, Cartier suivait de près l'évolution des moyens de transport. Ses inté-

Un nouveau quartier de Montréal vers 1852 avec, à droite, l'église Saint-Patrick, nouvellement construite. (Archives publiques du Canada, C-47354)

rêts professionnels dans les chemins de fer dataient de 1846, alors qu'il avait été chargé d'une poursuite contre le Montreal and Lachine Railway. Par la suite, il s'occupa d'une importante cause relative à une collision dans le canal de Lachine. Il représenta la Compagnie du Richelieu en vue de l'achat d'un navire à vapeur. Enfin, en 1853, sa réputation s'étendit à travers le pays lorsqu'il fut nommé avocat du Grand Tronc pour le Québec[8].

Les livres de comptes que Cartier a laissés ne portent que sur ses dix-huit premières années de pratique, soit de 1835 à 1853. Ils indiquent, pour l'ensemble de cette période, un revenu brut d'un peu moins de 5 000 livres[9]. Il ne faut pas oublier cependant que les toutes premières années furent troublées par la Rébellion et qu'il passa un an en exil. Par ailleurs, les livres ne révèlent pas ses dépenses pour l'entretien de son bureau, les frais d'huissier, les voyages, les salaires de son frère et de ses associés ni la part versée à des collègues pour des causes communes. Enfin, certaines transactions, comme celles qui avaient trait aux affaires de la famille, ne figurent pas dans les livres, bien qu'elles aient apporté à Cartier une partie importante de ses premiers revenus, ainsi qu'en attestent d'autres documents. Enfin, il n'est pas sûr que les sommes dues par certains clients ayant fait faillite, inscrites dans les comptes, aient jamais été perçues.

Cartier se faisait généralement payer en argent comptant, mais parfois aussi par chèque ou billet à ordre, ou même en nature. C'est ainsi que le seigneur de Varennes, par exemple, acquitta son compte en envoyant trente minots de blé à la mère de Cartier. Un autre client, qui était charretier, lui laissa une fois sa montre en gage; Cartier la lui rendit après qu'il l'eût conduit à Verchères pour le Jour de l'An. De même, un hôtelier régla sa dette en hébergeant l'avocat. Les crachoirs, les couteaux à huîtres, les pièges à rat et les courroies à rasoir achetés par Cartier au magasin de Hagar avaient été déduits du compte de celui-ci[10]. À partir des années 1850, cependant, les rémunérations perçues par Cartier, devenu avocat de sociétés et d'institutions, n'étaient plus de cet ordre. Le Grand Tronc, par exemple, lui versa 10 000 $ de 1853 à 1855. Durant la seule année 1871, il toucha 1 000 $ du Séminaire de Montréal[11].

Le relâchement des principes de Cartier en matière de morale politique correspondit à l'augmentation de ses responsabilités de ministre, si bien que le rôle joué par son étude comme avocat de diverses institutions finit par susciter des accusations de corruption et de conflit d'intérêts. Le cas le plus flagrant fut sans doute celui qui se produisit en 1866: Cartier, alors procureur général, fut réprimandé par le secrétaire aux Colonies pour avoir permis à son associé de représenter la France dans des démarches d'extradition mettant en cause le gouvernement canadien. Un faussaire français, du nom d'Ernest Lamirande, qui s'était échappé d'une prison américaine, avait été arrêté au Canada[12]. Détenu à la prison de Montréal, Lamirande avait pris comme avocat Joseph Doutre, un «rouge» bien connu. Pour obtenir l'extradition du malfaiteur, le gouvernement français retint les services de l'associé de Cartier, François Pominville. Doutre fondait sa défense sur la définition de la falsification en droit britannique et invoquait pour son client l'*habeas corpus*. Alors que la cause était encore devant les tribunaux, le solliciteur général Langevin signa un ordre d'extradition, de sorte que Lamirande dut quitter le Canada sans que Doutre ait eu le temps de faire les démarches qui s'imposaient. Les protestations d'innocence de Cartier ne convainquirent pas le secrétaire aux Colonies, qui s'exprima en ces termes: «(...) le fait que l'associé du procureur général ait effectué ces démarches pour le compte du gouvernement français a naturellement éveillé des soupçons et la conduite du solliciteur général, qui a obtenu l'ordre d'extradition alors que la cause était devant le juge, n'a pas encore été expliquée de façon le moindrement satisfaisante»[13].

L'affaire de la Montreal Mining Company met aussi en cause la conception que se faisait Cartier de l'éthique professionnelle. En 1855, cette société se trouvait dans une situation critique par suite de manipulations boursières, de mauvaise comptabilité, de dividendes injustifiés et d'une dette de 19 340 livres envers la Commercial Bank. Cartier, qui siégeait au conseil d'administration de l'entreprise, servit d'intermédiaire dans un transfert d'actions qui s'effectua, selon la *Montreal Gazette*, «dans des circonstances qui semblent suspectes»[14]. En fait, la société avait donné 200 actions à John Ross, procureur général du Canada et président du Grand Tronc, pour l'inciter à faire construire un palais de justice sur l'emplacement d'une mine appartenant à la société, dans la péninsule de Bruce. Peu de temps après, Cartier dénicha un acheteur mystérieux — vraisemblablement Hugh Allan — qui était disposé à payer 1 000 livres pour les actions de Ross[15]. Mécontents de ces manipulations et de l'absence de profits, les administrateurs de la société décidèrent d'intervenir. Tout en niant avoir acheté les actions de Ross, Hugh Allan démissionna de son poste de président de la compagnie. Une commission d'enquête, après avoir souligné le côté suspect de l'achat des titres, mit à jour ce qu'elle appela «une extrême irrégularité»: certaines transactions n'avaient pas été inscrites dans les livres de la société et des dividendes avaient été versés malgré le manque de profits. Ross protesta de son innocence mais démissionna de son

Tableau 1: Revenu des propriétés urbaines pour 1873

PROPRIÉTÉ À REVENU	OCCUPANT	LOYER ANNUEL	TAXES PAYÉES PAR LE LOCATAIRE
30, rue Notre-Dame	D. Monette	$300	1 mois de loyer
32, rue Notre-Dame	Dr. Arthur Ricard (résidence et clinique de vaccination)	300	1 mois de loyer
42 et 43, rue Saint-Paul	J.-E. Lareau (marchand)	700	1 mois de loyer*
74, rue Notre-Dame	J.-O. Guilmette (tailleur)	700	3 mois de loyer
82, rue Notre-Dame	Bruno Labelle	400	1 mois de loyer
84, rue Notre-Dame	L. Silverman (bijoutier)	360	1 mois de loyer
86 et 88, rue Notre-Dame	Mathieu et Trudel (épiciers)	400	3 mois de loyer
REVENU BRUT		$3 160	$3 160
DÉPENSES			
Taxes (42 et 43, rue Saint-Paul)		58	
Assurances (toutes les propriétés urbaines)		136	
Réparations (approximatives) (1874-1875: $530; 1875-1876: $509)		500	
Hypothèques		0	
Dépréciation		?	
Total des dépenses		694	694
Revenu net des propriétés urbaines			$2 466

* Payées par le propriétaire.

Source: DDC, État démontrant les recettes et les dépenses de la succession, juillet 1885.

poste de ministre. Quant à Cartier, il parla peu et ne fut pas éclaboussé par l'affaire. En fait, seize ans plus tard il était encore membre du conseil d'administration de la Montreal Mining Company, il touchait des dividendes substantiels et s'occupait de certaines fonctions bien spéciales[16].

En plus de ce que lui rapportait son bureau, Cartier tirait d'importants revenus de la location de ses immeubles. Comme beaucoup de bourgeois canadiens ou européens de son temps, il plaçait en effet son capital dans l'immobilier[17]. De 1842 a 1864, il acheta des terrains et des maisons, fit construire cinq immeubles et en rénova d'autres. Il avait vingt-huit ans lorsqu'il fit son premier investissement foncier. À quarante ans, il recevait onze avis d'évaluation de la ville de Montréal. En 1853, il fit réparer trente-deux paires de stores vénitiens. Ses propriétés, résidentielles ou commerciales, se trouvaient toutes dans le quartier où il travaillait et habitait, soit rue Saint-Paul, la principale artère commerciale, soit rue Notre-Dame, la plus importante voie est-ouest. (La carte 2 indique bien cette concentration). Le fait que les immeubles de Cartier aient été occupés par des médecins, des avocats, des tailleurs, des bijoutiers, des épiciers et des hôteliers illustre clairement le caractère qu'avait le Vieux Montréal à cette époque[18]. Cartier multipliait ses placements. Il ne vendait jamais ses immeubles et quand il achetait, c'était plus en fonction de la sécurité et des revenus qu'il en retirerait qu'à des fins de spéculation. En 1873, il possédait, en ville, un petit hôtel, une clinique de vaccination de soins médicaux, quatre magasins, des boutiques et des appartements. Ces propriétés lui rapportaient en 1873 un revenu global de 3 160 dollars, ce qui, compte tenu des frais d'entretien, lui laissait un profit net de 2 466 dollars. (Tableau 1).

Cet intérêt marqué pour la propriété foncière et urbaine prenait chez Cartier une dimension idéologique. Les terrains et les immeubles étaient pour lui bien plus qu'une simple source de revenus: ils représentaient le sol, la nation, la patrie. À ses yeux, ils symbolisaient également l'épargne, le sens des responsabilités et le culte du travail. Sans l'attrait de la propriété, estimait-il, les gens ne travailleraient pas. «L'homme qui a acquis des biens, disait Cartier, est généralement intelligent, énergique et moral». Bref, les propriétaires formaient «l'élément qui doit gouverner le monde». Pendant des années, il s'opposa à l'abolition de la Chambre haute, dans

Tableau 2: Propriétés rurales, 1873

Propriété	Hypothèque		Taxes	Assu-rances	Revenu	Valeur
	principal	intérêt				
1 400 acres (municipalité de Ham comté de Wolfe)	—	—	$24	—	—	$1 900 (1882)
Maison de campagne (Limoilou)	$4 800	$336 (7%)	$25	$19	$192	$20 000 (Mai 1874)

Source: D. État démontrant les recettes et les dépenses de la succession... Cartier, Juillet 1885.

laquelle il voyait la protectrice de la propriété, tout comme il condamnait le suffrage universel car, selon lui, seuls les paresseux et les pervers ne devenaient pas propriétaires[19].

Pour sa part, Cartier pouvait facilement satisfaire aux exigences de la loi selon laquelle les députés devaient posséder des biens d'une valeur d'au moins 500 livres; il avait reçu de ses parents 1 200 acres de boisés dans le comté de Wolfe et 5 941 livres de l'héritage de son grand-père[20]. En 1864, les investissements fonciers de Cartier à Montréal étaient évalués à 11 699 livres (soit 46 806 dollars), et ce chiffre ne tient pas compte des frais d'intérêts et d'entretien ni de l'achat de sa maison qui deviendra plus tard une autre source de revenus. (Tableaux 1 et 2).

En 1842, Cartier avait payé 600 livres sa première propriété en ville. Il s'agissait d'une maison à l'angle des rues Notre-Dame et Bonsecours. Parmi les locataires se trouvaient un navigateur et un menuisier. Un an plus tard, il faisait construire un immeuble au coût de 1 846 livres[21]. En 1845, il achetait de son client et ami John Donegani un vaste édifice rue Saint-Paul, au prix de 3 650 livres. Il le loua aussitôt au gouvernement britannique qui en fit un hôpital militaire, à un loyer de 140 livres par an. Plus tard, l'immeuble, qui lui appartenait toujours, fut transformé en hôtel. En 1847, il fit construire, encore rue Saint-Paul, deux autres bâtiments: un magasin et une écurie qui lui coûtèrent 1 250 livres. L'année suivante, il acheta sa résidence rue Notre-Dame et en 1862 la maison voisine. Il loua une des deux à un médecin lorsque son épouse et ses filles partirent pour l'Angleterre, en 1871[22]. Enfin, en 1855 il acquit un terrain rue Notre-Dame, qu'il paya 900 livres et sur lequel il fit construire neuf ans plus tard, au prix de 2 123 livres, deux immeubles de deux étages comportant cinq magasins[23].

Limitant ses acquisitions à son quartier, il achetait surtout à des veuves, des clients et des amis. L'argent nécessaire aux hypothèques sur les premiers immeubles lui fut fourni par des patriotes comme L.-A. Dessaulles et Wolfred Nelson. Par la suite, il s'adressa à la famille Cuvillier. Absorbé par ses activités politiques et la pratique du droit, Cartier confiait à ses associés l'administration de ses propriétés. Pendant les quinze dernières années de sa vie, c'est Joseph Laramée qui s'occupa de leur entretien et des travaux de construction. François Pominville, pour sa part, était chargé des baux et de tout ce qui avait trait à la location. Enfin Maurice Cuvillier, ami et banquier de Cartier, voyait aux questions financières.

Cartier s'efforçait de réduire les coûts. Il achetait souvent des maisons adjacentes, ce qui permettait de mettre en commun les écuries, les fosses d'aisance et les cours. Exception faite de son domaine à la campagne et d'un immeuble en ville, toutes les taxes étaient à la charge des locataires. Cartier, quant à lui, était souvent en retard dans ses paiements à la société qui lui fournissait son eau, aux banques ou à ses autres créanciers. En 1865, par exemple, il recevait du shérif d'Arthabaska, quelque peu embarrassé d'avoir affaire à un ministre, une lettre lui rappelant qu'il avait négligé des versements pour des terres de la couronne. Appréciant la vie d'hôtel, Cartier n'hésitait pas à louer son propre domicile durant ses absences prolongées. Son appartement à Ottawa fut occupé un certain temps par un de ses collègues conservateurs, Alexander Campbell, et à deux occasions il loua sa maison de Montréal. Lors d'une campagne électorale, il fit son bureau au rez-de-chaussée et il lui arriva d'utiliser le deuxième étage comme entrepôt. Propriétaire exigeant, il voulut persuader les autorités britanniques de faire poser des fenêtres doubles sur un de ses immeubles qui servait d'hôpital[24]. Il prit une hypothèque sur une propriété à Châteauguay appartenant à un de ses locataires qui était en retard dans le règlement de son loyer. Bien qu'il ne l'eût pas acquis pour en tirer des revenus, Cartier exploitait à fond son domaine à la campagne: le produit des pâturages, des arbres fruitiers et de la ferme devait être également partagé entre le propriétaire et le locataire. Ce dernier, par ailleurs, était responsable de l'entretien des chemins et des fossés, tandis que Cartier payait les taxes et la dîme[25].

La seule transaction surprenante de Cartier fut sans doute l'achat de 200 acres de terres de la couronne dans le comté où il en avait déjà reçu 1 200 de ses parents en 1841. Ce terrain qu'il acquit en 1864 ne rapportait rien, Cartier ayant négligé de le surveiller et de s'en occuper. Les paysans des environs abattirent même tous les merisiers qui s'y trouvaient[26]!

On a soutenu que les Canadiens français investissaient surtout dans l'immobilier, du moins dans les années 1820; en France au 19e siècle, la bourgeoisie orientait peu à peu ses investissements vers les valeurs commerciales et industrielles[27]. Cartier suivit cette tendance. À partir de 1865, en effet, il n'acheta plus d'immeubles (à l'exception de sa maison de campagne) et plaça son capital en actions et obligations. Il investissait surtout dans les banques et, après 1872, dans quelques actions d'une société de matériel ferroviaire. Tout indique que ce changement s'effectua graduellement, selon ce que le sociologue Alberto Melucci appelle «l'osmose entre la propriété foncière et la bourgeoisie industrielle»[28]. Avant 1865, Cartier détenait, il est vrai, des actions de la Montreal Mining Company et du Grand Tronc, mais comme il était membre du conseil d'administration de la première et avocat du second, il n'est pas sûr qu'il ait eu à acheter ses actions. Par ailleurs, malgré son intérêt croissant pour les valeurs boursières, Cartier ne vendit jamais d'immeubles pour se faire du capital. Au début des années 1870, il retirait en loyers environ le double de ce que lui rapportaient ses actions et obligations. En 1873 ses actions industrielles, toutes dans la même entreprise, représentaient 9 pour cent de ses investissements en bourse. (Voir tableau 3).

Cartier avait des comptes à la Banque de Montréal, à Ottawa et Toronto aussi bien qu'à Montréal même, et à la succursale de Québec de la Bank of Upper Canada. À partir de 1866, néanmoins, il prit comme principal conseiller financier la maison de courtage de Maurice Cuvillier. Ce dernier composait son portefeuille, payait ses

Tableau 3: Portefeuille des actions, obligations et dépôts bancaires de 1873

Compagnie	Nombre d'actions	Valeur nominale	Dividendes	Évaluation de la succession
Grand Tronc*	—	$ 1 000	0	$ 0
City Bank	109	10 900	708	10 900
Banque du peuple	146	5 600	244	7 847 (1874)
Victoria Skating Rink	1	50	0	50
Canadian Railway Equipment Co.**	100	10 000	123	2 500
Marine Bank***	50	5 000	7	500
			$1 082	$21 797

* Obligations non garanties à 7%, 1859.
** Montant versé: 2 500$.
*** Montant versé: 500$.

DÉPÔTS BANCAIRES

Banque	Dépôt
Banque de Montréal	$4 155
Banque de Montréal (Londres)	75
Banque d'épargne	55
	$4 285

Note: Les obligations de type «Consols» et les actions de la Montréal Mining Co. ne figurent pas dans ce tableau. Ces investissements lui rapportèrent $3 164 en 1871-1872.

Source: DDC. État démontrant les recettes et les dépenses de la succession, juillet 1885.

Tableau 4: Revenus de Cartier pour 1873

SOURCE	MONTANT
Salaire de ministre (1871)	$5 000
Étude d'avocat	?
Produits agricoles (terres)	192
Loyers (bruts)	3 160
Dividendes et intérêts*	1 435

* On lui versa des dividendes et intérêts de $2 606 en 1871 et de $1 495 en 1872.

Source: DDC. État démontrant les recettes et les dépenses de la succession... Cartier, juillet 1885.

comptes et lui accordait une substantielle marge de crédit. En 1868, Cartier lui emprunta 2 800 dollars pour une période de neuf mois et à sa mort, cinq ans plus tard, il lui devait depuis dix-huit mois une somme de 2 071 dollars sur laquelle il n'avait payé aucun intérêt. (Voir tableau 5). Les lettres de Cuvillier à Cartier, d'ailleurs, sont à la fois celles d'un ami et d'un conseiller: «La lettre ci-jointe, de Luce, vous donne toutes les nouvelles du jour. Je n'ai donc rien à ajouter, sinon les certificats de 53 actions de la City Bank achetées pour votre compte (5 mai 1865)(...) J'annexe une traite bancaire de 84 dollars pour la facture de Mlle Symes à l'Hôtel Saint-Louis et 25 dollars qui lui ont été prêtés(...) Vous trouverez aussi ci-joint les certificats de 19 actions de la City Bank qui vous ont été transférées et que j'ai achetées à 92, soit un escompte de 7% (29 juillet 1865)(...) J'ai placé 1 199 dollars en actions de la Banque du Peuple(...) Nous allons bien ici (13 février 1871)(...) Dois-je donner à Lachapelle 300 dollars pour payer ses hommes (télégramme, 27 mai 1871)»[29].

Suivant les avis de Cuvillier, Cartier se mit à investir largement dans la City Bank et la Banque du Peuple. D'avril à octobre 1865 il acheta pour 5 275 dollars d'actions de la City Bank, finançant en partie cette transaction par la vente d'autres actions qu'il détenait dans la Bank of Upper Canada (1 506 dollars) et la Banque d'épargne de la cité et du district de Montréal (1 408 dollars). Cinq ans plus tard ses placements restaient encore concentrés dans la Banque du Peuple (5 600 dollars) et la City Bank (10 900 dollars). En juillet 1872, il effectua un versement de 10 pour cent pour l'achat d'actions

Le palais de justice de Montréal. (Archives publiques du Canada, C-84330)

de la Marine Bank d'une valeur nominale de 5 000 dollars et quatre mois plus tard il fit l'acquisition d'une centaine d'actions de la Canadian Railway Equipment Company. Cartier recevait régulièrement d'importants dividendes de ses 560 actions de la Montreal Mining Company (2 240 dollars en 1871). Il détenait un nombre égal d'obligations de type *Consols* qui lui rapportèrent en janvier 1872 des intérêts de 924 dollars. Dans ces deux derniers cas cependant, les titres figurent dans son portefeuille, chez Cuvillier, mais on n'en trouve aucune trace dans sa succession, ce qui porte à croire qu'ils lui avaient été accordés à des fins de «patronage» et repris au moment de son décès[30].

Tableau 5: Bilan de la succession de Cartier

ACTIF			
Biens immeubles			
30, 32, 74, 82, 84, 86 et 88, rue Notre-Dame			
42 et 43, rue Saint-Paul			
Prix d'achat de l'ensemble (1840-1864)	$53 206		
1 400 acres (comté de Wolfe) (1882)	1 900		
Maison de campagne (Limoilou)	20 000		
	$75 106		$ 75 106
Biens meubles			
Ottawa: mobilier et vins	$ 1 000		
Montréal (résidence, étude, maison de campagne): mobilier et biens	2 280		
bibliothèque	1 843		
Objets emportés par Mme Cartier	1 000	(est)	
	$ 6 123		$ 6 123
Investissements	21 797		21 797
Dépôts bancaires	4 285		4 285
TOTAL DE L'ACTIF			$107 311
PASSIF			
Marquise de Bassano (Clara Symes)[1]			
prêt personnel (1865)	$10 000		
intérêt dû	3 600		
Maurice Cuvillier[1]			
prêt personnel (1871)	2 071		
intérêt dû	238		
Séminaire de Montréal[1]			
trois transferts	1 148		
intérêt dû	585		
Robert Turcotte			
hypothèque (maison de campagne)	4 800		
intérêt dû	0		
Banque d'épargne-prêt	1 216		
	$23 958		$ 23 958
VALEUR RÉELLE			$ 83 353

Source: DDC. État démontrant des recettes et les dépenses de la succession... Cartier, juillet 1885.

1. Cartier ne paya jamais ni l'intérêt ni le capital.

Vie familiale

Sa carrière se faisait florissante à Montréal, mais Cartier ne pouvait pour autant négliger les affaires de sa famille à Saint-Antoine. Les Cartier étaient des gens orgueilleux et susceptibles. Leur prospérité et leur prestige social avaient subi les coups de trente ans de marasme agricole. Cartier avait donc à soutenir des parents sans le sou, un frère alcoolique et une soeur célibataire et quelque peu névrotique. En 1841 son père tomba gravement malade, atteint de fièvre, de diarrhée et d'une «inflammation des organes internes». Alors qu'il s'occupait de la campagne électorale de La Fontaine dans Terrebonne, Cartier dut donc faire deux rapides voyages à Saint-Antoine. Lors du second, il fit à son père «des funérailles aussi splendides et solennelles que possible»[31]. En faillite depuis dix ans, le père laissait derrière lui une famille désunie, des poursuites en cours et nombre de lettres de shérifs et de notaires restées sans réponse. Chargé de l'administration de la succession, Cartier trouva des endosseurs pour les dettes, vendit la propriété de la famille à Québec, avança de l'argent à son frère, poursuivit des créanciers de son père, régla les redevances seigneuriales et paya les intérêts dus sur les comptes en retard. La répartition des biens n'était pas chose aisée. Une des propriétés s'étendait sur 547 acres; d'autres donnaient sur la rivière ou se trouvaient dans le village. Certaines comprenaient des immeubles de grande valeur[32]. Un de ses frères voulait le terrain le plus près de l'église; un autre s'opposait à la division des dettes en parts égales. Avant la mort de son père, Cartier avait été nommé administrateur des affaires de sa mère et en huit ans lui avait prêté 1 188 livres pour payer ses dettes, réparer sa maison et acheter du mobilier. Toutes les transactions avaient été scrupuleusement enregistrées: Cartier se faisait donner des reconnaissances de dettes pour les montants qu'il prêtait; il touchait des intérêts et il avait fait établir devant notaire le total des dettes plusieurs mois avant le décès de sa mère[33].

Les soucis que sa famille lui causait n'étaient pas seulement d'ordre financier. Sa soeur Marguerite, restée célibataire, vivait elle aussi à Saint-Antoine. Son frère craignait qu'elle ne devienne folle et qu'elle ne dilapide sa part d'héritage[34]. D'autres membres de la famille assaillaient Cartier de demandes, de faveurs. Un de ses frères

L'édifice de la Banque d'épargne de la cité et du district de Montréal en 1870. (Archives publiques du Canada, C-50388)

La résidence familiale de Cartier à Saint-Antoine. (Archives photographiques Notman)

voulait obtenir, par son intermédiaire, un poste de fonctionnaire. Un de ses cousins lui demandait de faire diverses démarches auprès du bureau du shérif. Son frère Sylvestre, qui était médecin de campagne, voulait qu'il lui trouve un emploi dans la fonction publique et «une jeune fille ou une veuve avec 60000 francs» à épouser[35].

Mais le cas le plus grave était celui de son frère Damien, alcoolique. Il avait lancé son étude avec lui en 1835, sous le nom de Cartier et Cartier. En 1840, cependant, il lui fit signer une déclaration affirmant qu'ils n'avaient jamais été vraiment associés, et le document précisait que le traitement touché par Damien était entièrement attribuable à «la libéralité et générosité de son frère»[36]. Dès 1850, Damien ne pratiquait plus que de façon sporadique et Cartier s'était trouvé d'autres associés plus dignes de confiance. Le propriétaire de l'hôtel où habitait Damien envoyait les notes directement à son frère. Après une courte retraite à Saint-Antoine, Damien revint vivre à Montréal, à son hôtel habituel, le Richelieu. Il se peut qu'en 1855 il se soit occupé de quelques causes pour le compte de son frère. Peu de temps après, cependant, il retournait à Saint-Antoine pour y dévorer «une petite fortune», se faisant régulièrement mettre à la porte par les membres de sa famille pour cause d'ivresse[37]. À sa mort, en 1865, il vivait avec sa soeur à Saint-Antoine.

Cartier se maria à trente-deux ans, ce que l'on considérait comme normal dans son milieu et à son époque. Son mariage se fondait sur des considérations financières et sociales bien plus que sentimentales, ce qui était aussi conforme aux moeurs du temps: «Les jeunes cavaliers d'aujourd'hui ont trente ans. On exige, avant tout, de la fortune. Les mariages d'inclination sont aussi rares qu'en Europe»[38]. Ayant essuyé le refus de Mlle Debartzch, fille du seigneur de Contrecoeur, Cartier jeta son dévolu sur Hortense Fabre (1828-1898), issue d'une importante famille marchande de Montréal. Son père, Édouard-Raymond Fabre (1799-1854), avait été employé par Hector Bossange qui était venu au Canada en 1815 pour lancer la succursale de Montréal de sa chaîne de librairies connue à travers le monde. Après avoir épousé la soeur de Fabre, Bossange était retourné en France, laissant à son beau-frère la direction de ses affaires au Canada. Cultivant ses liens avec le clergé et les milieux intellectuels libéraux, Fabre fit de la librairie une importante maison d'importation et de vente au détail, doublée d'une imprimerie. Il devint aussi maire de Montréal et membre des conseils d'administration d'une banque et d'une société d'assurances britannique. Il investit largement dans les journaux, les chemins de fer et les télégraphes, si bien qu'à sa mort, en 1854, sa fortune était évaluée à 15 941 livres[39].

Fabre avait donc amplement les moyens d'offrir à ses enfants une vie aisée à Montréal, une vaste maison de neuf pièces à l'angle des rues Saint-Laurent et Craig, quatre domestiques et de fréquents voyages à New-York et au château de sa soeur en France. Ses fils firent carrière dans le droit, le clergé, la diplomatie et le journalisme. Quant à Hortense, après être allée chez les ursulines de Trois-Rivières, elle suivit des cours privés de français, d'anglais et de danse. Les Fabre avaient un piano, qui était leur meuble le plus précieux, et Hortense prenait des leçons trois fois par semaine. Sa mère,

La résidence des Cartier, rue Notre-Dame à Montréal, en 1885. (Archives de la ville de Montréal)

Luce Perrault, comme toutes les dames de son rang, s'occupait activement d'oeuvres de charité. Elle allait visiter les pauvres, organisait des bazars, suivait des retraites et elle fut même parmi les fondatrices d'un orphelinat montréalais.

Cartier fit la connaissance des Fabre en 1834. Son bureau n'était qu'à quelques portes de leur librairie où se réunissaient régulièrement intellectuels et patriotes. Comme Cartier, Fabre avait fui Montréal durant la Rébellion. En 1839, il avait aidé le jeune avocat à lancer sa nouvelle étude en lui confiant une dizaine de causes. Lorsqu'il se maria, Cartier avait réglé pour lui un total de vingt causes. Puis, quand le père de Cartier mourut ruiné, en 1841, ce furent Fabre et Joseph-Amable Berthelot qui servirent de répondants aux héritiers. Cartier et Fabre siégeaient tous deux au conseil d'administration de la Banque d'épargne de la cité et du district de Montréal. Fabre se réjouissait de l'union de sa fille et prêta souvent de l'argent à son gendre, si bien qu'en 1854 celui-ci était devenu un de ses principaux débiteurs et lui devait en tout 227 livres[40]. Il confia à sa soeur que l'éducation d'Hortense avait coûté fort cher mais qu'il la mariait «avantageusement». Il considérait en effet Cartier comme «toujours un ami de la maison» et «un excellent avocat» destiné à «de brillantes affaires»[41].

Les Cartier se marièrent sous le régime de la séparation de biens. Hortense n'apportait pas de dot et ses vêtements, bijoux et autres effets personnels n'avaient pas assez de valeur pour faire l'objet d'une évaluation officielle. Par ailleurs, elle ne retirait de la fortune de son mari qu'une allocation annuelle de 100 livres, assurée par une hypothèque sur la maison de Cartier à l'angle des rues Notre-Dame et Bonsecours[42]. Il se peut que la clause prévoyant la séparation de biens ait eu pour but d'empêcher Cartier d'entamer l'héritage de sa femme. Celle-ci, de fait, reçut en 1854 le cinquième de la fortune laissée par son père. Par contre, grâce à son contrat de mariage Cartier put, dans son testament rédigé en 1866, exclure sa femme de sa succession, exception faite de la rente annuelle de 100 livres prévue spécifiquement.

Les noces eurent lieu le 16 juin 1846 au matin à l'église Notre-Dame de Montréal. Elles furent célébrées par le curé de Contrecoeur qui avait caché Fabre chez lui durant l'Insurrection[43]. Après la réception, les parents et amis, parmi lesquels se trouvaient La Fontaine, A.-N. Morin, Wolfred Nelson, Lewis Drummond, Maurice Cuvillier et Joseph-Amable Berthelot, accompagnèrent jusqu'à la gare de Laprairie les jeunes mariés qui prenaient le train pour faire leur voyage de noces de trois semaines à New-York et à Washington.

Le mariage ne fut pas des plus heureux. Les Cartier étaient des buveurs, des danseurs et des coureurs de jupons. Bourgeois depuis trois générations, ils se sentaient à l'aise dans le monde rude et mouvementé de la vallée du Saint-Laurent. Les Fabre, eux, étaient sobres et ambitieux, profondément catholiques et nationalistes. On leur prêtait en outre une roublardise héréditaire[44]. Si le père de Cartier et les siens avaient dilapidé leur fortune érigée sur le commerce, Édouard-Raymond Fabre, fils de menuisier, avait passé sa vie à édifier la fortune et le prestige de sa famille. De plus, le mariage Cartier ne tarda pas à devenir embarrassant pour les deux familles pour des raisons politiques. Tandis que Cartier acceptait le conservatisme de La Fontaine et s'intégrait à la nouvelle élite politique et économique de Montréal, son beau-père restait un patriote irréductible, annexionniste et partisan de Papineau. En 1854, Cartier appuya Wolfred Nelson, contre Fabre, lors des élections à la mairie de Montréal. Un des beaux-frères de Cartier, Hector Fabre, qui avait pourtant fait chez lui une partie de ses études de droit, devint un de ses adversaires acharnés, fonda un journal d'opposition, *L'Événement*, en 1867 et se présenta contre les conservateurs aux élections de 1873, comme candidat du Parti national. Jusqu'en 1858, Fabre eut pour associé l'avocat Louis-Amable Jetté qui battit Cartier aux élections de 1872[45].

Le testament de Cartier, sa liaison avec Luce Cuvillier de même que les journaux intimes de ses filles démontrent nettement l'échec de son mariage. Pieuse et sarcastique, Hortense Cartier, de 14 ans plus jeune que son mari, n'appréciait guère les activités politiques de celui-ci, pas plus que les vieilles commères qu'il recevait chez eux. En fait, à en croire un ami de la famille, elle eût été bien plus heureuse dans un couvent, à condition toutefois d'être la mère supérieure[46]. Si l'on en croit ses filles, madame Cartier avait des idées bien arrêtées sur les hommes, en général, et les éventuels gendres, en particulier. À l'occasion d'une remise de diplômes, elle avait fait observer, par exemple, que si les jeunes conventines étaient si bien élevées, c'était parce que dans leur institution on n'admettait pas de garçons[47].

Cartier, par contre, fit preuve dans sa jeunesse d'un esprit plutôt irrévérencieux. Ses dernières années furent absorbées par sa liaison avec Luce Cuvillier, la politique et les mondanités. En 1841 il se vanta d'avoir chassé à coups de canne un client qui, selon sa propre expression, avait menacé de lui donner «des coups de pied dans le Q». Cartier se battit en duel, se colleta avec un juge au Montréal Skating Club et se fit remarquer par ses cris et ses vociférations lors d'une réception chez le gouverneur général. La Fontaine rapporte aussi qu'ayant emprunté la maison d'un ami, Cartier la laissa «dans un état horrible et de malpropreté». Un autre témoin est étonné de le voir malmener un de ses domestiques durant une réception: «Les dîners, ici, durent des heures et la table est couverte d'énormes quantités de nourriture. Après le repas, M. Cartier s'est mis à chanter et à croasser, forçant tous ceux qu'il pouvait trouver à se lever et à faire la ronde en chantant en choeur. Les malheureux domestiques apportèrent le thé et il les repoussa jusqu'à ce qu'il eût fini sa chanson. Il en écarta un en lui poussant légèrement le bras et j'ai vu le domestique se frotter le bras, fort mécontent, avec l'air d'un chien qui se serait fait marcher sur la queue»[48].

Cartier, à ce que l'on disait, s'était une fois présenté ivre à l'Assemblée législative; mais il ne buvait certes pas avec l'intensité et la morosité de Macdonald. Sociable, ne tenant pas en place, il aimait particulièrement les réceptions du samedi soir avec leur champagne, leurs rires et leurs chansons. Il ne fumait pas et pour se reposer après le travail il buvait ou jouait du piano. Lorsqu'il était à Montréal, il dînait presque tous les soirs avec ses associés: Louis Archambault, le shérif Charles Leblanc ou François Pominville. C'était un travailleur acharné et il voyageait beaucoup. En descendant du train de nuit, il lui arrivait souvent d'envoyer ses bagages chez lui et d'aller tout droit à son bureau pour commencer sa journée de travail[49]. On comprend qu'il ait été peu attiré par les soirées familiales, les leçons de piano de ses filles et les austères dîners du dimanche en compagnie de son beau-frère le curé.

Les domiciles successifs de Cartier reflètent bien ses goûts et son tempérament. Né dans une vaste maison où habitaient seize personnes, il partit à dix ans pour le Collège de Montréal où il vivra dans des dortoirs en compagnie de 120 autres élèves. À vingt-deux ans, il s'installa à l'Hôtel Rasco, établissement pittoresque et réputé pour sa cuisine italienne, que fréquentaient les artistes, les avocats et les officiers. Il y passa dix ans, jusqu'en 1846, pour s'établir alors avec son épouse à l'Hôtel Donnegana, qui venait d'ouvrir, et où il resta deux ans. C'est d'ailleurs là que naquit sa première fille.

En 1848 les Cartier déménagèrent tout près, rue Notre-Dame, dans une imposante maison de pierre à deux étages qui leur avait coûté 1 600 livres. Des chambres situées à l'arrière de la maison, on avait vue sur le fleuve et le port[50]. Pour se rendre à son bureau, à quatre rues de là, Cartier passait devant les demeures de plusieurs amis, comme John Donegani, puis devant le marché, ses propriétés

«Limoilou», la maison de Cartier à Longue-Pointe. (Parcs Canada)

de la rue Saint-Paul et l'Hôtel Rasco (voir carte 2). La maison des Cartier, construite une dizaine d'années plus tôt, était vaste et confortable. Un monte-plats y reliait la salle à manger à la cuisine située au sous-sol où se trouvaient aussi la cave à vin, le garde-manger, le carré à charbon et les chambres des domestiques. Cartier y fit installer l'éclairage au gaz, un nouveau foyer dans la chambre des maîtres et un poêle tout neuf dans celle des enfants. Le rez-de-chaussée, de onze pieds de haut, était principalement occupé par la bibliothèque et le salon. Au premier étage se trouvaient les chambres, l'appartement de la gouvernante et un salon de musique.

Une fois député, Cartier passait les sessions à Toronto et à Québec, puis à Ottawa. Le système de rotation de deux ans qui faisait siéger l'Assemblée législative tantôt à Québec, tantôt à Toronto, devait déranger Cartier moins que la plupart des autres politiciens, habitué qu'il était à la vie d'hôtel et aux fréquents déplacements. Durant ses séjours à Toronto, il habitait soit au Beard's Hotel soit à l'auberge de Mrs Dunlop, rue Bay, où sa femme et ses filles venaient le rejoindre à l'occasion. À Québec, il fréquenta d'abord le Sword's Hotel puis, à partir des années 1860, il loua avec Sandfield Macdonald un appartement dans la haute ville, dans une maison qui appartenait au juge Jean Duval. À partir de 1867, il loua aussi une maison à Ottawa, à l'angle des rues Maria et Metcalfe, au prix de 320 dollars par an. Durant tout ce temps, il conservait un bureau dans la maison familiale rue Notre-Dame, mais passait ses nuits à sa maison de campagne[51].

Il ne fait pas de doute que l'échec du mariage de Cartier est attribuable — au moins en partie — à son appréciation du charme féminin et à son penchant pour ce qu'il appelait «la vie du coeur»[52]. Du temps qu'il était célibataire, Cartier plaisantait fréquemment avec ses amis sur leurs succès amoureux, les qualités des femmes de Québec et le lien entre l'éducation que recevaient les jeunes filles et le nombre d'enfants qu'elles avaient. Durant son exil aux États-Unis, en 1838, il confiait à un ami que les Montréalaises qu'il y avait rencontrées n'avaient «rien d'extraordinaire». Au Vermont, il rendit visite à «la célèbre Madame Turtore» qu'il jugea «pas bien drôle quant au physique»[53]. Après son mariage, Cartier conserva sa réputation de galanterie et son goût pour les bals. Pendant plusieurs années il entretint une correspondance suivie avec la nièce de lord Carnarvon dont il avait fait la connaissance à Londres en 1858 et qu'il trouvait «gracieuse, brillante et attrayante.» Il lui envoya un livre et des broderies indiennes. En retour, elle lui demanda sa photo, fit son portrait et l'invita à lui rendre visite à Londres[54].

Étant donné les différences d'habitudes, d'intérêts et de personnalité entre les deux époux, l'union des Cartier devint vite une façade plus qu'autre chose. Il y avait longtemps que chacun d'eux menait une vie séparée lorsque naquit l'idylle entre Cartier et Luce Cuvillier. Cette séparation de fait, selon un historien, daterait de la naissance de leur troisième enfant: le père n'assista même pas au baptême de sa fille[55]. Plus tard, lorsque son associé lui demanda d'être le parrain de son enfant, et à madame Cartier d'en être la marraine, Cartier se fit représenter à la cérémonie par son beau-frère. À la fin des années 1850 le couple n'apparaissait que rarement en public. Dès le début des années 1860, la rupture était totale, bien que madame Cartier accompagnât parfois son mari lors de manifestations officielles comme celles qui marquèrent la Conférence de Québec[56]. Sur une photographie de famille datant de cette époque,

«La Liane», résidence d'Hortense Cartier, à Cannes, en France, achetée après la mort de son mari. (Archives photographiques Notman)

on peut voir Cartier seul avec ses filles. D'ailleurs, Cartier passait rarement la nuit dans la maison familiale. Lorsqu'en janvier 1871, il y resta quatre jours, il fut plutôt mal reçu: son départ, écrivait sa fille, fut «la seule bonne nouvelle». Cartier laissait même à son associé le soin de régler ses affaires d'argent avec sa femme. C'est ce dernier qui organisait les voyages de madame Cartier, achetait ses billets de train et de bateau et la conduisait à la gare[57]. À partir de 1871, madame Cartier passa une bonne partie de son temps à Londres, à Paris et au château de son oncle sur les bords de la Loire. Une fois veuve, elle ne revint jamais au Canada et s'installa finalement dans une villa à Cannes.

Esseulée et aigrie, madame Cartier était surtout préoccupée par l'avenir de ses filles qu'elle voulait marier. La cadette, Reine-Victoria, était morte à treize mois, victime de l'épidémie de choléra de 1854[58]. Les deux autres, Joséphine (1847-1886) et Hortense (1849-1941) furent tout d'abord élevées au couvent puis suivirent des cours privés de danse, de piano, d'allemand, d'espagnol et d'équitation. À l'encontre de leur père qui ne fréquentait l'église que très occasionnellement, les deux jeunes filles, même une fois adultes, allaient à la messe presque tous les jours, sans doute inspirées par leur oncle qui devient évêque en 1873. L'atmosphère familiale, malgré la présence du chien et des oiseaux, était plutôt terne. Dans son journal, Joséphine se plaint que l'année 1870 a été «replète *(sic)* de contrariétés amères»[59]. Hortense passait chaque jour deux heures au piano. La nuit tombée, elles faisaient des travaux de couture avec leur mère, passaient «des soirées endormitoires» avec des amis de la famille ou rendaient visite à leur grand-mère maternelle pour, selon leur propre expression, «l'inévitable repas de famille assaisonné d'épigrammes et de regards sévères de l'abbé qui veut nous marier»[60]. Les officiers anglais occupaient une place importante dans la vie sociale de la bourgeoisie montréalaise et les demoiselles Cartier fréquentaient des jeunes gens de bonne famille comme les Hingston, les Drummond ou les Tupper à l'occasion de bals militaires ou de parties de toboggan. Durant les vacances d'été, elles passaient une semaine à Cacouna, près de Rivière-du-Loup, où elles retrouvaient divers villégiateurs, comme les Galt, pour jouer aux boules, aux cartes ou aux échecs, et faire des excursions sur les plages à pied ou à cheval. Les voyages en Europe ne perturbaient pas leurs études: on leur louait alors des pianos et on leur faisait suivre des cours de langues et d'équitation, tout comme on leur trouvait de jeunes prétendants pour prendre le thé avec elles. En 1871, par exemple, elles purent aller au théâtre à Londres, essayer des robes chez un couturier parisien et passer le reste de leurs vacances au château de leur grand-oncle.

Sauf pendant les derniers mois de sa vie, où toute la famille était réunie à Londres, Cartier ne passa guère de temps auprès de ses filles. D'ailleurs, comme il le confiait à Macdonald, il regrettait de ne pas avoir de fils à qui laisser son nom et son titre[61]. D'après leurs journaux intimes, les deux demoiselles Cartier partageaient le point de vue de leur mère sur la façon de vivre de leur père, sa liaison avec Luce Cuvillier et ses querelles avec la famille Fabre. L'appelant «le capitaine» ou «el capitano», elles lui reprochaient notamment son impatience et sa vanité ainsi que la monotomie de leur vie quotidienne[62].

Hortense, constatant avec amertume l'échec matrimonial de ses parents — qui lui répétaient néanmoins que le mariage était la seule façon acceptable pour une femme d'accéder à la sécurité et au prestige social — écrivait dans son journal: «Avis aux pères de famille: ayez-en deux (enfants) et accusez-les quotidiennement d'être deux de trop, parlez-leur toujours de vous, grondez-les sans cesse, si ce sont des filles, mettez à la porte tous les jeunes gens qui voudront bien vous en débarrasser en les épousant, puis accusez-les de rester vieilles filles, parlez mal devant elles de toutes celles de leurs amies qui se marient bien ou mal, soyez sûrs que vos filles ne désireront jamais ni le mariage, ni le couvent, ni la potenc[illegible] ne moyen de se défaire de votre aimable société(...) This is written on a really, really very merry Christmas 25 December, 1872»[63].

Hortense et Joséphine ne réussirent jamais à attirer des prétendants correspondant à ce que leur mère appelait «le type du parfait gentilhomme»[64]. Elles restèrent donc célibataires et, après la mort de leur père, s'établirent sur la Côte d'Azur avec leur mère.

Cartier vécut ses dernières années en compagnie de la cousine de sa femme, Luce Cuvillier (1817-1900). Le père de celle-ci, Austin Cuvillier (1779-1849), était un riche marchand, partisan de Papineau jusqu'en 1834. Il était au nombre des fondateurs de la Banque de Montréal et il fut le premier président de l'Assemblée législative du Canada-Uni. Sa soeur épousa George Symes, que l'on considérait comme le commerçant le plus prospère de la ville de Québec. Symes et Cuvillier agissaient comme transitaires dans l'expédition du blé pour le père et le grand-père de Cartier. Les Cuvillier, eux aussi, avaient su s'adapter aux changements survenus dans le monde des affaires à Montréal. Deux des frères de Luce Cuvillier, Maurice et Austin, avaient fait d'importants investissements dans le Haut-Canada, dans les domaines du commerce, de la banque, des transports et de l'immobilier. En 1850, Maurice Cuvillier possédait cinq magasins et seize maisons à Montréal. Le navire à vapeur *Sainte-Hélène* lui appartenait aussi partiellement[65]. Il fonda une maison de courtage et devint membre des conseils d'administration de la Metropolitan Bank et de la Montreal and Saint-Jérôme Colonization Railroad. Cartier, qui avait été son compagnon de classe au collège de Montréal, devint l'avocat de la famille dès 1857 et à partir du milieu des années 1860, il confia ses affaires financières à la maison Cuvillier.

De notoriété publique, la liaison de Cartier avec Luce Cuvillier ne causa cependant pas de scandale. Les journalistes se contentaient de signaler l'absence de madame Cartier et la présence de Mlle Cuvillier aux manifestations sociales auxquelles assistait Cartier. Dans le privé, cependant, certains collègues de Cartier, comme Hector Langevin, ne se privaient pas de critiquer son audace[66]. Pour régler le problème délicat que posait son adresse à Montréal, Cartier établit son domicile officiel à Ottawa.

À Montréal, il faisait envoyer son courrier à son bureau. Quand elle séjournait à Londres avec Cartier, Luce Cuvillier donnait comme adresse officielle celle de la maison dont sa famille était propriétaire. Quant aux visites qu'elle rendait à son amant durant les sessions de l'Assemblée, à Québec, elle les justifiait sans doute par le prétexte de servir de chaperon à sa nièce. C'est son frère qui acheminait à Ottawa ses messages à Cartier: «Mon très cher, lui recommandait-elle, il faut prendre plus de précautions lorsque vous m'écrivez. Gardez vos termes d'affection pour votre —, et ne m'envoyez que des lettres d'affaires»[67].

Leur idylle datait du début des années 1860, sinon d'avant. En 1861, Luce avait été nommée tutrice de sa très riche nièce, Clara

Symes. Deux ans plus tard, cette dernière faisait cadeau à Cartier d'une somme de 10 000 dollars: en principe il s'agissait d'un prêt, mais Cartier ne paya jamais ni l'intérêt ni le capital. En 1864, l'associé de Cartier lui envoyait régulièrement des nouvelles de Luce. Au cours des sessions de 1864 et de 1865, elle lui rendit visite à Québec; en mai 1865 elle lui envoya «toutes les nouvelles de la journée». Dans son testament rédigé en 1866, Cartier faisait l'éloge de Luce Cuvillier, soulignant «sa sagesse et sa prudence», et lui laissait 600 dollars. Du même coup il s'en prenait à sa femme et à sa belle-famille, invitant ses deux filles à suivre les conseils de Luce et stipulant qu'il les déshéritait si jamais elles épousaient qui que ce soit de la famille Fabre[68].

À la fin des années 1860, les amants vivaient ensemble. Entre 1866 et 1873, ils firent trois voyages en Europe. Luce se trouvait à Londres en 1866 lorsque Cartier y fit un séjour. Elle l'accompagna sur le continent en 1868 et elle était encore dans la capitale britannique quand il y mourut. Cartier lui acheta des bijoux à Paris, une tenue d'équitation et des fourrures à Londres, ainsi qu'un buste de marbre à Naples. Luce, par ailleurs, dirigeait les employés dans le domaine de Cartier: en 1871 elle congédia le jardinier pour la durée de l'hiver[69]. Bien que Cartier, semble-t-il, eût promis à son ami le sulpicien Joseph Baile, de mettre fin à sa liaison, c'est bien Luce Cuvillier qui assista aux funérailles de Cartier, à la chapelle française de Londres, alors que madame Cartier se trouvait aussi dans la ville[70]. Lors de la vente aux enchères des biens de Cartier, les Cuvillier achetèrent pour 481 dollars de meubles. De son côté, Mme Cartier exprima clairement ses sentiments dans une lettre qu'elle envoya aux exécuteurs testamentaires de son mari: à part quelques effets personnels, écrivait-elle, «je ne veux absolument rien garder de mon ménage»[71].

Luce Cuvillier était célibataire et avait onze ans de plus que madame Cartier. Romantique et anti-conformiste, elle fumait la cigarette, portait le pantalon, lisait Byron et George Sand[72]. Par ailleurs, elle donnait des cours privés aux élèves du couvent du Sacré-Coeur et aidait à l'administration de l'orphelinat dont s'occupait aussi la belle-mère de Cartier. Elle fut même l'objet de vives attaques du *Toronto Globe* pour le rôle qu'elle avait joué dans la conversion de sa nièce au catholicisme, comme en témoigne l'extrait suivant: «Le clergé catholique romain, toujours à l'affût de riches héritiers et héritières, a fait une prise de choix en allant chercher la fille d'un riche citoyen de Québec aujourd'hui décédé. Celle-ci va se faire religieuse, apportant à l'Église un million de dollars. La jeune fille n'a que dix-sept ans. Sa famille, ici, a fait tout ce qu'elle a pu pour l'empêcher de prendre cette décision irrévocable, mais non: ses conseillers spirituels ont gagné, et en route pour le couvent! Personne ne dira que son père eût jamais imaginé que sa fortune, fruit de longues années de labeur, puisse disparaître de telle façon. C'est par ce genre de moyens que les institutions catholiques du Bas-Canada accumulent leurs immenses richesses»[73].

Vie sociale

Grâce à ses revenus croissants, Cartier pouvait aisément satisfaire les goûts bourgeois dont il avait hérité. Bien sûr, il tenait tout d'abord au simple confort matériel: la bonne cuisine, un bon système de chauffage, de beaux tapis et l'éclairage au gaz. Mais les Montréalais du rang de Cartier ne limitaient pas leurs aspirations à des contre-fenêtres, un ventre bien rempli et une grande maison. L'image que les Canadiens anglais se faisaient de Cartier, celle du Canadien français bon vivant et accommodant, masquait l'ampleur de ses ambitions sociales que reflétaient sa cave à vin, ses domestiques, sa bibliothèque, ses notes d'hôtel, son écurie, son verger, sa maison de campagne, son grade dans la milice, son titre de baronnet, ses armoiries, ses uniformes et même sa façon de se coiffer.

Cartier accumulait les meubles et les bibelots dans ses trois maisons et dans son bureau. À sa mort, sa veuve s'attribua la majeure partie de son argenterie, neuf chandeliers, des bijoux et d'autres effets personnels d'une certaine valeur, mais le reste de ses biens meubles fut vendu aux enchères pour la somme de 5 123 dollars. (Voir tableau 5). Par contre, on ne trouvait chez lui que peu de tableaux ou d'oeuvres d'art, à l'exception du buste de marbre qu'il avait acheté à Naples et dont l'expédition à Montréal lui avait coûté 435 dollars[74]. Cartier appréciait cependant la musique. Il aimait chanter et danser et il encourageait ses filles dans leurs études de piano[75].

Un environnement bourgeois: la promenade dominicale dans les jardins Viger en 1870. (Archives publiques du Canada, C-50357)

La cave à vin était aussi un signe de prestige, et dès 1853 Cartier achetait le madère au tonneau et le cognac au gallon, Dans sa jeunesse il affectionnait particulièrement le mélange de rhum, sucre et eau chaude des gens de la vallée du Richelieu. Plus tard, ses goûts se portèrent sur le champagne[76]. À sa mort, il laissait onze caisses de vin dans une de ses maisons, 240 bouteilles de bordeaux, quatre caisses de champagne et dix caisses d'autres vins à Ottawa, ainsi qu'un baril de sherry, un autre de bordeaux, quatre caisses de champagne et une caisse de brandy à sa maison de campagne[77].

Malgré le mépris qu'il affichait pour «la culture livresque», Cartier avait une bibliothèque qui fut vendue aux enchères en 1875 au prix considérable de 1 843 dollars, dont 826 dollars provenant des livres de droit, 591 dollars de publications gouvernementales et 163

Figure 2: Répartition des ouvrages de la bibliothèque générale de Cartier

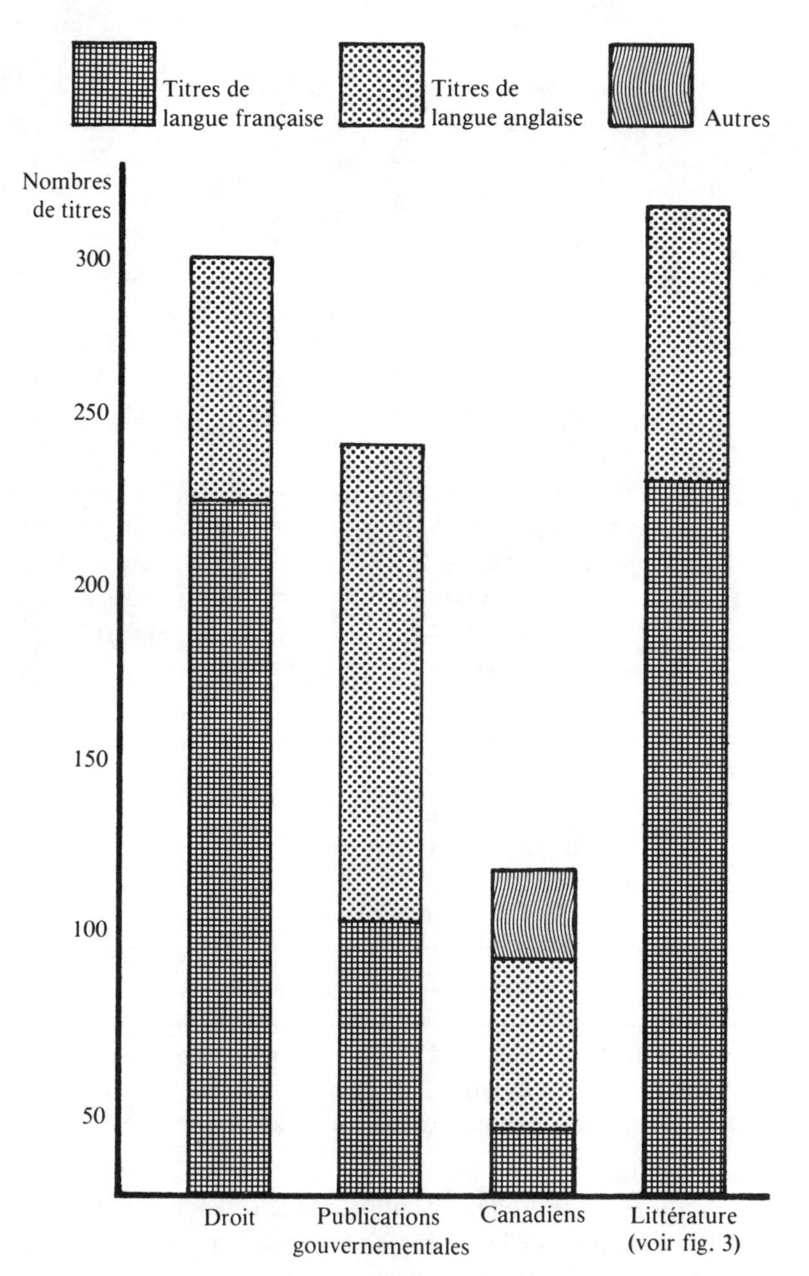

Source: DDC. Inventaire des livres de la succession de feu George-Étienne Cartier.

Figure 3: Répartition des ouvrages de la bibliothèque personnelle de Cartier

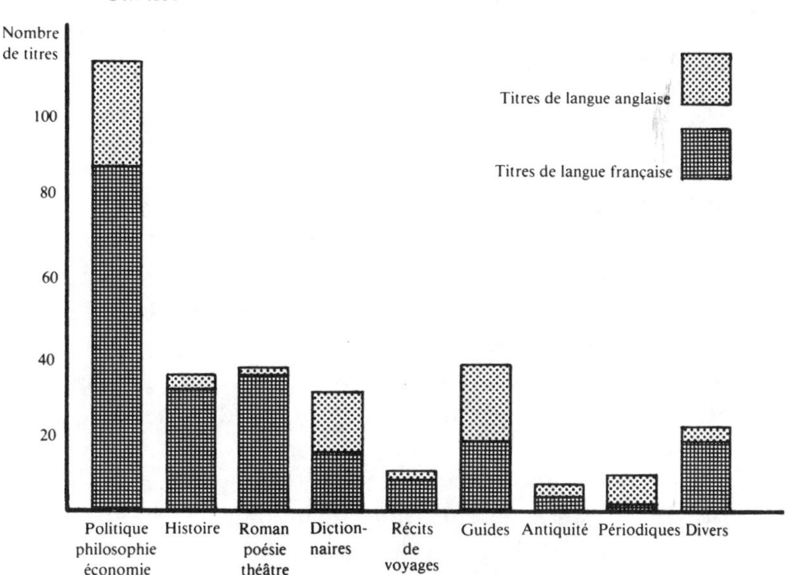

Source: DDC. Inventaire des livres de la succession de feu George-Étienne Cartier.

dollars de livres et de brochures sur le Canada[78]. De plus, la vente de sa collection privée rapporta 263 dollars, dont la moitié provenait d'une encyclopédie française, de l'histoire de l'Irlande de Gustave de Beaumont et de vieux numéros du *Illustrated London News* et du *Eclectic Magazine*. (Voir figures 2 et 3).

Il convient cependant de ne pas accorder trop d'importance à la valeur marchande de cette bibliothèque. Les ouvrages juridiques de Cartier servaient à l'exercice de sa profession et quant aux documents publiés par le gouvernement ainsi qu'aux livres sur le Canada, une bonne partie en était sans doute distribuée gratuitement aux ministres. De plus, un certain nombre de ses livres lui avaient été donnés ou lui venaient de Luce Cuvillier. Enfin, il est impossible de savoir quels livres Cartier avait vraiment lus. Si son conservatisme le poussait sans doute à s'intéresser à la propriété, à la monarchie, au droit et à l'éducation, Cartier par ailleurs se méfiait des théories et prônait même dans ses discours un certain anti-intellectualisme. Les lectures, disait-il souvent, n'étaient guère utiles dans les affaires et la politique[79]!

Il est difficile de comparer la bibliothèque de Cartier à celles de ses pairs, mais elle ressemblait beaucoup à celles des bourgeois parisiens de l'époque. Comme eux, Cartier achetait, par exemple, les récits de voyages en Orient ou en Égypte. Son choix traduit aussi la vogue pour les dictionnaires, les encyclopédies et les ouvrages de portée plus pratique. On trouve ainsi dans ses rayons un *Essai sur l'art d'être heureux*, *Le Cuisinier parisien*, *Les Cartes à jouer*, plusieurs ouvrages sur l'art oratoire, un manuel d'espagnol, une grammaire italienne et un guide de Paris[80]. Si Locke et Burke en sont absents, la bibliothèque de Cartier comprend par contre de nombreuses oeuvres des grands historiens et penseurs politiques du dix-huitième et du dix-neuvième siècles, tels que Voltaire, Rousseau, Montesquieu, Chateaubriand, Lamennais, Tocqueville, Bagehot, Mill, Macaulay, Bancroft, Hamilton et Marshall. Quelques ouvrages d'auteurs comme Proudhon, Ricardo et Bères (*Les classes ouvrières*) attestent que Cartier n'était pas insensible à la question des classes sociales. Par ailleurs, pour un homme qui aimait la musique, il n'avait guère de livres sur le sujet ni sur les arts en général. Il faut dire cependant que sa femme avait vraisemblablement retiré de sa maison de campagne certains ouvrages du genre de même que ses cahiers de musique[81]. Cartier avait aussi des oeuvres de grands philosophes catholiques, comme Veuillot, Pascal et Bossuet, ainsi qu'un livre sur la papauté et trois exemplaires de l'ouvrage de Muslim *Les Saints Lieux*. Tout comme les bourgeois parisiens, cependant, il dédaignait la littérature pieuse. Certains de ses livres révèlent par ailleurs, la véritable fascination qu'exerçaient sur lui les titres de noblesse et l'héraldique. Quant à la littérature militaire, on n'en trouve pas de trace, à l'exception de onze exemplaires d'une brochure intitulée *On the Art of Operating under Enemy Fire* qui lui avaient sans doute été envoyés à titre gracieux.

Au chapitre des lectures plus légères, la bibliothèque de Cartier était presque exclusivement composée d'ouvrages de langue française. On y trouve notamment des oeuvres de Balzac, d'Alexandre Dumas, de Victor Hugo, d'Eugène Sue et, ce qui peut paraître surprenant, trois romans de George Sand. Cartier s'intéressait aussi au

La messe à Notre-Dame en 1871: une autre manifestation de la sociabilité bourgeoise. (Archives publiques du Canada, C-54290)

théâtre, comme en attestent ses 79 volumes du *Répertoire du théâtre français* et ses douze volumes de pièces de Voltaire. En langue anglaise, on trouve *Hiawatha* de Longfellow et une imposante collection de revues anglaises[82]. Par ailleurs, les publications gouvernementales, les ouvrages sur le Canada et, dans une moindre mesure, les livres de droit laissent présumer que Cartier était porté à utiliser largement l'anglais dans l'exercice de sa profession. (Voir figure 2).

L'influence de Luce Cuvillier vint stimuler l'intérêt de Cartier pour la vie rurale, l'équitation et la viticulture. En septembre 1869 il acheta une ferme de 122 acres à Longue-Pointe, à l'est de Montréal[83]. Située dans une région où l'élite sociale montréalaise avait ses maisons de campagne, la ferme de Cartier n'était guère éloignée du domaine des Symes, appelé Elmwood, et de celui de Cuvillier, le Review Cottage. Cartier donna au sien le nom de Limoilou, en l'honneur du manoir du célèbre navigateur en Bretagne. Bordant le Saint-Laurent, la propriété englobait un vaste potager, un vignoble, un verger, des pâturages, des terres cultivées et un petit ruisseau. Le bâtiment principal, tout en pierre, donnait sur le fleuve et comportait un petit et un grand salon ainsi que cinq chambres à coucher. Il y avait aussi une autre maison, plus petite, une grange et un silo, plus près de la route, que Cartier louait. Luce Cuvillier, qui s'intéressait particulièrement aux arbres fruitiers, fit planter dans le verger des pommiers, des pruniers, des pêchers et des cerisiers provenant des meilleures pépinières américaines. C'est à Limoilou que Cartier gardait le piano familial, son poney, ses romans populaires et sa collection de douze ans du *London Illustrated News*[84].

Un cercle d'amis, d'associés et de domestiques assurait à Cartier confort et protection contre les soucis de la vie quotidienne. Ses commis et ses employés surveillaient la routine de son bureau, tandis que ses secrétaires politiques — L.-W. Sicotte et, plus tard, Benjamin Sulte — tenaient à l'écart les quémandeurs d'emplois et autres importuns. Pour tout ce qui avait trait à ses investissements de quelque importance, Cartier se fiait à Maurice Cuvillier. Son valet s'occupait de ses petites dépenses et Luce administrait le domaine. Les époux Cartier, d'ailleurs, n'avaient jamais manqué de personnel pour les tâches domestiques: cuisine, entretien de la maison, réparations, jardinage, et même les emplettes et les soins des enfants. Cartier avait à son service une ménagère et un cuisinier à Ottawa, un jardinier et des employés saisonniers à sa propriété de campagne, un concierge pour ses maisons en ville, au moins trois domestiques dans la maison familiale et, lorsqu'il le fallait, un cocher et sa voiture loués au mois.

Pendant au moins cinq ans, Cartier eut aussi un valet de chambre, du nom de Thomas Vincent. Il l'accompagnait dans ses voyages (même s'il fallait alors deux chambres au lieu d'une), savait tout de sa vie privée et assista à ses derniers instants. En plus des fonctions habituelles: cirer les bottes de son maître, le raser, entretenir sa garde-robe et faire ses commissions, Vincent administrait la petite caisse, encaissait les chèques, payait les notes, achetait les timbres et avançait même de l'argent à Cartier. De fait, lorsque celui-ci mourut on ne trouva dans sa chambre que trois billets de cinq livres et un peu de menue monnaie[86].

Cartier aimait bien les voyages et la vie d'hôtel: l'Hôtel Bedford et le Grand Hôtel à Paris, le Brevoort House à New-York, l'Hôtel de Rome à Naples, l'Adelphi Hotel à Liverpool et, son préféré entre tous, le Westminster Palace Hotel à Londres. Dans leurs déplacements — que ce soit ensemble ou non — les Cartier menaient toujours le train de vie qui convenait à leur rang. Ainsi au cours d'un de ses voyages en Europe, madame Cartier dut payer un supplément pour excédent de bagages. Sur les bateaux, ils dînaient à la table du capitaine et étaient même parfois invités dans ses quartiers[87]. En 1866, Cartier, qui partait pour Londres, dut louer une charrette en plus de la voiture ordinaire pour transporter tous ses bagages de son hôtel au port de New-York. Parmi les effets qu'il emportait avec lui, on trouve notamment une trousse de toilette doublée de soie, des brosses à dents portant son monogramme, une loupe, une boîte à savon, une brosse à ongles, un cendrier, une planche porte-appareils et divers étuis contenant ses jeux de cartes, ses peignes et ses brosses[88].

Même s'il visitait d'autres grandes villes européennes: Paris, Rome et Genève, Cartier eut toujours une nette préférence pour Londres. Dès le début des années 1850, il fut fasciné par le mode de vie anglais. Aussi, en 1853, donna-t-il à sa fille le nom de Reine-Victoria. Dès l'année suivante, il s'abonna au *Illustrated London News* et à la fin de sa vie il recevait régulièrement une dizaine de revues anglaises... et aucune publication de France. C'est en 1858 que Cartier fit son premier voyage à Londres, avec une délégation canadienne. À partir de 1865 il s'y rendit tous les ans, parfois pour plusieurs mois, sauf en 1871. Cet engouement pour la capitale britannique provoquait la colère des nationalistes canadiens-français, amusait ses amis, contrariait les autres ministres et nuisait à ses fonctions ministérielles et politiques. «Sir George tarde trop, se plaignit un jour Hector Langevin, je suis obligé d'organiser toute la milice en son absence[89]». Alors que les autres politiciens canadiens se sentaient un peu perdus dans la société londonienne, Cartier, lui, y naviguait à l'aise, acceptant jusqu'à cinq invitations par jour: garden-parties, thés, banquets officiels et réceptions champêtres. Au Westminster Palace Hotel, il lisait quatre journaux tous les jours. Il s'acheta aussi l'*Etiquette for Ladies and Gentlemen*, publié par le *London Times*. Loin de les réfuter, il alimentait les rumeurs selon lesquelles il était question qu'il reste définitivement à Londres comme représentant du Canada ou comme attaché au secrétaire aux Colonies. «Si, demain, j'en avais les moyens, écrivait-il, et si je pouvais me libérer des remous de la politique, je serais peut-être tenté de m'établir à Londres»[90].

Conscients de son influence et de son prestige dans la colonie canadienne, les Anglais appréciaient le charme et la spontanéité de Cartier. À leurs yeux, le formalisme pointilleux dont il faisait preuve par exemple en s'achetant des culottes collantes et des bas noirs pour être présenté à la reine, n'était nullement inconciliable avec son laisser-aller quand il chantait des airs de folklore canadiens-français pour faire plaisir au prince de Galles, ou faisait asseoir les invités sur les tapis, dans des canots imaginaires, pour interpréter des chansons de draveurs ou de bûcherons[91]. Dans cet anglophile avoué, qui se décrivait lui-même comme «un Anglais de langue française», les Londoniens retrouvaient «un gentilhomme du temps de Louis XIV conservé dans les traditions canadiennes»[92]. Cartier s'entretenait en français avec l'archevêque de Canterbury à Lambeth Palace, séjournait au château de Windsor en compagnie de la reine, dînait fréquemment avec lord Carnarvon et prenait le thé chez la duchesse de Wellington. Il aimait prendre ses repas au Conservative Club et grâce au parrainage du gouverneur général Monck il réussit même à se faire accepter comme membre, à titre temporaire, du très sélect Athenaeum Club. Ses relations professionnelles avec les hommes d'affaires anglais qui avaient des intérêts au Canada lui permirent

Cartier aimait l'ambiance des restaurants comme le Carlisle's Terrapin en 1871. (Archives publiques du Canada, C-54324)

d'être reçu chez les grands financiers comme George Glyn ou sir Morton et lady Peto. Pendant son dernier séjour à Londres, en 1872 et 1873, Cartier s'intégra à la colonie montréalaise de la capitale britannique: les Rose, les Molson, les Stephen et les Brydges. En janvier 1873, par exemple, il fut reçu à déjeuner par les Rose en compagnie de quinze autres invités, tous Canadiens[93]. Bien qu'il n'ait pas eu les mêmes entrées dans la haute société française, il fut cependant invité à rencontrer Napoléon III à Versailles.

À partir des années 1860, Cartier s'habillait à l'anglaise et, selon sa fille, «achetait tout à Londres», notamment des bottes «balmoral», des gants de chevreau, des cartes de visite, 18 cols de chemise marqués à son nom, 8 noeuds Windsor en soie, 3 boutons de gilet en émail ornés de perles, 13 paires de boutons de col en or, du parfum et de la lavande. De même, il se coiffait à l'anglaise et, à partir de 1868, allait régulièrement chez un coiffeur londonien pour se faire laver, gonfler, poudrer les cheveux[94] et même «coiffer en codogan».

Toute sa vie, Cartier fut fortement attiré par les uniformes et le cérémonial militaires, ce qui correspondait à son comportement autocratique, tant en privé qu'en public. C'est lui qui eut l'idée d'organiser la Société Saint-Jean-Baptiste selon le modèle des légions romaines en centuries et décuries. Sa passion de l'uniforme étonnait même l'aristocratie anglaise. «M. Cartier, écrivait la nièce du gouverneur général Monck, est venu dîner en grand uniforme. Dieu seul sait pourquoi[95]!». Invité d'honneur à la collation des grades au collège de Montréal trente ans après y avoir reçu son diplôme, il se présenta vêtu de l'uniforme de l'institution, au grand plaisir des autorités. En 1868, il fit ajuster et nettoyer son uniforme d'apparat chez Bennett and Company, célèbres fournisseurs militaires de Londres, et profita de l'occasion pour s'acheter une veste d'intérieur ainsi que des bas et une ceinture de soie.

Sensible aux honneurs, Cartier s'indignait du fait que John A. Macdonald avait été fait chevalier, alors que lui n'avait reçu que le titre de compagnon de l'Ordre du Bain. Sans doute exagérait-il lorsqu'il affirmait, à ce sujet, que les Canadiens français avaient été «profondément blessés» de ce traitement réservé à leur «représentant», mais sa colère s'explique par son ardent désir d'acquérir du prestige aux yeux de la société britannique[96]. Pendant des années, il avait accumulé des ouvrages sur la noblesse: aussi lorsqu'il fut finalement nommé baronnet, en 1868, accorda-t-il la plus grande attention à la fabrication de ses armoiries, comme en témoigne cette lettre de son héraldiste: «Il serait impossible de supprimer l'or des drapeaux sans détruire le dessin, mais si sir George voulait bien écrire à l'endos du dessin qu'il envoie en Angleterre qu'il souhaite remplacer, sur les drapeaux, les fleurs de lis par des hermines, on obtiendrait le résultat voulu»[97].

Au sein de l'élite francophone, les postes d'officier dans la milice canadienne étaient traditionnellement considérés comme des

La présence d'une garnison et la visite d'aristocrates britanniques fournissaient à la bourgeoisie montréalaise l'occasion de participer à de nombreuses cérémonies. Ici, un bal à l'hôtel Windsor en l'honneur du marquis de Lorne, en 1879. (Archives publiques du Canada, C-1830)

marques de prestige. Le grand-père, qui avait combattu aux côtés des Anglais durant la Révolution américaine, avait été nommé lieutenant-colonel de la milice de Verchères. Le père, à son tour, avait servi comme lieutenant et commissaire durant la guerre de 1812. En 1847, Cartier lui-même fut nommé capitaine dans une unité de la milice, les Voltigeurs de Montréal, exactement dix ans après avoir été accusé de trahison! C'est lui qui créa, en 1861, le ministère des Affaires de la milice et lors de la formation du gouvernement Macdonald, après la Confédération, il choisit ce portefeuille. En 1862, le gouvernement qu'il dirigeait fut précisément défait à cause de son bill sur la milice, un document de trente-six pages dont la mise en application eût été fort coûteuse. En démissionnant, il expliqua que son seul désir était de voir les Canadiens jouer pleinement leur rôle sous le drapeau britannique. En 1868, Cartier revint à la charge en présentant, sans succès d'ailleurs, un autre projet de loi prévoyant la fondation d'écoles militaires, la création d'une marine de guerre, le service militaire obligatoire dans certains cas et la formation d'une milice active de 40 000 hommes[98].

Pour Cartier, l'armée ne devait pas uniquement assurer la défense du pays; elle devait aussi servir à des fins idéologiques et institutionnelles, renforcer l'autorité et favoriser le commerce. Cartier était convaincu que «l'esprit commercial» suivait partout les armées britanniques. Plus concrètement, les troupes de garnison constituaient un marché intéressant pour les hommes d'affaires de Montréal. Cartier en savait quelque chose, lui qui avait loué à l'armée un de ses immeubles pour en faire un hôpital. La métropole ayant réduit ses effectifs militaires au Canada, Cartier réclama une augmentation du budget de défense pour donner «plus de sécurité» aux capitalistes anglais. La puissance militaire, ajoutait-il, était aussi une composante essentielle de ce qu'il appelait «la grandeur nationale»: «J'ai déjà fait observer, en d'autres circonstances, que trois éléments indispensables constituent une nation: la population, le territoire et la marine. Mais le couronnement, indispensable aussi, de l'édifice, est la force militaire»[99].

Dans son admiration pour l'Angleterre victorienne, ses symboles, son système parlementaire, son organisation militaire, son harmonie apparente entre les classes, son culte du progrès, de l'individualisme et de l'industrialisme, Cartier ne s'écartait pas des

Une parade militaire au Champs-de-Mars en 1866. (Archives photographiques Notman)

valeurs en cours dans la bourgeoisie francophone. En France même, les «anglomanes» de l'époque industrielle perpétuaient une riche tradition d'anglophilie héritée du dix-huitième siècle et illustrée par des philosophes comme Montesquieu. Nombre de capitalistes français, comme Jules Siegfried, misaient sur «l'anglosaxonisme» pour contrebalancer le radicalisme idéologique et l'instabilité politique de leur pays. L'anglophilie était aussi en vogue dans la bourgeoisie canadienne-française. Les études d'Yvan Lamonde, par exemple, démontrent l'importance de l'apport britannique dans la vie culturelle des Montréalais[100]. Comme les Canadiens anglais d'une génération postérieure, ainsi que le souligne Carl Berger, Cartier et ses semblables recherchaient la légitimité et la sécurité dans les valeurs et les institutions anglaises. Se sentant menacés par le radicalisme des Français, des Américains et de leurs propres compatriotes, ils exploitaient leur «anglicité» pour neutraliser leurs adversaires et protéger leur statut social. Les liens économiques, les titres, les voyages, la langue et le service militaire venaient d'ailleurs cimenter cette intégration idéologique.

Par sa carrière, sa vie familiale et son comportement social, Cartier s'écarte nettement du portrait typique du Canadien français tracé par les sociologues comme Everett Hughes ou Horace Milner et les historiens catholiques francophones tels que Lionel Groulx. Le mariage et les habitudes de vie de Cartier étaient loin d'être exemplaires.

Séparé de ses parents dès l'âge de dix ans, il passa près d'une vingtaine d'années dans le dortoir du collège puis dans des hôtels. À la naissance de sa première fille, il habitait encore avec sa femme dans le meilleur hôtel de Montréal. À la fin de sa vie, il ne communiquait le plus souvent avec son épouse que par l'intermédiaire de son associé. De son côté, madame Cartier, comme nous l'avons vu, consacrait son temps à préparer ses filles au mariage, malgré les déboires que le sien lui avait apportés. Les journaux intimes d'Hortense et de Joséphine montrent bien qu'elles étaient conscientes de ce paradoxe, ce qui ne les empêcha pas de rester en quelque sorte prisonnières de leur classe et de leur sexe. Pour reprendre les mots de Roland Barthes, les filles de Cartier correspondent parfaitement au portrait de la jeune fille bourgeoise qui «produisait inutilement, bêtement, pour elle-même»[101]. Tout en condamnant les moeurs de leur père, elles se plaignaient de leur existence vide, consacrée aux messes et aux activités sociales destinées à leur faire trouver un bon mari. Bien que célibataires, elles n'entrèrent pas au couvent et ne pratiquèrent pas non plus de profession qui leur eût donné une certaine indépendance.

Cartier, pour sa part, préférait la compagnie de Luce Cuvillier, sa musique et sa propriété de campagne qui lui permettaient d'échapper à l'univers montréalais qu'il contribuait pourtant à façonner. En dépit de son activité intense, de son matérialisme, de son goût pour les titres, Cartier fait penser au notaire à l'âme de poète dont parle Flaubert[102].

Armoiries de famille, que Cartier fit dessiner à Londres. (Archives publiques du Canada, C-5532)

La conduite de Cartier n'était guère celle qu'on aurait dû attendre d'un mari et d'un père de famille catholique canadien-français. Elle ne provoqua cependant aucun scandale. On peut se demander pourquoi ses adversaires, qui dénoncèrent souvent ses positions religieuses et politiques, n'exploitèrent jamais sa vie privée qui le rendait pourtant vulnérable. Sans doute faut-il attribuer ce fait à un code tacite qui régissait la vie politique du 19e siècle. Le *Toronto Globe*, par exemple, attaqua vivement Luce Cuvillier à cause de son catholicisme et de son influence sur sa riche nièce issue d'une famille protestante, mais n'alla pas plus loin. Quant à la société bourgeoise de Montréal, — ses journaux, son clergé et ses institutions sociales —, non seulement elle respecta la vie privée de Cartier mais elle le protégea même[103].

3
Le politicien à l'oeuvre

La période qui suivit l'Union (de 1841 à 1867) marqua un tournant dans l'histoire de la bourgeoisie montréalaise. Papineau, les tories, le séparatisme, le commerce des fourrures et la puissance des seigneurs cédèrent la place au conservatisme de La Fontaine et de Cartier, au fédéralisme, aux machines à vapeur et à de nouvelles institutions sociales et économiques. En même temps, des forces centrifuges venaient ébranler les fidélités traditionnelles. Le principe de la responsabilité ministérielle et l'effondrement du mercantilisme britannique menaçaient d'importants éléments de la communauté anglophone, tandis que les élites canadiennes-françaises s'inquiétaient des effets de la surpopulation et de l'émigration. Quant aux milieux d'affaires ils tournaient en dérision les institutions scolaires et juridiques et la tenure seigneuriale qui leur semblaient inadaptées aux nouvelles structures des marchés et du travail.

L'urbanisation et l'industrialisation apportaient de nouveaux emplois et des promesses d'enrichissement, mais en même temps elles engendraient la pauvreté, affaiblissaient les institutions et provoquaient les conflits de classes ainsi que les affrontements entre groupes ethniques et religieux. Les catholiques irlandais étaient en conflit avec leurs coreligionnaires français. Les sulpiciens se chamaillaient avec l'évêque de Montréal. Les jeunes entrepreneurs, qui exploitaient les nouveaux modes de transport et de production, affrontaient les générations antérieures de commerçants établis. Les changements survenus dans les axes commerciaux, les fluctuations de l'immigration et le chauvinisme américain venaient encore aggraver ces conflits. La ville s'allongeait à l'ouest le long du canal de Lachine, à l'est vers Hochelaga et au nord jusqu'aux flancs de la montagne et cette expansion accentuait le clivage entre les classes sociales et entre les groupes ethniques. Les relations entre les diverses collectivités avaient d'ailleurs toujours été instables. Une épidémie de choléra, des manoeuvres électorales démagogiques, une fête religieuse, la recrudescence du chômage, étaient souvent l'occasion d'explosions de violence.

L'aide de camp

Les troubles de 1837-1838 avaient rendu la bourgeoisie canadienne-française de Montréal particulièrement vulnérable. Papineau s'enfuit en France. Ludger Duvernay lança un journal au Vermont. Robert Nelson se réfugia en Californie, tandis que son frère était exilé aux Bermudes et que Denis-Benjamin Viger languissait dans sa prison de Montréal. À la fois agressif et condescendant, le Rapport Durham définissait clairement le destin du Canada français. L'Acte d'Union réunifia la région économique du Saint-Laurent, rejetant la responsabilité ministérielle et n'accordant à la majorité du Bas-Canada qu'une représentation égale à celle de la minorité du Haut-Canada au sein de la nouvelle assemblée. La nomination au poste de gouverneur de Charles Poulett Thomson, homme d'affaires et ancien ministre réputé pour son audace, ne fit qu'augmenter le sentiment d'insécurité. Le désespoir s'installait. Les classes vivaient isolées les unes des autres et Montréal, comme l'écrivait un patriote, était devenue «une morgue»[1].

Rares étaient les patriotes qu'animait encore l'idéalisme dont avait fait preuve Chevalier de Lorimier dans la lettre qu'il avait écrite à Cartier quelques heures à peine avant de monter sur l'échafaud:

Prison de Montréal
12 février 1839
9 heures du soir

Mon cher Cartier

Il ne me reste plus qu'à préparer ma conscience pour un autre monde et à faire mes adieux à mes amis. Il en coûte toujours à laisser ce monde quand des liens aussi forts que ceux qui m'unissent à la terre existent, mais pas autant qu'on se l'imagine lorsque la mort se montre dans le lointain. Plus on la considère de près, moins elle est dure, moins elle est cruelle. Si beaucoup la redoutent autant, c'est parce qu'ils n'ont pas pensé sérieusement à mourir. Pour ma part, cher Cartier, je suis dévoué, ferme et résolu. Je remercie le Ciel de me donner autant de force. Je n'ai pas voulu entreprendre le voyage long de l'éternité sans t'adresser mes remerciements sincères pour les services nombreux que tu m'as rendus et t'assurer des sentiments de gratitude et d'amitié que j'entretiens envers toi.

Puisse le Ciel t'accorder une longue et heureuse carrière. Puisses-tu prospérer comme tu le mérites et te rappeler que je suis mort sur l'échafaud pour mon pays. Adieu.

Ton sincère et dévoué ami.
Chevalier de Lorimier[2]

Peu porté au désespoir et à la réflexion, Cartier, au lendemain de la rébellion, fut un des premiers à préconiser le compromis avec les autorités britanniques. Bien qu'entouré de patriotes dans sa retraite de Burlington, au Vermont, il ne participa aucunement à la seconde tentative insurrectionnelle de 1838. Au contraire, comme on l'a vu, il répudia officiellement la cause des patriotes dans la lettre qu'il envoya, en septembre 1838, au secrétaire de lord Durham. Affirmant que l'accusation de trahison portée contre lui était «imméritée», il s'offrait à fournir une caution financière pour garantir qu'il remplirait désormais fidèlement ses «devoirs de citoyen et de sujet britannique». Une lettre personnelle qu'il écrivit deux jours plus tard confirmait la sincérité de sa déclaration officielle[3]. L'accusation de trahison retirée, Cartier revint aussitôt à Montréal mais, craignant toujours d'être arrêté, il y vécut deux mois dans la clandestinité et ne rouvrit son bureau qu'au début de 1839. Sa présence à une réception chez le gouverneur, le 6 novembre 1839, marqua sa réintégration définitive[4].

Cartier resta toujours sensible à la réalité du pouvoir britannique. Convaincu que «l'Angleterre pouvait gouverner comme elle le voulait», il refusa son appui à La Fontaine qui s'opposait à l'application de l'Acte d'Union[5]. Quelques années à peine après la rébellion, il soutenait que sa participation aux événements n'avait été aucunement motivée par des visées séparatistes à l'égard de l'Angleterre, mais simplement par le souci de s'opposer à l'oppression exercée par une minorité, à savoir les tories du Bas-Canada[6].

C'est Louis-Hippolyte La Fontaine qui élabora la pensée politique qui allait devenir dominante au Québec. Lieutenant de Papineau mais considéré comme un modéré, La Fontaine, qui avait sept ans de plus que Cartier, avait recherché, même avant l'insurrection, un compromis possible. Il le trouva en 1839, en se présentant à la fois comme «successeur de Papineau et disciple de la constitution britannique»[7]. En d'autres termes, il s'opposa à l'Acte d'Union, mais une fois celui-ci adopté, il sut en tirer parti pour accéder au pouvoir.

Abandonnant l'idéalisme et le rêve d'indépendance de Papineau, La Fontaine fonda son programme sur la responsabilité ministérielle, le progrès économique et de nouvelles alliances politiques dictées par des considérations pragmatiques. L'Acte d'Union accordant au Haut-Canada quarante-deux sièges au parlement, soit autant qu'au Bas-Canada, il s'ensuivait que le pouvoir reviendrait inévitablement à un parti ayant des assises dans chacun des deux groupes ethniques. C'est à La Fontaine que Cartier emprunta nombre de ses principes politiques, tels que la recherche d'alliés importants au Canada anglais, l'adhésion à la pratique constitutionnelle britannique, le recours systématique au *patronage* dans l'édification du Parti conservateur au Québec, l'isolement des nationalistes libéraux et le maintien d'un bloc canadien-français[8].

Louis-Hippolyte La Fontaine. (Archives publiques du Canada, C-5961)

Cartier, qui ne tarda pas à être considéré comme l'aide de camp de La Fontaine, était au courant des négociations secrètes que celui-ci avait amorcées avec Francis Hincks en 1840. Cette année-là, d'ailleurs, il participa à plusieurs entretiens qui eurent lieu chez La Fontaine, avec Hincks, Lewis Drummond, Viger, Berthelot et William Walker[9]. Bien qu'il eût refusé de se présenter lui-même aux élections législatives de 1841 et de 1844, il organisa la campagne des candidats réformistes dans la région de Montréal. La maladie de son père ne l'empêcha pas de prêter son concours à La Fontaine dans la circonscription de Terrebonne que l'on considérait comme particulièrement importante. Se réjouissant de la nomination de La Fontaine au poste de procureur général, en septembre 1842, il fit même la promesse de célébrer l'événement au champagne. En septembre 1844, il prit la parole à une assemblée à Saint-Denis. Sept ans plus tôt, rappela-t-il aux électeurs, il avait fait feu sur les soldats anglais, aux côtés des villageois, mais désormais, concluait-il, il était de leur devoir de rejeter le nationalisme de Denis-Benjamin Viger pour réclamer, à la place, la responsabilité ministérielle[10].

À la fin des années 1840, les conservateurs de La Fontaine avaient réussi à devenir une importante force politique grâce à l'instauration du gouvernement responsable ainsi qu'à leur alliance avec certains éléments du haut clergé et les réformistes anglophones. Cette nouvelle situation, riche en possibilités, s'ajoutant à son long apprentissage politique, à son alliance avec une prestigieuse famille montréalaise et à sa carrière d'avocat et de propriétaire foncier, amena tout naturellement Cartier à songer à l'action électorale. En avril 1848, il se présenta donc comme candidat réformiste à l'élection complémentaire dans Verchères, circonscription relativement sûre pour son parti. Par ailleurs Cartier avait pour ce comté un attachement tout particulier puisqu'il y était né et que son grand-père en avait été le représentant de 1805 à 1809.

Ayant axé sa campagne sur les thèmes de la responsabilité ministérielle et de la tempérance ainsi que sur l'enracinement de sa famille dans la région, il fut élu avec une majorité de 248 voix. Pour célébrer cette victoire, il donna un banquet dans le manoir seigneurial de Varennes, avec défilé, drapeaux, salves d'honneur et parade d'une centaine de cavaliers[11].

Cartier resta député à l'Assemblée législative jusqu'à la Confédération (voir tableau 6). Il représenta d'abord Verchères, jusqu'en 1863, puis Montréal-Est jusqu'en 1867. À partir de cette date, il cumula deux sièges: l'un à la Chambre des communes fédérale, l'autre à l'Assemblée législative du Québec. S'il n'eut aucune difficulté à se faire élire dans Verchères, il n'en fut pas de même à Montréal, sauf en 1863. Malgré ses campagnes aussi bien organisées que financées, il y fut battu en 1857, en 1861 et en 1872. L'élection de 1867, qu'il remporta avec une confortable majorité, fut particulièrement violente, à cause des tensions créées par la confédération et du fait qu'il avait à affronter un candidat représentant la classe ouvrière.

Le 18 janvier 1849, Cartier se rendit donc à pied, dans la neige, à l'Assemblée législative toute proche, pour commencer sa carrière

Tableau 6: Élections auxquelles Cartier fut candidat, 1848-1872

DATE	COMTÉ	CANDIDATS	VOIX	%
Avril 1848**	Verchères	Amable Marion	552	42,8
		Cartier*	738	57,2
Avril 1851	Verchères	acclamation		
Juin 1854	Verchères	Massue	614	43,3
		Cartier*	804	56,7
Fév. 1855**	Verchères	Christophe Préfontaine	1 060	46,0
		Cartier*	1 246	54,0
Déc. 1857	Verchères	Christophe Préfontaine		
		Cartier*	élu	
Déc. 1857	Montréal (3 sièges)	A.-A. Dorion*	4 332	17,59
		D'Arcy McGee*	4 301	17,46
		John Rose*	4 192	17,02
		Luther Holton	4 103	16,66
		Henry Starnes	4 028	16,37
		Cartier	3 670	14,90
Juil. 1861	Montréal-Est	A.-A. Dorion*	1 527	50,4
		Cartier	1 502	49,6
Juil. 1861	Verchères	Cartier*	élu	
Juin 1863	Montréal-Est	A.-A. Dorion	1 203	39,0
		Cartier*	1 879	61,0
Avril 1864**	Montréal-Est	acclamation		
Sept. 1867	Montréal-Est	Médéric Lanctôt	2 085	46,1
	(fédéral)	Cartier*	2 433	53,9
Sept. 1867	Montréal-Est	Ludger Labelle	2 051	46,0
	(provincial)	Cartier*	2 408	54,0
Juil. 1871	Beauharnois	Célestin Bergevin	324	30,2
	(provincial)	Cartier*	750	69,8
Août 1872	Montréal-Est	Louis-Amable Jetté*	3 264	61,9
	(fédéral)	Cartier	2 007	38,1
Sept. 1872	Provencher, Man. (fédéral)	acclamation		

**Élections complémentaires

* Gagnant

Sources: Normand Séguin, «L'opposition canadienne-française aux élections de 1867 dans la grande région de Montréal» (thèse de maîtrise, Université d'Ottawa, 1968), p. 59; Henry Best, «Georges-Étienne Cartier», (Thèse de doctorat, Université Laval, 1969), p. 89, 129, 143, 170, 549; et *La Minerve*, avril 1848, 1er août 1854, 23, 24 décembre 1857, 6 juillet 1871, 11 juin 1863.

parlementaire qui allait durer vingt-trois ans. Parmi ses collègues se trouvaient un autre Montréalais, Lewis Drummond, ainsi que Joseph Cauchon, de Québec, Alexander Galt, de Sherbrooke, John Sandfield Macdonald de Glengarry et un jeune avocat réservé du nom de John A. Macdonald, qui représentait Kingston.

Dans une assemblée dont l'ordre du jour était dominé par les questions d'annexion et de pertes dues à la rébellion, le député de Verchères n'attira d'abord que peu l'attention. Dur, impatient et souvent même brutal, il ne tarda pas, cependant, à afficher une ambition qui choqua ses collègues. John A. Macdonald disait de lui qu'il était incapable de s'élever «au-dessus de son poste» et Mme Macdonald le trouvait «extrêmement égotiste»[12]. Cartier, qui ne mesurait que 1,68 m, dédaignait tout exercice et en conséquence avait une tendance à l'embonpoint. Sa tête et ses mains étaient en agitation continuelle. Ses cheveux, noirs et abondants, étaient soigneusement peignés vers l'arrière et dans sa jeunesse il portait des favoris en côtelettes. À la fin de sa vie, il avait des troubles de la vue: ses yeux, disait-il à Macdonald, avaient «besoin de repos»; aussi s'acheta-t-il des lunettes à Londres. Soignant toujours sa mise, il portait le haut-de-forme en soie, le noeud papillon et des cols blancs, comme le voulait la mode de l'époque, et, dans un médaillon en or, un portrait de Napoléon[13].

Comme politicien, Cartier savait déléguer efficacement les tâches administratives. Il était en outre excellent dans les débats en commission et dans les travaux de coulisses. Par contre, il n'était pas un bon orateur et tout le monde s'accordait à dire que ses discours étaient incohérents et ennuyeux. Il avait la voix aiguë. Son anglais était faible et son français médiocre. Les journalistes trouvaient ses discours «désagréables à l'extrême» et remarquables uniquement par leur longueur. Toute l'oeuvre de Cartier, selon un de ses critiques, se limitait à «deux mille discours horribles, incompréhensibles, intraduisibles et illisibles»[14].

En dépit de cela, Cartier vit son étoile monter rapidement. Simple organisateur de parti et député d'arrière-ban en 1849, il dominait déjà la vie politique de Montréal au milieu des années 1850. En 1851, La Fontaine, qui se disait «fatigué» et «dégoûté» de la politique, démissionna pour devenir juge, cédant ainsi la place à

Augustin-Norbert Morin, qui était cousin de Cartier par alliance[15]. Invité à se joindre au gouvernement Hincks-Morin à titre de solliciteur général, Cartier refusa, expliquant à Morin que pour des raisons financières il préférait continuer de pratiquer le droit. L'année suivante, il refusa le ministère des Travaux publics, invoquant le même motif en plus de son opposition à l'élection des conseillers législatifs, dont le gouvernement avait accepté le principe[16]. Sa décision fut sage: en 1853 Hincks se trouva mêlé à un scandale retentissant, tandis que le gouvernement était affaibli par les coups que lui portaient Cauchon, à droite, ainsi que L.-V. Sicotte et Luther Holton, à gauche. Dès le début de la session de 1854, le gouvernement tomba et les élections furent fixées au 22 juin.

Cartier fit alors preuve d'une activité intense, qui illustre bien les pressions auxquelles il était soumis. Morin ayant peu de talent comme organisateur, c'est lui qui dirigea la campagne réformiste au Québec. Le journal, *La Minerve*, son porte-parole, compara les rouges aux socialistes européens, dénonçant leur esprit destructeur et ridiculisant leur alliance avec les *grits*. Mais Cartier n'avait pas à s'occuper que de la campagne électorale. Comme président de la Société Saint-Jean-Baptiste, il lui fallut présider les fêtes annuelles qui eurent lieu deux jours après l'élection. Le climat électoral, par ailleurs, n'était pas particulièrement favorable au parti sortant. L'élection à la mairie de Montréal en 1854, dans laquelle Cartier avait fait la lutte à son beau-père Édouard-Raymond Fabre, avait laissé des cicatrices encore vives. De plus, à la fin du printemps, le choléra s'était de nouveau abattu sur la ville. Chaque jour, les journaux publiaient la liste des victimes qui atteignaient souvent la vingtaine et dont beaucoup étaient des enfants. Tandis que les symptômes de la maladie (diarrhée et vomissements) se répandaient, les autorités ne trouvaient d'autre remède que d'inviter la population à éviter l'alcool et à boire du thé à la menthe[17]. Dans les deux semaines qui suivirent sa réélection dans Verchères, Cartier perdit ainsi une de ses filles et son beau-père.

Le chef tacticien

De 1854 à 1857 Cartier attira de plus en plus l'attention. Sa candidature à la présidente de l'Assemblée législative, au tout début de la session de 1854, marqua la fin du gouvernement Hinks-Morin.

Tableau 7: Fonctions politiques occupées ou offertes

FONCTION	DATE
Député, Assemblée législative du Canada-Uni	1848-1867
Député, Chambre des communes, Canada	1867 — 28 août 1872; 14 sept 1872 — 20 mai 1873
Député, Assemblée législative, Québec	1867-1873
Refuse le poste de solliciteur général	novembre 1851
Refuse le poste de ministre des Travaux publics	septembre 1852
Candidat défait au poste de président de l'Assemblée	septembre 1854
Secrétaire de la province	27 janv. 1855 — 24 mai 1856
Procureur général (Canada-Est)	24 mai 1856 — 30 juil. 1858
Inspecteur général	6-7 août 1858 (double remaniement ministériel)
Procureur général (Canada-Est)	7 août 1858 — 31 mai 1862
Procureur général (Canada-Est)	mars 1864 — juin 1867
Refuse le poste de juge en chef de la cour d'Appel	avril 1866
Ministre de la Milice et de la Défense, Canada	juil. 1867 — mai 1873

Source: ANQ, Collection Chapais, boîte 7, N. Belleau à Cartier, 12 avril 1866.

Les grits et les rouges s'entendirent pour se débarrasser de lui. Les représentants du Haut-Canada dénonçaient ses liens avec le Grand Tronc tandis qu'au Bas-Canada il avait contre lui à la fois des libéraux comme John Young et des conservateurs comme Joseph Cauchon. Cartier ne recueillit que 23 des 42 voix des députés canadiens-français et il fut battu par 69 voix contre 59. En janvier 1855, cependant, il obtint son premier ministère comme secrétaire de la province, dans le gouvernement MacNab-Taché[18]. Ce poste était particulièrement intéressant du fait que son titulaire avait hérité d'un grand nombre des fonctions appartenant antérieurement au secrétaire du gouverneur général.

En mai 1856, Cartier devint procureur général du Canada-Est, poste qu'il conserva jusqu'à la Confédération, sauf pendant quelques jours, durant les deux remaniements ministériels successifs de 1858, et pendant les deux ans qu'il passa dans l'opposition, de 1862 à 1864. Par la suite, dans le premier gouvernement qui suivit la Confédération, où il était considéré comme le Canadien français le plus éminent, il fut nommé ministre de la Milice et de la Défense. Son alliance avec John A. Macdonald, alors chef du Parti conservateur et procureur général du Canada-Ouest, marque aussi son ascension politique. Dès la fin de 1857, suite à la démission d'Étienne-Pascal Taché comme premier ministre associé, le premier gouvernement Macdonald-Cartier se forma et, en dépit de quelques vicissitudes, la collaboration entre les deux hommes se poursuivit jusqu'à la mort de Cartier, en 1873. (Voir tableau 7).

Cette promotion au sommet de la hiérarchie politique canadienne, illustrée par son alliance avec les dirigeants conservateurs de l'Ontario, des missions en Angleterre, un titre de noblesse et un siège au conseil d'administration de diverses grandes entreprises, Cartier la devait à son poids politique dans l'ensemble du Québec et particulièrement dans la région de Montréal. Sa combativité, son pragmatisme, ses goûts mondains et son conservatisme s'accordaient avec les changements survenus dans la société montréalaise. La violence de 1837 et de 1849, entretenue par la bourgeoisie, avait été remplacée par des préoccupations économiques comme la réciprocité avec les États-Unis, l'essor des chemins de fer et la mise en valeur du port.

La période de l'Union fut marquée, à Montréal, par un progrès économique accéléré. La population de la ville, où régnait une activité commerciale intense, était le double de celle de Toronto. De 1851 à 1861 elle augmenta de 56 pour cent, puis de 19 pour cent dans les dix ans qui suivirent, si bien qu'au recensement de 1871 elle atteignait 107 225 âmes[19]. Dès 1854, le Grand Tronc ouvrait ses ateliers de réparation de Pointe-Saint-Charles. Durant les trente années qui précédèrent la Confédération, soixante nouvelles usines s'établirent le long du canal de Lachine. L'emplacement de Montréal, au coeur même de tout le système de transport du pays, attira aussi des chantiers maritimes comme ceux de Brush, McDougall and Gilbert et des entreprises sidérurgiques comme la Montreal Rolling Mills et la Montreal Rolling Stock Company. De nouvelles industries, comme celles des clous, des faux, des haches et de divers produits du plomb, du cuivre et du caoutchouc vinrent s'ajouter à celles de la chaussure et du cuir, ainsi qu'aux brasseries, déjà solidement établies. En 1872, l'industrie des machines à coudre, à elle seule, employait déjà 1 500 ouvriers[20].

Tableau 8: Postes détenus par Cartier au sein de conseils d'administration

DOMAINE	COMPAGNIE	POSTE	DATE
Banque et prêt	Banque d'épargne de la cité et du district de Montréal	Directeur	1846
	Canada Loan Company	Directeur	1853
Assurances	National Loan Fund Life Assurance Society of London	Directeur	1847
	Canada Life Assurance Company	Directeur	1849
	British North American branch of Life Association of Scotland	Directeur	1863
Transports	Montréal et Kingston	Directeur provisoire	1851
	Grand Tronc	Directeur provisoire	nov. 1852 - mai 1853
	Transatlantic Telegraph Company	Directeur	1858
Mines	Montreal Mining Company	Directeur	1856, 1863, 1871

Alors que les classes moyennes se préoccupaient surtout d'asseoir leur carrière et de bâtir leurs maisons, la population de plus en plus hétérogène de Montréal contribuait à rendre l'ordre social et politique de plus en plus précaire. L'émeute de juin 1853, déclenchée par la visite d'Alexandre Gavazzi, en est un témoignage. Les harangues de ce moine défroqué contre l'Église catholique firent descendre les Irlandais dans les rues et les désordres se soldèrent par une dizaine de morts. Les migrations, les épidémies de choléra, les antagonismes ethniques et religieux rendaient la situation de plus en plus explosive à Montréal. La densité de la population qui doubla pratiquement en vingt ans, passant de 11 195 âmes au mille carré en 1851 à 20 800 en 1871, aggravait la crise du logement. Le manque de combustible se faisait aussi sentir: il fut particulièrement pénible pendant l'hiver de 1872[21]. Par ailleurs, si la période de l'Union fut marquée par une hausse rapide de la scolarisation dans l'ensemble du Québec, le taux d'analphabétisme restait élevé à Montréal[22]. Les femmes, les enfants, les immigrants et les ouvriers non qualifiés formaient une abondante réserve de main-d'oeuvre à bon marché où l'industrie puisait pour assurer son expansion. Ainsi l'industrie montréalaise de la chaussure, à elle seule, employait en 1871 jusqu'à 1 915 femmes et 664 enfants de moins de seize ans[23].

La force de Cartier venait essentiellement de l'alliance qu'il avait cimentée entre la bourgeoisie francophone de Montréal et l'aile gallicane de l'Église catholique[24]. À ces deux appuis s'ajoutait celui de l'élite anglophone de la métropole: moins conservateurs et moins isolés des milieux d'affaires canadiens-français que ne l'étaient leurs aînés, les jeunes entrepreneurs comme Alexander Galt, John Rose et J.J.C. Abbott trouvaient en Cartier un allié naturel. Ce dernier, en effet, leur semblait plus au fait des pratiques commerciales que La Fontaine, plus souple que Langevin et plus stable que Cauchon. Sur le plan ethnique, il n'était pas menaçant. Dès 1843, Cartier avait rejeté à la fois le nationalisme ardent de certains Canadiens français et le projet de Durham en vue de l'assimilation de l'élément francophone. Le Canada, affirmait-il, se trouvait dans «une situation heureuse» et bénéficiait des bienfaits de la Providence puisqu'il réunissait en son sein deux populations issues de deux grandes civilisations. Chacun des deux groupes ethniques, selon lui, pouvait ainsi s'enrichir de la pensée, de l'histoire et de la littérature de l'autre. Quant aux anglophones de Montréal, ils pouvaient avoir la certitude que les Canadiens français avaient le coeur britannique et souhaitaient le bien-être et la prospérité de tout le Canada[25]. Zélé défenseur de la minorité anglophone de Montréal, Cartier affichait un catholicisme bon enfant qui le rendait socialement acceptable dans les cérémonies mondaines comme le bal du Saint-James Club. En même temps, son anglais s'améliorait et au milieu des années 1860 la belle-soeur du gouverneur général notait non sans surprise qu'il s'exprimait toujours dans cette langue[26]. Sur les questions importantes, comme l'abolition des droits seigneuriaux, la révision du code civil et le développement économique, Cartier se faisait le porte-parole des milieux d'affaires montréalais.

En plus des débats dramatiques sur l'annexion aux États-Unis et l'indemnisation des victimes de la Rébellion, la première session de l'assemblée à laquelle Cartier participa fut marquée par l'adoption d'importantes mesures relatives aux canaux, aux chemins de fer, au service postal et aux municipalités. Indépendamment de leurs appartenances ethniques et de leurs convictions religieuses, les législateurs s'entendaient sur les bienfaits de la croissance économique. Par suite de ce consensus, les lois à caractère économique furent le plus souvent adoptées dans une ambiance de club social, chaque député se faisant le promoteur de son entreprise préférée[27]. Plus tard cependant, lorsque toute l'attention se porta sur l'utilisation des fonds publics par le Grand Tronc une vigoureuse opposition se manifesta. En 1849, l'assemblée adopta à l'unanimité la loi des garanties proposée par Francis Hincks, qui avait pour les contribuables des conséquences à long terme, beaucoup plus lourdes que la loi indemnisant les victimes de la Rébellion. Cette loi, en effet, garantissait un intérêt de 6 pour cent sur la moitié du coût de toute voie ferrée de plus de soixante-quinze milles de long et, elle créait un cadre permettant aux compagnies de chemins de fer de profiter des largesses de l'État, à même les fonds publics. À cette époque, d'ailleurs, les questions relatives au droit commercial, aux marchandages entre les régions et aux programmes de subvention étaient souvent confiées à des commissions de l'Assemblée législative. En 1852, Cartier fut nommé président de la plus importante de ces commissions, celle des chemins de fer. Il conserva ce poste jusqu'à la Confédération.

L'octroi des chartes occupait une place primordiale dans les travaux de chaque session. C'est de cette façon que diverses sociétés et institutions obtenaient des monopoles, des avantages fiscaux, des terres, des dérogations à certaines lois restrictives et des subventions directes. Bien placés au coeur de la région du Saint-Laurent, les politiciens montréalais faisaient accorder des chartes aux entreprises les plus variées: chemins de fer, tramways, banques, associations philanthropiques ou producteurs d'engrais.

En plus des services bien connus qu'il rendit au Grand Tronc (Voir chap. 4), Cartier s'acquitta toujours avec diligence de ses responsabilités envers d'autres sociétés. Dès le début de sa carrière parlementaire, par exemple, il patronna les demandes d'incorporation du Saint-Laurent et Atlantique et de la British American Mining Association de John Rose. Lorsque la Mutual Insurance Company devint incapable de satisfaire aux réclamations de ses clients suite au grand incendie survenu à Montréal en 1852, c'est lui qui présenta un projet de loi pour sauver l'entreprise de la faillite[28]. En 1860, il plaida vigoureusement la cause de la Montreal Ocean Steamship

Company, qui appartenait à Hugh Allan, pour faire porter sa subvention à 104 000 livres. Si le gouvernement canadien n'accordait pas l'appui nécessaire pour assurer le service hebdomadaire avec l'Europe, affirmait-il, la société serait en très mauvaise posture par la concurrence des lignes subventionnées par les gouvernements britannique et américain. Sept ans plus tard, Cartier s'évertuait à rassurer les clients de la Commercial Bank, qui était déjà ruinée et allait bientôt disparaître, en leur disant que cette banque était parfaitement solvable[29].

Cartier joua aussi un rôle important dans l'organisation et la mise en place des structures institutionnelles, sociales et juridiques du Québec. Celles-ci devaient faciliter les subventions aux entreprises de transport et favoriser l'accumulation de nouveaux capitaux publics et privés. D'autre part Cartier contribua activement à façonner l'opinion publique de manière à légitimer les changements dans l'organisation du travail dans une société en voie d'industrialisation et le rôle de l'État dans cette transformation[30].

Au cours des années 1840 et 1850, les instances municipales et ecclésiastiques ont été réorganisées et constituées en corporations, ce qui leur donnait le droit d'emprunter et de faire des investissements à certaines conditions. Cartier présenta le projet de loi de 1860 sur les municipalités. Par ailleurs, les milieux d'affaires s'intéressaient de près à tous les règlements relatifs aux traites, aux hypothèques et aux taux d'intérêt. Convaincu que le délai de six jours prévu pour le règlement des billets à ordre était néfaste pour le commerce, Cartier aida les institutions bancaires catholiques et protestantes à s'entendre pour réduire le délai de moitié tout en tenant compte des fêtes religieuses catholiques[31]. De même, il parraina en 1860 la nouvelle loi sur les hypothèques, qui avait une importance particulière pour les créanciers car elle ne permettait d'enregistrer les hypothèques qu'après la production des titres de propriété[32]. En 1853, l'Assemblée avait fixé le taux d'intérêt à six pour cent. Cinq ans plus tard, en dépit de l'opposition des milieux agricoles, Cartier fut un des quelques députés du Québec à appuyer la loi qui, tout en maintenant ce taux dans le cas des dépôts bancaires permettait aux banques de prêter au taux de sept pour cent[33]. Durant la crise agricole de 1860, il s'opposa systématiquement à l'abolition des taux de 1858. Il s'attaqua aussi au projet de loi qui aurait rendu les livres de comptes des sociétés d'assurance plus accessibles au public[34].

Tous les politiciens montréalais s'entendaient pour promouvoir le développement des moyens de transport; Cartier se distinguait par ses efforts incessants pour promouvoir les projets intéressant le milieu d'affaires montréalais, tels que l'installation d'un câble télégraphique transatlantique, la construction d'un pont sur le Saint-Laurent, l'amélioration des installations portuaires, le dragage du fleuve, la navigation sur le Richelieu et l'abolition du péage dans les canaux. En 1849, alors que ses collègues de Montréal discutaient avec fureur l'annexion aux États-Unis, il parcourait l'État de New-York pour étudier la possibilité de relier le Saint-Laurent et le lac Champlain par un réseau de canaux et de navires à vapeur. Il remplit aussi deux mandats comme membre de la Commission du port de Montréal dont relevaient le développement des installations portuaires, l'entretien des canaux, le choix de l'emplacement des ponts et l'aménagement des voies d'accès. Il se fit aussi le promoteur de six lignes ferroviaires qui devaient desservir la région de Montréal: le Saint-Lawrence and Atlantic (1846), le Montreal and Prescott (1850), le Quebec and Halifax (1852), le Grand Tronc (1853), l'Intercolonial (1864) et le Canada Central (1870)[35].

Les entrepreneurs appréciaient les services que leur rendait Cartier et, vers les années 1860, même la *Montreal Gazette*, qui lui avait été si hostile par le passé, faisait désormais son éloge, le décrivant comme «l'ami libéral et fidèle de la population britannique du Bas-Canada»[36]. L'avocat de Hugh Allan justifiait en ces termes les généreuses contributions de son patron à la caisse électorale de Cartier: «Sur toutes ces questions — les navires à vapeur, les chemins de fer, les canaux — le gouvernement a suivi des politiques favorables à son point de vue (celui de Hugh Allan) et à mon avis le triple de la somme versée aurait été bien dépensé s'il l'avait fallu pour maintenir au pouvoir un gouvernement qui selon son opinion, qui est aussi la mienne, avait tant à coeur le progrès du pays»[37].

Les banques, les sociétés d'assurances et les entreprises minières nommaient donc Cartier à leurs conseils d'administration, (tableau 8) tandis que leurs propriétaires finançaient ses campagnes électorales, confiaient leurs causes à son bureau, l'invitaient à passer les fins de semaine à leurs maisons de campagne et distribuaient à sa famille des billets de chemin de fer à titre gracieux.

Joseph Cauchon. (Archives publiques du Canada, C-54275)

S'il se faisait, de façon générale, le promoteur de l'expansion économique, Cartier refusait néanmoins son appui à toute entreprise qui aurait risqué de nuire aux intérêts de la métropole, car bien qu'il se présentât comme porte-parole de la collectivité canadienne-française, son fief, en réalité, se limitait à Montréal. En 1853, par exemple, John Young avait préconisé l'aménagement d'un canal reliant le lac Champlain au Saint-Laurent; Cartier, qui craignait que la circulation soit ainsi détournée de sa ville, fit savoir clairement qu'il s'opposerait au projet de loi si le terminus du canal n'était pas situé en face de Montréal[38]. Quant à la ville de Québec, désavantagée par l'avènement des chemins de fer et des navires à vapeur, elle ne put guère compter sur l'aide de Cartier. En 1849, quand le Board of Trade de Québec, pris de panique, souligna que l'abolition des lois sur la navigation sonnerait le glas du commerce traditionnel dans la région, Cartier n'en défendit pas moins la libre circulation. De même, l'appui qu'il apporta au Grand Tronc, à la recherche de marchés américains, à l'amélioration du canal du Saint-Laurent et au choix d'Ottawa comme capitale ne pouvait que nuire à la tradition administrative de Québec et à ses intérêts par rapport aux marchés étrangers et au commerce du bois[39]. Enfin, les difficultés éprouvées par le chemin de fer de la rive nord lorsqu'il voulut obtenir une aide financière du gouvernement Macdonald-Cartier démontrèrent une fois de plus que les préoccupations de Cartier comme Montréalais et avocat du Grand Tronc passaient bien avant toutes considérations ethniques ou nationales[40].

Par ailleurs, les conservateurs, au Québec, avaient absolument besoin de l'appui des milieux ruraux. Aussi, Cartier, citadin convaincu, tirant la majeure partie de ses revenus de ses propriétés à Montréal, et ayant vécu dans la métropole depuis l'âge de dix ans, devait-il paradoxalement parler régulièrement dans ses discours des liens qui attachaient le Canadien français à la terre. La première fois qu'il prit la parole à l'Assemblée législative, il insista sur l'importance de la culture des céréales pour le Canada français, rappelant qu'il se livrait lui-même encore à l'agriculture sur ses terres de Saint-Antoine. En fait, plus il s'enfonçait dans la politique montréalaise, plus sa conception du Canada français prenait une forme romantique et abstraite. Dans un discours prononcé sur la tombe de Ludger Duvernay au cimetière de la Côte des Neiges, il fit l'éloge de «l'union intime et indissoluble de l'individu avec le sol»[41]. Dans un autre de ses discours, il affirmait que la propriété terrienne, le sang et la langue constituaient les éléments essentiels du patrimoine des Canadiens français: «L'attachement au sol, c'est le secret de la grandeur future du peuple canadien-français. On parle beaucoup de nationalité. Eh bien, je vous le dis, la race qui l'emportera dans l'avenir c'est celle qui aura su conserver le sol(...) Attachez-vous donc à la terre, travaillez-la avec amour»[42].

Après avoir rappelé ses attaches rurales, Cartier passait à des thèmes plus urbains. Dans son premier discours à l'Assemblée, il n'oublia pas les chemins de fer. Pour développer les marchés des céréales du Québec, il proposait de subventionner le transport ferroviaire entre Montréal et Portland, Boston et New-York.

Comme la plupart des députés francophones qui représentaient des circonscriptions rurales des environs de Montréal, Cartier comptait surtout sur ses appuis dans la métropole. Aussi entretenait-il soigneusement ses contacts avec la bourgeoisie canadienne-française grâce à ses nombreuses activités dans les milieux professionnels et dans diverses associations. En plus de patronner la Société historique, il était membre du conseil d'administration de la Banque d'épargne de la cité et du district de Montréal, président de la bibliothèque juridique de Montréal, président de la Société Saint-Jean-Baptiste, capitaine des Voltigeurs de Montréal et membre du comité d'organisation de l'Exposition de Paris de 1854. Il siégeait aussi au jury d'examen du Barreau de Montréal et pendant de longues années il fut président d'une section de la Saint-Jean-Baptiste qui comptait parmi ses membres La Fontaine, Gédéon Ouimet, Henry Judah et John Pratt. La «dizaine» dont il avait la direction se composait de six avocats, un commerçant, un commis de bureau, un notaire et un dentiste[43]. Cartier s'intéressait aussi aux écoles que fréquentaient les enfants de l'élite francophone. Il prêta son appui aux jésuites lorsque ceux-ci fondèrent le Collège Sainte-Marie et il distribua des prix aux élèves du couvent de Villa-Maria. À deux reprises, il participa à la collation des grades au Collège de Montréal où il avait fait ses études.

Grâce à ses relations, Cartier pouvait disposer d'un précieux réseau de renseignement qui servait ses fins politiques. Ainsi au printemps de 1857, le Barreau de Montréal se réunit pour discuter de la réorganisation des institutions judiciaires. Le Barreau, qui s'opposait au projet de loi que Cartier voulait présenter, lui demanda de le retarder. L'associé de Cartier, Joseph-Amable Berthelot, siégeait au comité chargé d'étudier la question, alors que son ami et futur associé François Pominville occupait le poste de secrétaire du Barreau. Avant même que la demande de délai ne lui fût parvenue, Cartier avait reçu trois rapports et un compte rendu intégral des travaux du comité. En plus de Berthelot et Pominville, deux autres avocats conservateurs avaient eu soin de renseigner celui qu'ils appelaient leur «cher ami»[44].

L'intérêt que Cartier portait aux ligues antialcooliques, aux coopératives de frais funéraires, aux organisations philanthropiques et à la protection contre les incendies montre qu'il n'était pas insensible aux problèmes de la classe ouvrière, à l'instabilité culturelle chronique qui marquait la vie montréalaise et, de façon générale, à la question du contrôle social en milieu urbain. Il se produisait au bal des pompiers. Il était membre de la Repeal Association of Ireland[45]. Il participa à la fondation du cimetière de la Côte des Neiges. Un de ses amis intimes, C.-A. Leblanc, était vice-président de la société de tempérance. À la suite de l'incendie qui ravagea l'est de Montréal en juillet 1852, Cartier fit partie du comité d'assistance, assista à une assemblée populaire d'appui aux sinistrés, au marché Bonsecours, et versa 25 livres à la caisse de secours[46]. Pour prévenir les désastres du genre, il proposa l'amélioration des services de distribution d'eau, l'interdiction des toits inflammables et l'élargissement des rues. En 1854, il fut élu président de la Société Saint-Jean-Baptiste. À ce titre, il dirigea le défilé traditionnel qui fut malencontreusement interrompu par l'effondrement du char des typographes sur lequel était montée une presse à imprimer. Après quoi il reçut la communion en compagnie de Mme La Fontaine et présida le banquet officiel à l'Hôtel Saint-Nicolas. À cette occasion, il souligna dans son discours la nécessité de l'unité pour les Canadiens français et fit tour à tour l'éloge des associations de tempérance, de la presse, des pompiers, des étudiants et de l'Institut canadien[47].

L'influence de Cartier se trouvait renforcée par la rivalité qui existait, au sein de son parti, entre Montréal et Québec. Au milieu des années 1840, les réformistes se trouvaient divisés en deux ailes distinctes. La Fontaine laissa à Joseph Cauchon et à ses amis de Québec la mainmise sur les journaux régionaux, le «patronage» et la caisse du parti[48]. Quant à la région de Montréal, dont Cartier devait hériter, elle relevait de Drummond. Cette décentralisation du Parti conservateur au Québec conférait à Cartier une forte influence sur les affaires régionales, d'autant plus que l'Acte d'Union avait renforcé les pouvoirs du gouvernement dans les domaines des affaires municipales, de l'éducation et du système judiciaire.

Même s'il ne représentait aucune circonscription de la ville — du moins jusqu'en 1863 — Cartier, à cause de sa place dans le parti, était influent à tous les niveaux de la vie politique à Montréal. En 1849, il était déjà en mesure de proposer un échevin. En 1866, il désignait un des membres de la Commission du port. En 1860, il présentait un projet de loi visant à diviser Montréal en trois circonscriptions. En même temps, il déléguait son contrôle sur la caisse secrète du parti, pour Montréal, à Henry Starnes, président du Board of Trade et membre des conseils d'administration de la Richelieu Navigation Company, de la Montreal Warehousing Company, de la Metropolitan Bank et de la Banque d'épargne de la cité et du district de Montréal. Cartier considérait d'ailleurs Starnes comme un des hommes «indispensables» du Parti conservateur dans la métropole[49].

En dépit du fait qu'il exerçait sa profession à Montréal et qu'il se faisait avant tout le porte-parole des milieux d'affaires, Cartier resta jusqu'en 1863 député d'une circonscription rurale: celle de Verchères où ses racines familiales lui assuraient d'importants appuis chez les avocats, le clergé et les commerçants. Un de ses frères lui écrivait régulièrement pour le tenir au courant des problèmes locaux, notamment dans le domaine de l'enseignement. Un autre frère, ainsi qu'un de ses cousins représentaient la paroisse au conseil du comté. Un de ses beaux-frères se présenta comme candidat conservateur dans la circonscription voisine de Bagot. Un parent plus lointain, Eusèbe Cartier, fut nommé conseiller législatif pour Saint-Hyacinthe en 1855. Le prestige social de la famille Cartier dans toute la vallée du Richelieu fut encore rehaussé par le mariage de deux de ses soeurs avec des médecins de la région. Sa troisième soeur, comme on l'a vu, se distinguait surtout par sa passion pour l'équitation[50].

Dans Verchères, tout politicien devait se montrer aux réunions des sociétés de tempérance, aux enterrements et aux concours de labour. Cartier assistait aussi aux mariages et siégeait au comité d'organisation de l'Exposition provinciale de l'agriculture et de l'industrie. Il s'abonna au *Agricultural Journal and Transactions of the Lower Canada Agricultural Society*[51]. D'ailleurs les journaux de son parti, comme *La Minerve*, suivaient de près les questions agricoles et publiaient fréquemment des lettres de leurs lecteurs ruraux. Cartier, pour sa part, était toujours prêt à aider le clergé local lorsqu'il s'agissait d'affaires politiques. En 1863, par exemple, l'évêque de Saint-Hyacinthe lui demanda de parrainer l'incorporation de la *caisse ecclésiastique* de son diocèse[52]. Cette disponibilité produisait ses fruits lors des élections: à toutes fins utiles, nombre de curés servaient d'organisateurs au Parti conservateur. Cartier, d'ailleurs, n'hésitait pas à faire appel à leurs services. Ainsi, lors des élections de 1863, il avertit le curé Labelle que les protestants observaient attentivement la conduite des prêtres catholiques et qu'ils seraient scandalisés si le curé Labelle semblait approuver les moeurs «scandaleuses» du candidat de l'opposition. De même il écrivit à un curé de la circonscription de Drummond-Arthabaska pour lui demander de régler les problèmes du Parti conservateur et d'obtenir le retrait d'un des candidats[53].

Les campagnes électorales de Cartier étaient le plus souvent marquées d'irrégularités, de corruption et d'actes de violence et d'intimidation. Durant les années 1840, il dirigea les campagnes de Lewis Drummond, et apprit l'utilité des assemblées bilingues, des défilés aux flambeaux, des dockers irlandais et des distributions de whisky. La campagne de 1844, contre William Molson, fut particulièrement violente. Les partisans des deux camps étaient armés et des bagarres éclatèrent à l'occasion d'assemblées publiques à Griffintown, au marché à foin et à la Place d'Armes. Le jour de l'élection, les agents de Drummond firent appel à des ouvriers irlandais du canal de Lachine qu'ils répartirent dans les divers bureaux de scrutin. Au cours des échauffourées, un des partisans de Molson fut assommé; lorsqu'il reprit connaissance, il se trouva «nu jusqu'aux jambes»[54]. Le second jour de l'élection la loi de l'émeute fut proclamée et malgré l'opposition de Cartier les autorités envoyèrent une cinquantaine de soldats disperser la foule assemblée au marché à foin. Dans la mêlée qui s'ensuivit un partisan de Drummond fut tué à coups de baïonnette[55]. À titre d'avocat et d'agent électoral de Drummond, Cartier participa activement à l'enquête qui suivit: il déclara qu'un «meurtre» avait été commis sur la personne d'un «paisible citoyen» et en tint responsable le juge qui avait fait intervenir la troupe[56]. Il se querella avec le coroner et interrompit le déroulement normal de l'enquête en contre-interrogeant les témoins malgré les objections des jurés. Le lieutenant qui avait commandé la troupe refusa de répondre à ses questions et, malgré tous les efforts de Cartier, le jury en vint à la conclusion que le décès était attribuable à un «accident»[57].

Au cours de son ascension politique, durant les années 1850, Cartier ne modifia pas ses méthodes électorales. Ainsi en 1854 il se porta à la défense de Timothy Brodeur qui s'était lui-même pro-

Hector Langevin. (Archives publiques du Canada, C-48813)

clamé élu par acclamation dans la circonscription de Bagot où il était à la fois candidat et président d'élection. Pour répondre aux accusations, Cartier reprocha à l'opposition de violer la tradition parlementaire «par pure curiosité»[58]. Quatre ans plus tard, il chercha à éviter une accusation de corruption en ne laissant chez lui qu'une servante trop jeune pour qu'on puisse lui délivrer le mandat de comparution. La plainte fut finalement rejetée pour vice de forme[59]. Il faut dire qu'à cette époque la manipulation et l'intimidation physique des électeurs, l'achat des votes, les distributions d'alcool et les pressions patronales sur les ouvriers faisaient partie des moeurs électorales, d'autant plus que le scrutin n'était pas encore secret. Aux élections de 1872, un des organisateurs de Cartier confiait à celui-ci que s'il n'avait obtenu que cent votes chez les mille cordonniers de sa circonscription, c'était parce qu'il n'avait pas eu «de quoi les payer». Selon la presse de l'opposition, les agents de Cartier, en 1867, payaient dix dollars par vote. On disait aussi que

Cartier s'était vanté de pouvoir acheter les électeurs irlandais avec «un baril de farine pour chacun et du poisson salé en plus pour les chefs»[60]. Par ailleurs il faut reconnaître que les campagnes électorales de Cartier étaient soigneusement organisées. Jean-Louis Beaudry, président d'élection pour Montréal-Est en 1867, président de la Banque du peuple, ancien maire de Montréal et fidèle partisan de Cartier, établissait les bureaux de scrutin et arrangeait les listes électorales de façon à favoriser le parti gouvernemental. Son frère, qui était administrateur dans une société de gaz, menaçait ses employés de congédiement s'ils ne votaient pas pour Cartier[61]. Un mois après les élections, Beaudry fut nommé membre du Conseil législatif à Québec. Pour appuyer sa candidature, Cartier avait expliqué qu'il devait sa victoire aux Beaudry. «Par leur fortune, leurs propriétés et leur influence commerciale dans ma ville, écrivait-il, ils constituent un élément de la plus haute importance»[62].

La présence d'un candidat représentant les ouvriers en 1867, et d'un adversaire nationaliste, en 1872, firent que les dernières campagnes électorales de Cartier furent particulièrement agitées. Les oeufs pourris, la bière gratuite et les muscles des dockers rendaient les assemblées publiques pratiquement impossibles. Le jour des élections, en 1872, une quarantaine de policiers provinciaux furent envoyés à Montréal-Est par suite de rumeurs qui laissaient prévoir un affrontement entre les hommes de main de Cartier et des «cabaleurs» adverses, armés de pistolets. En fait, la journée fut relativement calme: les partisans de l'opposition n'avaient pour toute arme que des poivrières. Le seul incident de quelque importance se produisit lorsque Joe Beef, un tavernier bien connu, déchargea son fusil en direction des partisans de Cartier[63].

Les journaux jouaient un rôle essentiel lors des élections. Ils se faisaient souvent les instruments d'un parti dont ils publiaient le programme et annonçaient les assemblées, tout en dénonçant les adversaires comme traîtres ou démagogues communistes. Certaines publications, comme la *Montreal Gazette*, appartenaient entièrement à des hommes d'affaires, ce qui garantissait leur orientation politique. Deux autres journaux montréalais: *Le Nouveau Monde* et *Les Mélanges religieux*, étaient en partie financés par l'évêque de Montréal[64]. D'autres encore devaient leur existence à la publicité gouvernementale et à des générosités politiques. Le bureau de Cartier, par exemple, achetait de l'espace dans deux journaux de Montréal (*La Minerve* et *The Pilot*) pour les annonces judiciaires[65].

La Minerve, à Montréal, servait de porte-parole à Cartier. Après un long exil au Vermont, son propriétaire, Ludger Duvernay, l'avait relancée et le journal était désormais au service des réformistes. Cartier et Duvernay s'étant réconciliés, *La Minerve* appuya, aux élections de 1843, Cartier qui se présentait dans le comté de Verchères. Durant tout le reste de sa carrière, Cartier bénéficia de l'appui du journal qui le défendit tantôt avec discrétion, lorsqu'il s'agissait de sa vie privée ou d'accusations de corruption, tantôt avec vigueur pour maintenir son image de «chef» et pour attaquer ses adversaires: rouges, grits ou ultramontains.

À l'échelon local, le favoritisme était le ciment du parti. Cartier, pour sa part, bon organisateur et lutteur acharné, ne cessa jamais de le pratiquer, se faisant une idée bien précise de ce que la plupart des gens attendaient de la politique. Une trentaine d'années avant le scandale du chemin de fer du Pacifique dans lequel il allait être compromis, on lui reprochait déjà son manque de scrupules, son esprit destructeur et sa brutalité. Il n'était, au dire de certains, qu'un «Walpole moins le talent»[66]. En 1852, le journal *Le Pays* rappelait que vingt ans plus tôt Cartier avait été «un patriote enragé», adepte de tous les «ismes» de l'époque, et ajoutait: «maintenant il ne croit plus en rien sinon aux conquêtes et au butin»[67]. Il est à noter que tous ces dénigrements ne venaient pas que des adversaires: le consul de France au Canada écrivait, lui aussi, que la plus grande faiblesse du gouvernement Cartier résidait dans la corruption[68].

Dès le début des années 1850, toutes les nominations administratives pour la région de Montréal passaient par le bureau de Cartier, qu'il s'agisse des juges, des officiers de la milice, des fonctionnaires des douanes, des inspecteurs d'écoles et même des aumôniers de prisons. Par ailleurs, les shérifs, les juges et les fonctionnaires municipaux, de même que les inspecteurs de la milice lui acheminaient leurs renseignements. Au curé de Saint-Jérôme qui lui demandait de faire certains changements dans le personnel du bureau de poste de l'endroit, le ministre concerné répondait qu'il acceptait, à condition que la chose se fasse «par l'entremise de Cartier»[69]. De même, lorsqu'un politicien de Beauharnois se plaignit auprès de Cartier de ce qu'on n'avait pas donné suite à sa recommandation relativement à une nomination à la magistrature, celui-ci lui répliqua sèchement que ce genre de décisions appartenait au gouvernement. À Verchères, Cartier fit annuler un contrat qui confiait la distribution du courrier à un rouge. Dans un autre village, il exploita des irrégularités purement techniques pour déloger un maire qui était du parti adverse[70]. Quant aux bénéficiaires des faveurs gouvernementales, on s'attendait, bien entendu, à ce qu'ils suivent la ligne du parti et Cartier s'indigna tout particulièrement de l'indépendance d'esprit affichée par un avocat auquel le ministère avait confié des poursuites contre les taverniers qui ne détenaient pas les permis requis par la loi[71].

Le Bureau de poste de Montréal était considéré comme un véritable centre de «patronage». Selon la *Gazette*, Cartier y avait placé tant de ses partisans que le directeur ne savait plus à quoi les employer[72]. Les nominations de Cartier à la magistrature et au Conseil de la reine constituaient une autre source de mécontentement. A.-A. Dorion décrivait un des conseillers de la reine, nommé par Cartier, comme un escroc notoire, un autre comme une canaille et un troisième comme un faussaire «obligé de s'enfuir du pays pour échapper au pénitencier»[73]. Un autre député de l'opposition, déplorant le manque de cervelle de deux juges montréalais, ajoutait que d'autres se distinguaient par leur immoralité et soulignait le cas d'un magistrat qui était tellement sourd que dans un de ses jugements il avait accordé une indemnité de cent dollars à un plaignant qui n'en réclamait que dix[74]. À cette occasion, Cartier, qui ne se laissait pas impressionner par de telles attaques, répliqua que «certains des meilleurs jugements rendus par un très éminent magistrat l'avaient été lorsque celui-ci était totalement aveugle»[75]. Par ailleurs, à titre de ministre de la Milice, Cartier avait à sa disposition des fonds importants et il pouvait distribuer les postes et les contrats de construction. C'est pourquoi, par exemple, un curé de Trois-Rivières lui fit valoir que le gouvernement pourrait améliorer la situation financière du diocèse et du même coup récompenser l'évêque Laflèche de son aide électorale en achetant le séminaire de Nicolet pour en faire un établissement militaire[76]. En mai 1868, Cartier proposa, dans un projet de loi, des dépenses de quatre millions de dollars en vue de la construction d'ouvrages fortifiés qui devaient assurer «la défense de

Montréal et d'autres villes». Il s'efforça en vain de justifier son projet en alléguant qu'il s'agissait de remplir les engagements du Canada envers la Grande-Bretagne: l'opposition attaqua le bill en accusant Cartier d'utiliser les fonds publics à son propre avantage. La milice, fit-elle observer, était déjà encombrée d'officiers surpayés, le ministère de Cartier se montrant «plus généreux en argent qu'il ne le serait jamais en plomb s'il avait à défendre le Dominion»[77].

Ces quelques exemples démontrent que le favoritisme servait couramment à récompenser les services rendus au parti, à cimenter les liens familiaux et même à neutraliser des adversaires éventuels. Par ailleurs, la nomination d'un juge, le choix d'un chef-lieu de circonscription ou la formation d'un régiment étaient autant de décisions qui avaient des retombées sociales et politiques. Le «fonctionnarisme» ne servait pas qu'à remercier des amis: les emplois au service de l'État (ou l'espoir d'en obtenir) contribuaient à stabiliser la société et Cartier n'oublia jamais la leçon de La Fontaine qui voyait dans le favoritisme un moyen de renforcer la bourgeoisie canadienne-française[78]. L'expansion du rôle de l'État, dans la région de Montréal, fournissait des emplois à toutes les couches de la société, et les petites communautés environnant Montréal étaient pleinement conscientes des avantages économiques qu'elles pourraient tirer de l'établissement, sur leur territoire, d'un palais de justice, d'un bureau de douane ou d'un poste de la police provinciale. On comprend aisément que la loi de décentralisation judiciaire de Cartier (en 1857), qui prévoyait de nouveaux postes de juges, dix-neuf chefs-lieu de comtés et un programme de construction de prisons et de palais de justice, ait eu pour son auteur d'heureuses conséquences politiques. Les habitants de Saint-Christophe dans le comté d'Arthabaska tinrent une assemblée spéciale pour remercier Cartier d'avoir choisi leur petit village comme chef-lieu de circonscription[79]. Par contre, la population du comté de Berthier n'appréciait guère la décision qui l'intégrait au district judiciaire de Sorel, située sur la rive opposée du fleuve. À ce sujet, un notable local, D. M. Armstrong, écrivait à Cartier: «Je ne puis m'empêcher de souligner que depuis que le parti actuel est au pouvoir les représentants du comté de Berthier, beau temps ou mauvais temps, n'ont jamais cessé d'appuyer leur parti et je dois observer que nos amis ne récompensent guère un tel soutien comme il le mériterait»[80].

Durant toutes les années 1840 et 1850, les conservateurs dirigés par La Fontaine et Cartier furent aussi favorisés par la faiblesse de leurs adversaires. L'appui que ces derniers avaient accordé au projet d'annexion aux États-Unis, leurs longs démêlés avec l'évêque de Montréal au sujet de l'Institut canadien et leur alliance difficile avec les grits de l'Ontario rendaient les rouges particulièrement vulnérables aux accusations de radicalisme et d'anticléricalisme. À partir de 1860, cependant, le rapprochement entre les rouges, les libéraux et les nationalistes permit d'entrevoir la formation d'un parti politique modéré qui serait en mesure d'exploiter le nationalisme canadien-français, le mécontentement de la classe ouvrière, l'opposition à la confédération, le conflit entre gallicans et ultramontains et l'hostilité envers les méthodes politiques de Cartier. Des libéraux comme Honoré Mercier et Louis Jetté étaient des pragmatistes qui comprenaient bien le fonctionnement de la politique locale et du «patronage». Ils étaient aussi conscients de la nécessité de se faire des alliés dans le milieu anglophone de Montréal. À la fin des années 1850, ils s'unirent donc à d'influents hommes d'affaires tels que Luther Holton et John Young[81]. Pendant que *Le Pays*, organe des rouges, continuait de se quereller avec l'évêque au sujet de l'unification de l'Italie, la rédaction de *L'Ordre*, plus modéré, cherchait les moyens d'une coexistence pacifique avec le clergé ultramontain. Cédant aux pressions cléricales, cent trente-cinq modérés abandonnèrent l'Institut canadien en 1858. Tout en rivalisant avec Cartier dans la défense du libéralisme et du nationalisme, les libéraux endossaient le programme d'expansion économique des conservateurs et acceptaient l'essor du capitalisme dans la vallée du Saint-Laurent comme un fait inéluctable. Leur programme de 1872 prévoyait l'amélioration du transport fluvial et appuyait le chemin de fer du Pacifique[82].

L'agressivité et le conservatisme de Cartier, de même que le rejet de son passé de patriote et de son mariage à une famille «rouge» agaçaient particulièrement les rouges, pour lesquels il était devenu une cible de choix. Il n'hésitait jamais à répondre à leurs attaques. Aux critiques de Duvernay en 1841 il répliqua en l'accusant de «malice» et «d'indiscrétion» et en lui envoyant une note de frais, pour services juridiques, qui dataient de trois ans[83]. De même, aux élections de 1844, il se heurta de front aux nationalistes dirigés par Viger. Dans le privé il dénonça leurs erreurs et leurs injustices, les traitant de langues de vipères, mais en public il s'appliqua à les ridiculiser en leur reprochant leur obsession du passé, leur négativisme et leur fausse interprétation des soulèvements de 1837-1838[84]. Le développement de l'industrie et le progrès économique, insistait-il, ne pouvaient se fonder que sur une attitude positive, la responsabilité ministérielle et l'alliance avec les réformistes de l'Ontario.

Les rapports entre Cartier et ses adversaires ne tardèrent pas à tourner à la violence. Au cours d'une assemblée politique animée à l'hôtel Nelson, en juin 1844, un avocat nationaliste du nom de Guillaume Lévesque gifla Cartier qui l'avait traité d'impertinent. Plus tard dans la soirée, Cartier se choisit un témoin et fit envoyer à son offenseur une lettre exigeant réparation pour l'insulte dont il avait été l'objet. Le duel ne fut évité que lorsque Lévesque accepta de signer une lettre d'excuses que Cartier avait lui-même rédigée[85]. Plus tard, en 1848, le journal *L'Avenir*, de tendance rouge, critiqua la conduite de Cartier à la bataille de Saint-Denis. Celui-ci se rendit aussitôt aux bureaux du journal pour demander une rétractation. Il y fut reçu par Joseph Doutre, qui d'ailleurs n'était pas l'auteur des articles incriminants. Cette fois, un duel eut lieu, à Chambly. Après avoir échangé quelques coups de feu, les deux protagonistes s'en tirèrent indemnes[86].

Les élections municipales de 1854, à Montréal, furent particulièrement embarrassantes pour Cartier: son beau-père, É.-R. Fabre, candidat des rouges, s'y présentait contre son ami Wolfred Nelson qui représentait les conservateurs. *La Minerve*, qui servait de porte-parole à Cartier, invita Fabre à se contenter des paisibles satisfactions que lui procuraient sa famille et sa librairie. Dénonçant le nationalisme de Fabre comme un facteur d'instabilité, le journal insistait sur la nécessité d'un gouvernement qui fasse régner la loi et l'ordre et puisse régler les problèmes posés par l'immigration et l'instabilité de la population. La victoire de Nelson amena les rouges à intensifier leur lutte contre Cartier qu'ils finirent par défaire à Montréal-Est aux élections de 1872[87].

Cette vendetta n'était pas seulement attribuable à la personnalité de Cartier ni au monopole politique qu'exerçait son parti. Sur le plan idéologique, les rouges, comme le feront par la suite les libéraux, s'opposaient au conservatisme systématique et acharné de

Cartier. S'ils représentaient, eux aussi, certaines factions de la bourgeoisie, ils estimaient néanmoins que Cartier allait trop loin dans ses efforts pour protéger la propriété, les classes nanties et les structures hiérarchiques qui maintenaient leurs privilèges. Outrage suprême aux nationalistes, Cartier en était arrivé, par les conséquences logiques de son conservatisme, à faire l'apologie de la Conquête britannique, événement, disait-il, «qui nous a sauvés des misères et des hontes de la Révolution française.» Et il poursuivait: «La Conquête a fini par nous donner les belles et libres institutions que nous possédons aujourd'hui et sous lesquelles nous vivons heureux et prospères»[88]. Un des thèmes préférés de Cartier voulait que le droit de propriété fût menacé par des idées venant de l'étranger. «Un écrivain, disait-il en parlant de Proudhon, dans un moment de délire a osé proclamer que la propriété, c'est le vol(...) maxime blasphématoire et délétère»[89]. Pour écarter le danger qui menaçait la propriété, «élément qui doit gouverner le monde», Cartier voulait s'assurer que jamais des forces populaires puissent renverser le pouvoir établi. «Nous voulons prendre les moyens, disait-il, d'empêcher la tourmente populaire de jamais bouleverser l'État»[90].

Ce conservatisme explique l'appui que Cartier accordait à l'Église, son insistance à réclamer que l'âge et la propriété fussent parmi les conditions d'accès aux postes publics, son admiration pour le système parlementaire britannique et sa méfiance envers les institutions politiques américaines. Monarchiste fervent, il s'opposait aux élections fréquentes, au scrutin secret et au suffrage universel[91]. Jusqu'en 1864, il ne cessa de condamner également le principe de la représentation proportionnelle à la population, qu'il considérait comme trop démocratique, risquant de conduire au suffrage universel et propre à assurer la domination du Haut-Canada. Reconnaissant que la représentation selon la population s'inscrivait dans la pratique constitutionnelle britannique, il soulignait qu'en Angleterre on avait pris soin d'en neutraliser les effets de façon à protéger les intérêts des propriétaires et des classes dirigeantes. Aussi, insistait-il, il s'y opposerait même si la population du Québec était plus nombreuse que celle de l'Ontario[92].

Cartier s'opposa toujours, également, à toute augmentation du traitement des députés sous prétexte qu'une telle mesure aurait pour seul effet de prolonger les sessions. Il alla même jusqu'à proposer l'abolition de toute rémunération pour les élus, ce qui aurait réservé aux riches l'accès à l'Assemblée[93]. En 1856, l'opposition voulut assurer l'indépendance du parlement en obligeant les députés à démissionner de leur siège s'ils recevaient, à part leur traitement, la moindre rémunération de l'État. Ainsi, par exemple, un député n'aurait pas eu le droit de plaider en cour pour le compte du gouvernement. Cartier, bien entendu, s'opposa à une telle mesure, soutenant que les parlementaires devaient être libres de servir leur pays de toutes les façons possibles[94].

Après la Confédération, en 1867, Cartier se fit le défenseur du double mandat qui permettait aux hommes politiques de siéger à la fois au parlement fédéral et aux assemblées des provinces. Ce système, dont bénéficièrent notamment Cartier et cinq autres politiciens conservateurs éminents du Québec (le premier ministre Chauveau, Joseph Cauchon, Hector Langevin, John Jones Ross et Christopher Dunkin), contribua fortement à assurer la subordination du gouvernement québécois à celui d'Ottawa durant les années qui suivirent la Confédération. Cartier, pour sa part, était président du Comité des chemins de fer de la Chambre des communes en même temps qu'il siégeait à trois comités de l'Assemblée législative provinciale, l'un deux s'occupant des chemins de fer, canaux et télégraphes, des mines et des corporations industrielles[95].

Tout en s'efforçant de restreindre le nombre des électeurs, le choix des candidats et le droit de vote, Cartier s'appliqua à soustraire le pouvoir exécutif à l'autorité des élus. Ses efforts persistants pour assurer le maintien d'une chambre haute non élective représentant les propriétaires en attestent. Il invoqua précisément son opposition au projet gouvernemental de créer un conseil législatif électif pour refuser de faire partie du ministère Hincks-Morin, en 1852. D'après lui, pour siéger à la chambre haute les candidats devaient avoir plus de 35 ans pour garantir une certaine expérience et posséder des biens d'une certaine valeur[96] que Cartier fixait à 2 000 livres (8 000 dollars)[97]. Cartier défendit avec ardeur le principe d'une chambre haute pour le Québec, alors que la plupart des provinces optaient plutôt pour l'assemblée unique. Cette chambre haute, disait-il, dont les membres devaient être nommés à vie, surveillerait la chambre basse. Le rôle de Cartier était de protéger les traditions «conservatrices» et «monarchistes» du Québec en entourant «nos institutions politiques de tout ce qui peut contribuer à leur stabilité»[98].

***

Le mouvement annexionniste de 1849, le débat sur le choix de la capitale fédérale et la Confédération fournirent à Cartier autant d'occasions d'affirmer son conservatisme politique et l'importance qu'il attachait aux institutions britanniques dans lesquelles il voyait l'assurance du statu quo et une protection contre l'agitation populaire.

La question de l'annexion aux États-Unis divisait la bourgeoisie montréalaise, tout comme le projet de loi prévoyant l'indemnisation des victimes de la Rébellion et l'incendie du parlement. Durant l'été de 1849, une bonne partie de l'élite anglophone de Montréal signa un manifeste qui prônait l'annexion aux États-Unis. Parmi les signataires, on relève les noms de John Redpath, John Torrance, John Rose, Luther Holton, John Abbott et John Molson. À la gauche de Cartier, le projet remportait l'adhésion d'éminentes personnalités du Parti rouge, comme Joseph Doutre et les frères Dorion, qui croyaient en la possibilité d'une entité canadienne-française au sein de l'union américaine. Certains amis de Cartier, notamment Alexander Galt et John Donegani, qui partageaient ses opinions dans le domaine économique, optaient eux aussi pour l'annexion. Le journal *La Minerve*, qui appuyait généralement La Fontaine, épousait lui aussi la cause républicaine. Enfin, le beau-père de Cartier, candidat à la mairie de Montréal aux élections de 1850, fit de son appui au projet d'annexion le thème de sa campagne et fut élu avec des conseillers municipaux qui endossaient son point de vue.

Cartier, pour sa part, ne cessa de s'opposer au courant annexionniste. Comme propriétaire, entrepreneur et capitaine de la milice, il avait toutes les raisons de souhaiter le statu quo. Son cabinet d'avocat rapportait bien. Il occupait des postes d'administrateur dans nombre de sociétés et l'Acte d'Union lui laissait entrevoir un rôle politique d'envergure. Ses alliés, les entrepreneurs de chemins de fer, n'étaient guère affectés par l'effondrement du mercantilisme britannique. De plus, il s'était toujours méfié de la démocratie américaine qu'il considérait comme trop radicale et dans laquelle il déplorait «l'absence d'une personnification de l'autorité exécu-

Pierre-Joseph-Olivier Chauveau. (Archives publiques du Canada, C-48805)

tive qui impose le respect à tous»[99]. Enfin, pour Cartier, les liens commerciaux et les liens politiques étaient deux choses bien distinctes. Le développement d'un réseau ferroviaire raccordé à celui des États-Unis et les accords de réciprocité avec les Américains lui semblaient parfaitement réalisables sans intégration politique. Ce fut d'ailleurs là le thème principal de son premier discours à l'Assemblée et en juin 1849 il participa, à Montréal, à un grand meeting en faveur du libre-échange entre le Canada et les États-Unis. Cartier vota pour la Loi indemnisant les victimes de la Rébellion et après l'incendie du parlement il organisa, avec le concours de Drummond, une pétition qui constituait une déclaration de loyauté envers la Grande-Bretagne et que les deux hommes allèrent présenter eux-mêmes au gouverneur[100].

En octobre 1849, Cartier fut parmi les dix-sept législateurs, pour la plupart de la région de Montréal, qui s'opposèrent vigoureusement au manifeste des annexionnistes en faisant circuler une pétition en faveur de «la loi et l'ordre» et des institutions britanniques. De toute évidence, les pétionnaires redoutaient une nouvelle flambée d'agitation et de troubles sociaux semblables à ceux dont ils avaient déjà eu l'occasion de déplorer «les résultats désastreux»[101].

Le choix d'une capitale permanente posait un autre problème qui illustrait bien l'instabilité foncière du Canada-Uni et divisait profondément le Québec. La position de Cartier à ce sujet fait nettement ressortir la crainte que lui inspirait, ainsi qu'à bien d'autres dirigeants politiques, l'agitation populaire à Montréal.

Après l'incendie du Parlement de Montréal, la capitale avait été établie alternativement à Toronto et à Québec, en dépit de l'opposition de Cartier et d'autres politiciens montréalais. Ce nomadisme — pour reprendre l'expression d'un journal de l'époque — était à la fois coûteux et peu pratique[102]. Les représentants du Haut-Canada se sentaient isolés à Québec et les députés canadiens-français ne se plaisaient guère à Toronto. De plus, les déplacements entre les deux villes n'étaient pas sans poser des difficultés. Au début des années 1850, Cartier prenait le plus souvent le steamer pour se rendre à Québec. Avant l'achèvement du Grand Tronc un lobbyiste montréalais qui voulait rendre visite à Cartier à Toronto en plein hiver, dut passer par Albany, Niagara-Falls et Hamilton, ce qui lui prit cinq jours.

Montréal, à cause de son passé tumultueux, des événements de 1849 et de sa vulnérabilité en cas d'attaque de la part des Américains ne pouvait guère aspirer au statut de capitale. Nombre de Montréalais, d'ailleurs, ne tenaient pas particulièrement à cette distinction, même si les représentants de la région métropolitaine votaient systématiquement en faveur de la création d'une capitale définitive qui remplacerait le système d'alternance[103]. Étant donné les tensions entre le Haut et le Bas-Canada, le choix devait se porter sur un lieu situé dans le triangle Montréal-Ottawa-Kingston. Dès 1855, Cartier se prononça en faveur d'une capitale fixe mais demanda qu'on laissât entière liberté de vote aux députés, de façon à ne pas compromettre l'unité ministérielle. Soulignant le coût élevé du système d'alternance, il présenta des statistiques précises selon lesquelles la construction d'un parlement permanent comprenant un musée des beaux-arts et une salle d'exposition ne devait coûter que 300 000 livres[104]. Le problème, cependant, n'était pas d'ordre financier mais politique. À l'Assemblée, le printemps de 1856 fut marqué par un fastidieux débat de trente heures sur le sujet, au cours duquel George Brown qualifia d'insolents les députés canadiens-français, entraînant finalement la démission de plusieurs ministres[105].

Caricature de Bengough représentant Cartier manipulant le gouvernement du Québec. (Archives publiques du Canada, C-78585)

Bien qu'il eût appuyé, pour la forme, un projet de résolution en faveur de Montréal, à cause de la situation centrale de la ville, Cartier, en fait, préférait Ottawa qui présentait à ses yeux le double avantage d'être à la fois dans l'orbite de la métropole mais loin de son ambiance tumultueuse. Il prit soin d'ailleurs de rappeler aux Montréalais que c'était leur propre «surexcitation», en 1849, qui leur avait fait perdre le siège du gouvernement. Si les francophones étaient minoritaires à Ottawa, la population de la ville était en majorité catholique. À ceux qui, comme le gouverneur général, estimaient que le choix d'Ottawa contribuerait à accentuer la domination de l'élément anglophone sur l'ensemble du pays, Cartier répliquait qu'une telle décision aurait au contraire pour effet de stimuler la colonisation de la vallée de l'Outaouais par les Canadiens français. Mais son principal argument était autre: «la pression de l'opinion publique, affirmait-il, se fera moins sentir là qu'ailleurs»[106].

En 1856, l'Assemblée finit par choisir Québec comme site de la capitale, mais les députés du Haut-Canada refusèrent de voter les crédits nécessaires aux travaux de construction. Puis ce fut le Conseil législatif qui rejeta le bill de la chambre basse[107]. Le premier ministère Macdonald-Cartier, qui fut alors formé, soumit la question à la reine, en 1857. Par la suite, la décision du Colonial Office qui favorisait Ottawa, la chute du gouvernement Macdonald-Cartier provoquée précisément par le débat sur le choix de la capitale en juillet 1858, le double remaniement ministériel et le retour des conservateurs au pouvoir ne firent qu'ajouter à la confusion générale. Finalement, en février 1859, Cartier et Macdonald voulurent imposer à leur parti le choix d'Ottawa. Malgré la démission d'un ministre qui venait de la région montréalaise et l'indiscipline de quinze députés du Québec qui à cette occasion se dissocièrent du gouvernement, la résolution en faveur d'Ottawa fut adoptée à une majorité de cinq voix[108]. Conformément aux voeux de Cartier, la capitale serait donc à l'abri de la populace montréalaise.

Quant à la Confédération, ce fut le fruit d'une crise politique chronique. En 1859, on comptait que l'Assemblée avait déjà voté plus de 200 fois sur le choix de la capitale et chaque session était empoisonnée par d'interminables débats sur ce sujet ou sur divers projets visant à établir un système de représentation proportionnelle à la population[109]. La paralysie du régime était évidente. Cartier voyait même sa carrière politique compromise: après avoir été sept ans du côté du pouvoir, il dut passer deux ans dans l'opposition (1862-1864). De plus, l'économie était dans le marasme, les Américains se montraient belliqueux et l'Angleterre, qui procédait à une réorientation de sa politique coloniale, trouvait que le Canada lui coûtait bien cher!

Pour les politiciens qui se préoccupaient surtout de relancer l'économie, d'assurer la stabilité sociale et de résoudre la crise politique, le fédéralisme offrait une solution. Cette formule pouvait d'ailleurs être considérée comme le prolongement logique du système politique et administratif mis en place par l'Acte d'Union. Cartier, cependant, mit un certain temps à se rallier à l'opinion de ses collègues[110]. Bien avant qu'il accepte le principe d'une union fédérale, d'autres politiciens du Bas-Canada comme Joseph-Charles Taché, Joseph Cauchon, A.-A. Dorion, D'Arcy McGee et Alexandre Morris, avaient déjà lancé l'idée. Ce n'est qu'après avoir critiqué de façon fort sarcastique le projet d'union fédérale avancé par Alexander Galt avant l'été de 1858 que Cartier fit volte-face à la suite de la chute du gouvernement éphémère de Brown et de Dorion[111]. Nommé premier ministre en août 1858, il fit entrer Galt au ministère en acceptant le principe de la fédération. Deux mois plus tard, il se retrouvait à Londres en compagnie de Galt et de John Ross pour discuter du projet avec le Colonial Office et si le document officiel soumis aux autorités britanniques avait vraisemblablement été rédigé par Galt, Cartier l'endossait ouvertement[112].

En 1864, après les démarches de George Brown auprès de la Commission de la constitution et les débats animés qui eurent lieu à l'Assemblée et à l'Hôtel Saint-Louis de Québec, Cartier entra dans le gouvernement de coalition qui prônait le fédéralisme et la représentation selon la population. Si George Brown put apparaître comme le négociateur le plus conciliant, c'est sans doute la région représentée par Cartier qui fit les plus grandes concessions. La représentation proportionnelle à la population, appliquée à la composition de la Chambre des communes, à la place du système en vigueur jusqu'alors qui accordait une représentation égale aux deux provinces, ne pouvait que favoriser l'intégration des francophones du Québec à un vaste ensemble anglophone. Par ailleurs, l'adoption d'un système fédéral réduisait à l'état de minorité les anglophones du Québec.

Cartier a expliqué à plusieurs reprises pourquoi il avait fini par accepter le principe de la représentation selon la population et la condition de minoritaires pour les Canadiens français, alors qu'il s'y était vigoureusement opposé pendant de longues années. Ses explications, bien sûr, n'étaient pas celles de George Brown qui soutenait que Cartier avait cédé aux «circonstances» et s'était trouvé réduit «à la nécessité de se prononcer ouvertement et vigoureusement sur la question de la représentation»[113]. Alors que Brown prédisait à sa femme que les Canadiens français finiraient par «s'éteindre complètement», Cartier soutenait que la représentation selon la population, au sein d'un État fédéral, protégerait le Canada français[114]. Pour sa part, *La Minerve* cherchait à démontrer que la représentation proportionnelle à la population n'aurait pas, dans le cadre fédéral, les mêmes effets que si on l'appliquait au régime existant de l'Union. Dans ce dernier cas, expliquait le journal, elle serait un moyen «d'asservissement et de dégradation» tandis que dans un contexte fédéral elle constituerait au contraire «une sauvegarde et une garantie d'indépendance»[115]. La différence tenait à la présence des Maritimes qui, selon Cartier, devait écarter tout danger venant du Haut-Canada: «Dans une lutte entre deux partis, dont l'un faible et l'autre puissant, le faible doit nécessairement être vaincu; mais si trois partis se trouvent concernés, le plus fort n'aura pas le même avantage; car si le troisième parti voit qu'il y a trop de force sur un côté, il viendra au secours du plus faible pour le combat. Je ne m'oppose pas au principe de la représentation par la population dans le désir de ne pas rendre justice au Haut-Canada. Mais je dois dire que lorsqu'on rend justice au Haut-Canada, il ne faut pas faire d'injustice au Bas-Canada. Je n'ai pas la moindre crainte que les droits du Bas-Canada soient exposés par le fait que dans la législature générale les Canadiens français du Bas-Canada auront un plus petit nombre de représentants que les autres provinces réunies»[116].

Cartier, qui avait pourtant l'habitude d'être dur en affaires, ne fut guère exigeant au cours des pourparlers de Charlottetown et de Québec à l'automne de 1864. Contrairement à Galt et aux autres représentants de divers groupes d'intérêts, il ne livra de combat sur aucune question précise[117]. Selon le projet de fédération, la défense des intérêts régionaux devait être largement assumée par une chambre haute qui n'exercerait aucun contrôle financier et dont les membres seraient nommés à vie par le gouvernement central. Une telle institution, c'est-à-dire le Sénat, suffisait selon Cartier à assurer «notre sécurité»[118]. Par ailleurs, l'autonomie des provinces se trouvait aussi menacée du fait que la nomination des lieutenants-gouverneurs devait relever du gouvernement fédéral. Enfin, le droit de désaveu accordé à l'État central constituait, aux yeux de nombre de francophones et des défenseurs des droits provinciaux, un danger encore plus grave. Cartier cependant, qui était centralisateur, se contentait d'une définition vague et souple de ce droit de désaveu, supposant qu'il ne serait utilisé que dans les cas de lois injustes ou mal inspirées.

John A. Macdonald. (Archives publiques du Canada, PA 43133)

À l'extérieur du Québec, la conduite de Cartier en 1864 passait pour le symbole même de la collaboration entre les deux groupes ethniques. Il fut à plusieurs reprises ovationné par des auditoires anglophones lorsqu'il chantait le *God Save the Queen* en français. Les délégués à la Conférence de Québec faisaient son éloge et dans les salons de Londres on célébrait son charme personnel. De plus, Cartier impressionnait particulièrement ses auditeurs par ses appels à l'harmonie entre les groupes ethniques et son idée d'une nouvelle «nationalité politique»: «Mais, si nous nous unissons, nous formerons une nationalité politique qui n'aura aucun rapport avec l'origine nationale ou la religion des individus(...) J'entends ainsi la diversité de races au Canada: nous ne sommes pas pour lutter entre nous, mais pour une généreuse émulation pour le bien public»[119].

Au cours de sa tournée des Maritimes après la Conférence de Charlottetown, Cartier, dans ses discours, a rappelé sans cesse la méfiance que lui inspirait la démocratie américaine: il soulignait que la confédération doterait le Canada d'un «principe monarchique» qui le distinguerait des États-Unis. Selon lui, le choix était simple: «devons-nous obtenir une confédération de provinces britanniques ou désirons-nous être entraînés dans une confédération américaine?»[120]. Cartier rappelait aussi à ses auditoires les intérêts commerciaux qu'ils avaient en commun. Dans les Maritimes, il reprenait régulièrement le thème de la «prospérité»[121]. La fédération, insistait-il, entraînerait l'abolition des barrières douanières et la construction d'une ligne ferroviaire, l'Intercolonial, qui relierait le Québec et les Maritimes.

Au Québec, le débat constitutionnel portait plus sur l'autonomie provinciale et sur les droits des minorités que sur la collaboration entre les deux groupes ethniques. Christopher Dunkin et A.-A. Dorion, par exemple, soulignaient le danger que le droit de désaveu fût utilisé de façon arbitraire et redoutaient que le système de partis à la fois fédéraux et provinciaux ne conduisît à une véritable tyrannie. Dunkin, de plus, estimait qu'étant donné le déséquilibre créé par la confédération, les Canadiens français ne pourraient garder leurs pouvoirs qu'au prix de combats continuels. Dorion, pour sa part, prônait ce qu'il appelait «une vraie confédération» dans laquelle les pouvoirs les plus importants seraient confiés en exclusivité aux provinces. Décrivant Cartier comme un conservateur qui visait à renforcer la puissance de la couronne et à réduire l'influence du peuple, Dorion affirmait que le projet fédératif était «la constitution la moins libérale dont on ait jamais entendu parler dans un pays régi par un gouvernement constitutionnel»[122]. Son frère allait encore plus loin: reprochant aux Canadiens français d'être «complètement endormis», il ne voyait dans la confédération proposée qu'une «union législative déguisée» et soutenait que les pouvoirs législatifs accordés aux provinces n'étaient qu'une «simple farce»[123].

Les adversaires les plus acharnés de la confédération au Québec se moquaient de Cartier qu'ils décrivaient comme un tyran, un monarchiste et un agent représentant les entrepreneurs de chemins de fer, dupé par les gens du Haut-Canada qui en temps voulu se débarrasseraient de lui comme d'une «vieille serviette usée»: «Grâce à son énergie, à sa connaissance intime du fort et du faible de ses compatriotes, il est parvenu à conquérir le rang, que personne ne peut lui disputer, de chef de la nationalité canadienne-française. Pour parvenir à ce but, il a écrasé les faibles, il a flatté les forts, il a trompé les crédules, il a acheté les hommes vénaux, il a élevé les ambitieux, il a employé tour à tour la voix de la religion et celle de l'intérêt et il a atteint son but(...). Lorsque son projet de confédération est devenu public, l'inquiétude s'est emparée de toutes les classes, averties par l'instinct du danger qui nous menaçait: il a su changer cette inquiétude en profonde sécurité. Je le comparerais à un homme qui a gagné la confiance sans bornes du public, et qui en profite pour fonder une caisse d'épargne(...). Quand cet homme a tout ramassé dans ses coffres, une occasion se présente d'acheter, au prix de cette fortune dont il est dépositaire, l'objet qui flatte son ambition, et il l'achète sans hésiter, sans penser à tous les malheureux que sa conduite va ruiner. Le dépôt placé entre les mains du procureur général, c'est la fortune des Canadiens français, c'est leur nationalité»[124].

Pour confondre ses adversaires et faire accepter les Résolutions de Québec, Cartier dut avoir recours à divers moyens. Un des plus efficaces fut sans doute d'exclure les rouges des négociations relatives au projet fédératif. Alors que l'Ontario était représentée à la fois par Brown et Macdonald aux conférences de Charlottetown et de Québec, les rouges furent tenus à l'écart de la délégation québécoise. Seuls des conservateurs: Cartier, É. -P. Taché, Hector Langevin, Jean-Charles Chapais et Joseph Cauchon furent les porte-parole du Canada français. Parmi eux, Cartier et Taché étaient les seuls dont l'influence et la réputation dépassaient les dimensions régionales. Taché, qui avait alors quatre-vingt-dix ans (il mourut en 1866), n'assista pas à la Conférence de Charlottetown. Des trente-trois délégués à la Conférence de Québec, seulement quatre étaient canadiens-français. De plus, les négociations se déroulèrent à huis clos et ne firent l'objet d'aucun compte rendu officiel.

Le débat sur le projet de fédération, au Québec, se déroula selon les règles habituelles du jeu politique, ce qui permit à Cartier d'exploiter la vulnérabilité des rouges et sa réputation de *chef*. Selon lui, les partisans de la fédération étaient des hommes modérés, respectables et intelligents, tandis que les adversaires du projet étaient «les hommes extrêmes, les socialistes, les démocrates, les annexionnistes»[125]. *La Minerve*, de son côté, faisait valoir un autre argument d'après lequel le Québec s'exposerait à «la ruine» s'il adoptait une attitude négative et bloquait, par son refus, le mouvement «général» et motivé en faveur de la fédération[126].

Par son silence, le haut clergé catholique laissa Cartier prétendre qu'il appuyait l'option fédéraliste. Depuis la Conquête, et particulièrement à l'occasion des invasions américaines, de la Rébellion de 1837 et de la montée du mouvement annexionniste, l'Église du Québec avait soutenu l'autorité en place. Sous l'Union, les politiciens conservateurs, dirigés par La Fontaine et Cartier, avaient collaboré avec le clergé pour imposer diverses mesures de contrôle social et façonner le système scolaire et les sociétés patriotiques[127]. En retour, les communautés religieuses les plus riches avaient favorisé la politique économique du gouvernement par leurs investissements dans les chemins de fer. Enfin, les autorités cléricales avaient accepté la réforme du système judiciaire etl'abolition de la tenure seigneuriale au cours des années 1850 et 1860. Le projet de fédération, qui créait des structures politiques conservatrices et garantissait les droits des catholiques, semblait un prolongement logique de toutes ces mesures.

Cartier ne se gêna donc pas pour affirmer publiquement que le clergé catholique en bloc appuyait le projet de fédération qui protégerait ses droits et atténuerait les querelles politiques: «Je dirai que l'opinion du clergé est favorable à la confédération(...). Le clergé, en général, est ennemi de toute dissension politique et s'il est favorable au projet, c'est qu'il voit dans la confédération une solution aux difficultés qui ont existé pendant si longtemps»[128].

Si un des porte-parole de l'évêque Bourget, le vicaire général Truteau, critiquait, en privé, les affirmations de Cartier, le jeune et très ultramontain Mgr Louis-François Laflèche, pour sa part, ne cachait pas ses sentiments favorables à la confédération[129]. Quant à Mgr Bourget, il se trouvait alors à Rome et il était en pleine querelle avec Cartier et les sulpiciens au sujet de la division de la paroisse de Montréal. D'autres représentants du haut clergé, notamment les évêques Baillargeon et Larocque, reconnaissaient que si elle n'était

Cartier et Macdonald parmi les délégués à la conférence de Charlottetown en 1864. (Archives publiques du Canada, PA 91061)

pas souhaitable, la confédération était néanmoins inévitable. Enfin, *La Minerve* assurait carrément ses lecteurs que le pape lui-même approuvait le projet de fédération[130].

S'il semblait parfaitement à l'aise pour répondre aux critiques des rouges, Cartier par contre faisait preuve d'une extrême prudence face à ce que John Rose appelait «la crainte diffuse» qu'inspirait la confédération à la minorité anglophone du Québec[131]. Celle-ci, cependant, avait depuis longtemps été favorablement impressionnée par le conservatisme de Cartier, ses sentiments probritanniques, son choix d'anglophiles reconnus comme P.-J.-O. Chauveau pour occuper des postes importants dans l'administration publique, sa politique économique axée sur l'expansion et ses réformes dans les domaines de l'enseignement, du droit civil et de la propriété foncière. John Rose, pour sa part, affirmait: «Nous avions la garantie du passé pour dissiper nos craintes. Tout ce que nous avions désiré, nos frères canadiens-français nous l'avaient aussitôt accordé»[132].

Des éléments influents du Parti conservateur manoeuvraient pour que la minorité anglophone obtînt diverses garanties dans les domaines de la politique, de la religion et de l'enseignement. Cartier se plia à leurs exigences relativement aux écoles protestantes, à la répartition des taxes scolaires et à l'intégrité territoriale d'un nombre fixe de circonscriptions dans l'Estrie. Bien plus, il promit même que le gouvernement fédéral aurait recours à son droit de veto pour annuler toute loi provinciale «hostile ou destructrice» à l'égard de la minorité de langue anglaise[133]. Lorsqu'un député canadien-français à l'Assemblée législative demanda et obtint l'assurance que la langue française serait protégée à la Chambre, Cartier s'empressa d'affirmer qu'il en serait de même pour l'anglais à l'Assemblée du Québec, ce qui lui valut de vigoureux applaudissements[134]. Toutes ces concessions, de même que la nouvelle répandue par la presse selon laquelle Cartier se serait engagé par écrit auprès de Galt à défendre les droits de la minorité anglophone, soulevaient l'indignation des nationalistes canadiens-français[135]. Même chez les conservateurs, certains collègues de Cartier comme Langevin, protestaient contre de tels compromis. En 1866, Cartier alla jusqu'à refuser de nommer un Canadien français comme juge en chef de la Cour supérieure, expliquant à Langevin que, comme Galt et McGee, il estimait que «justice devra être rendue à l'élément britannique professionnel»: «À présent, tout inefficace qu'il soit, nous avons un juge en chef canadien-français dans une cour et il n'est que juste que le juge en chef de l'autre cour soit d'autre origine. Nous n'avons pas encore terminé toutes nos difficultés relatives à la Confédération et au gouvernement local pour le Bas-Canada, et il ne serait pas sage d'exciter l'élément britannique du Bas-Canada contre le gouvernement dans le moment»[136].

De tels efforts étaient appréciés: un mois avant la Confédération, Galt rendit publiquement hommage à Cartier, soulignant que la collectivité anglophone avait envers celui-ci et ses collègues «une dette de gratitude» pour leurs «vues élevées»[137].

La majorité gouvernementale ayant facilement fait adopter par l'Assemblée les résolutions relatives au projet de fédération, Cartier n'eut pas à faire appel au concours direct des élites cléricales et commerciales, du moins jusqu'en 1867. Cette année-là, cependant, les élections fédérales qui eurent lieu à Montréal-Est révélèrent à la fois le potentiel politique de la classe ouvrière et l'aptitude de l'élite à contrôler et à orienter le mécontentement populaire. Le prestige de Cartier était alors à son zénith. Il était «ministre de la couronne» et avocat de grandes entreprises de dimension internationale. Tout récemment encore, la reine l'avait reçu à son palais. Son adversaire aux élections, Médéric Lanctôt, était un jeune échevin montréalais, nationaliste et libéral[138], ancien associé de Wilfrid Laurier. Lanctôt avait aussi été membre de l'Institut canadien ainsi que d'une société secrète anti-fédéraliste: le Club Saint-Jean-Baptiste (à ne pas confondre avec la société du même nom). Au lieu de s'allier aux libéraux modérés et d'axer sa campagne sur son opposition à la confédération, Lanctôt choisit de faire appel aux sentiments de la classe ouvrière. Son journal, *L'Union nationale*, traitait surtout des thèmes fondamentaux comme celui des salaires et expliquait la situation de la façon suivante: «C'est parce que l'ouvrier, c'est parce que le peuple en général ne gagne pas assez; c'est parce que le travail manuel n'est pas assez rémunéré; c'est parce que le salaire de l'ouvrier agricole et industriel est insuffisant»[139].

Au printemps de 1867, Lanctôt fonda la Grande Association de protection des ouvriers du Canada. S'inspirant du socialisme

Caricature de Bengough représentant Cartier en courtisan prétentieux. (Archives publiques du Canada, C-78564)

européen, l'association réclamait la création de conseils de prud'hommes pour régler les questions de salaires, l'égalité de tous devant la loi, l'établissement de barrières douanières pour protéger l'industrie, des hausses de salaires et l'amélioration des conditions de travail[140]. Elle obtint l'appui de vingt-cinq organisations ouvrières de Montréal et participa à deux grèves. Par ailleurs, Lanctôt fonda aussi des coopératives alimentaires dans le but de faire baisser les prix. Trois mois avant les élections, une vaste assemblée populaire eut lieu à Montréal à laquelle assistèrent quelque 15 000 ouvriers avec leurs familles.

Face à cette agitation sociale, l'élite montréalaise ne tarda pas à s'organiser. La presse conservatrice exploita à fond le voyage triomphal de Cartier en Angleterre et à Rome. Dans ses discours, Cartier s'appliqua à défendre la confédération, sans pour autant en faire un de ses thèmes principaux: il traitait plutôt de questions d'intérêt local, rappelant les réussites du gouvernement comme la construction des chemins de fer et du pont Victoria, l'abolition des droits seigneuriaux et la mise au point du code civil du Québec. Il avait le soutien du Grand Tronc, de l'Allan Steamship Company, de la Compagnie de Navigation du Richelieu, de la Montreal City Gas Company, des banquiers et des industriels. William Molson appuyait sa candidature. De plus, exerçant un contrôle absolu sur le favoritisme politique au Québec, il ne manquait pas de fonds à distribuer.

Cartier bénéficiait aussi de l'appui d'importants éléments du clergé, en dépit de sa querelle avec Mgr Bourget. Celui-ci, d'ailleurs, qui n'avait pas caché son mécontentement à l'égard du journal de Cartier en approuvant le lancement d'une nouvelle publication ultramontaine *Le Nouveau Monde*, n'en émit pas moins les 23 mai et 25 juillet 1867 deux lettres pastorales dans lesquelles il enjoignait les électeurs de se soumettre à l'autorité et de respecter le statu quo[141]. De toute façon, étant donné son alliance avec les gallicans, Cartier n'avait guère besoin de l'intervention de Mgr Bourget pour démontrer l'appui qu'il recevait des milieux cléricaux. D'autres évêques, notamment celui de Saint-Hyacinthe, Mgr Larocque, exprimaient ouvertement leur appui aux conservateurs. En pleine campagne électorale, le clergé de Saint Hyacinthe reçut Cartier en grande pompe. Enfin, les organisateurs de Cartier, dans un pamphlet intitulé «Contre-poison», exploitèrent largement les déclarations de Mgr Larocque contre le radicalisme.

En dépit de ce soutien des élites et de la tiédeur avec laquelle les libéraux comme Dorion appuyèrent Lanctôt, Cartier ne gagna l'élection que par une faible marge. S'il l'emporta dans les trois disticts de la circonscription, le vote en faveur de l'opposition fut impressionnant. Cartier battit Lanctôt par 2433 voix contre 2085 et, au niveau provincial, son autre adversaire, Ludger Labelle, par 2408 voix contre 2051. De 39% des votes qu'elle avait obtenus en 1863, l'opposition, quatre ans plus tard, s'élevait à 46% [142].

4
La réforme des institutions

On peut penser que la politique des trente années de l'Union, marquées par l'accession à la responsabilité ministérielle et par la Confédération, n'est que le reflet de changements économiques et sociaux profonds qui se manifestèrent de 1860 à 1867. Se fondant sur des valeurs urbaines et bourgeoises, les conservateurs dirigés par La Fontaine et Cartier donnèrent de nouvelles formes aux principales institutions de la société québécoise. L'abolition des droits seigneuriaux modifia la nature même du régime de propriété, exposant tout le système social à des influences nouvelles. Le droit commercial, qui reposait sur des principes antérieurs à la Révolution française et à la révolution industrielle, fut adapté aux réalités commerciales, linguistiques et sociales du 19e siècle par la révision du code civil. Après l'échec de divers projets comme celui de l'Institution royale qui devait régir le système d'enseignement au Québec, les conservateurs réussirent à établir un *modus vivendi* entre l'Église et l'État qui permit la réanimation des écoles destinées aux classes moyennes et la mise en place de structures scolaires de base pour le prolétariat rural et urbain. La classe ouvrière, par ailleurs, fut soustraite à l'influence des éléments réformistes et radicaux par l'exploitation du nationalisme et par l'expansion des services sociaux dont se chargeaient les organisations philanthropiques, patriotiques et religieuses, toutes d'esprit conservateur. Dans le domaine des transports, le triomphe des valeurs urbaines se traduisit par des programmes ambitieux et coûteux de développement du réseau ferroviaire, le Québec imitant en cela le reste du continent.

En 1870, les institutions instables et floues de la période de la Rébellion étaient devenues méconnaissables. Le nouvel appareil judiciaire, les structures économiques et la machine politique conservatrice puisaient leurs racines dans l'expérience capitaliste des sociétés occidentales. Les institutions scolaires et philanthropiques venaient légitimer l'image d'un peuple protégé et le caractère figé de la hiérarchie sociale. Dans cet ordre nouveau, la bourgeoisie montréalaise partageait l'autorité avec d'autres élites et se trouvait en mesure de neutraliser toute opposition de la part des milieux ruraux, de la classe ouvrière ou d'éléments extérieurs au Québec.

Un des premiers signes de l'intérêt que Cartier portait aux institutions sociales est sans doute le rôle qu'il joua dans l'organisation de la Société Saint-Jean-Baptiste. Durant les années 1830, les banquets de la société étaient fort animés et l'influence du clergé ne s'y faisait guère sentir. En 1843, on réinstaura la fête, mais les bals en plein air, avec chants, lanternes vénitiennes, champagne et toasts aux rebelles et aux libéraux étaient désormais remplacés par une grand-messe qui constituait la manifestation principale des festivités. Précédé du drapeau britannique, le défilé, qui se rendait à l'église Notre-Dame, s'était enrichi de la participation de l'Association de tempérance Saint-Jacques qui, selon le compte rendu de la société, lui conférait «plus de solennité»[1].

Ces festivités s'inscrivaient dans un plan plus vaste par lequel le clergé et la bourgeoisie, agissant de concert, s'efforçaient de satisfaire les besoins sociaux de la population. Les sociétés de tempérance, les programmes de colonisation, les bibliothèques publiques, les clubs littéraires et scientifiques, les sociétés d'assurances et de

Papineau s'adressant à la foule. (Archives publiques du Canada, C-73725)

PAPINEAU
INDEPENDENCE

frais funéraires, les caisses d'épargne, les écoles et les hôpitaux servaient ces fins. La Société Saint-Jean-Baptiste était un des premiers fruits de cette collaboration. Cartier, qui en fut le premier secrétaire en 1843, contribua à la rédaction de ses statuts. De 1843 à 1849, il fit partie du comité exécutif de la société. C'est lui qui présenta la demande de charte de la SSJB à l'Assemblée. Enfin, il fut élu vice-président de la société en 1850 et président en 1854[2].

Avant la création des associations de bienfaisance spécialisées telles que la Société Saint-Vincent-de-Paul, en 1848, et l'Union des prières (coopérative de frais funéraires), en 1851, un des rôles de la Société Saint-Jean-Baptiste était de secourir, dans la population canadienne-française, les victimes d'incendies, les indigents et les malades. Chaque section de cent membres, appelée «centurie», retenait les services d'un médecin dont les soins étaient gratuits. De plus le chef de chaque centurie signalait à un comité d'assistance les membres qui se trouvaient dans le besoin. Les procès-verbaux de la société font amplement état du soutien actif que le clergé prêtait à toutes ces activités. La SSJB, en retour, participait à la célébration de la Fête-Dieu organisée par les sulpiciens; elle envoya des représentants à l'inauguration des travaux de construction de l'église Saint-Viateur, donna une grande réception en l'honneur de Mgr Bourget et lança une souscription en faveur de la Société de colonisation du Bas-Canada. Cartier, pour sa part, veillait notamment à ce que tous les écoliers catholiques de la région de Montréal assistent aux fêtes du 24 juin. Il s'efforça aussi d'élargir les bases ethniques de la société en y faisant entrer Wolfred Nelson et Lewis Drummond[3].

L'éducation

Des besoins pressants se faisaient aussi sentir dans le domaine de l'enseignement où les institutions étaient encore embryonnaires. Les efforts déployés depuis 1801 pour créer des écoles publiques relevant de l'État, dans le cadre de l'Institution royale, avaient avorté dans une large mesure à cause de l'opposition des autorités catholiques. De leur côté, les curés, malgré les pressions exercées par l'épiscopat, ne manifestaient guère d'intérêt pour la fondation d'écoles élémentaires. Dans les endroits où des écoles existaient avant 1840, les enseignants, généralement mal payés et souvent illettrés, étaient le plus souvent des laïques. Aucune formation professionnelle n'était donnée aux instituteurs et c'était souvent les députés qui se chargeaient de l'inspection des écoles. Les rivalités régionales, ethniques et religieuses, de même que le souci jaloux des autorités scolaires locales de conserver leur autonomie intacte, bloquaient toute initiative de la part des gouvernements. Le financement des écoles, fréquemment marqué par des irrégularités, se faisait à coups de ventes de biens des jésuites et d'emprunts bancaires plus ou moins judicieux. En 1836, on pouvait relever jusqu'à vingt-cinq écoles «fantômes», c'est-à-dire inexistantes, qui recevaient des subventions de l'État[4]. En 1853, c'était encore les députés et les officiers de la milice qui avaient la charge de distribuer les fonds destinés aux écoles. Certains d'entre eux empochaient l'argent destiné à l'achat des manuels[5].

Cette situation engendrait un analphabétisme généralisé. Au début des années 1840, seulement 12% des ruraux francophones savaient lire et écrire[6]. On expliquait souvent les techniques agricoles dépassées, le faible rendement des fermes et l'indifférence de la population à l'égard du «progrès» par ce phénomène. Le frère de Cartier, par exemple, écrivait que dans la vallée du Richelieu, où il habitait, il aurait fallu fonder dans chaque comté une école spécialement consacrée à l'enseignement de «l'agriculture scientifique»[7]. D'autres bourgeois éminents, inquiets de l'agitation populaire, comprenaient fort bien l'utilité d'un enseignement obligatoire comme agent de socialisation.

Les écoles fondées par les sulpiciens au cours des années 1840, de même que le recrutement intensif d'enseignants religieux en France sous la direction de Mgr Bourget, indiquent l'intérêt croissant des autorités catholiques pour l'éducation. Ces initiatives coïncidaient d'ailleurs avec les vues des conservateurs, dirigés par La Fontaine et Cartier, qui étaient prêts à accepter une forte influence du clergé dans ce domaine[8]. Les diverses lois relatives à l'enseignement et adoptées après 1840 attestent de cette volonté de collaboration. En 1846, par exemple, les curés et les ministres protestants obtiennent le droit *exclusif* de choisir les manuels qui ont trait «à la religion ou à la morale». Des commissions sont désormais chargées d'accréditer les enseignants, mais les membres d'ordres religieux n'ont pas à se soumettre à leurs examens. Les candidats laïques, par ailleurs, doivent produire un certificat de bonnes moeurs délivré par leur pasteur ou le curé de leur paroisse[9].

Lorsque Cartier accéda au pouvoir, au milieu des années 1850, une réforme systématique s'imposait. Les rouges et les radicaux dénonçaient de plus en plus vigoureusement le mainmise du clergé sur l'enseignement, tandis que les conservateurs, dont Cartier, étaient impressionnés par l'oeuvre d'Egerton Ryerson, le grand réformateur de l'enseignement en Ontario. En 1853, Cartier fit partie de la Commission Sicotte, chargée de faire enquête sur l'état de l'éducation au Québec. Le rapport de la commission fut accablant: le système des écoles primaires était inefficace, la population apathique, les maîtres incompétents et la moitié des commissaires d'écoles analphabètes. De plus, le choix des manuels n'était pas réglementé; les inspections, dans les écoles, étaient sporadiques; le financement par l'État n'était pas organisé et la formation des maîtres était pratiquement inexistante[10]. Les mesures improvisées avaient toutes échoué. En 1851, par exemple, la tentative de fonder une école normale avait été bloquée par les rivalités régionales et ethniques. Enfin, il fallait tenir compte des pressions exercées par le puissant lobby protestant, dont les porte-parole tels que Galt et Christopher Dunkin réclamaient une plus grande autonomie et une plus large part des taxes scolaires pour les écoles protestantes ainsi que l'étude obligatoire de la Bible[11]. En 1855, le dynamique recteur de l'Université McGill, William Dawson, passa ses vacances de Noël, à discuter avec Cartier du financement de son institution. La *Montreal Gazette* réclamait à grands cris une augmentation des traitements des enseignants afin que le Bas-Canada puisse «rattraper ceux qui ont pris une avance sur lui»[12].

La réaction des campagnes aux mesures prises dans le domaine de l'enseignement ne fit que compliquer la situation. La loi de 1846 imposait des taxes scolaires qui devaient être perçues par des fonctionnaires. Malgré tous les efforts des politiciens et des curés pour défendre la politique officielle, pendant plusieurs années nombre de paroisses refusèrent systématiquement de se plier à la loi, soit en ne percevant pas les taxes soit en ne faisant pas rapport au gouvernement. En 1849 et 1850, la révolte prit même des formes violentes à travers le Québec: ce fut «la Guerre des Éteignoirs». Les parents refusèrent d'envoyer leurs enfants à l'école et la population se vengea sur les curés et les bourgeois. À Montréal, un groupe d'habitants marcha sur le bureau du gouverneur. À l'île Bizard, le curé ayant enjoint ses paroissiens de se soumettre à la loi, ceux-ci manifestèrent devant l'église et menacèrent de mettre le feu au presbytère. À divers endroits les granges des commissaires d'écoles furent incendiées. À Saint-Michel-de-Yamaska, l'école fut détruite par le feu[13].

La riposte du gouvernement et du clergé ne se fit pas attendre. Des accusations furent portées contre les incendiaires et leurs complices et des juges de paix furent envoyés sur les lieux. Le premier ministre La Fontaine, estimant que telles mesures pourraient être insuffisantes, évoqua la possibilité de faire intervenir la police et l'armée si le clergé ne lui accordait pas un appui plus ferme, mais, avertissait-il, «l'on ne doit pas s'attendre qu'une police armée sera maintenue à grands frais ou que les troupes seront employées pour faire fonctionner cette loi»[14].

À Québec, Mgr Signay écrivit aux prêtres de son diocèse pour leur demander de collaborer entièrement avec les autorités scolaires. Quant à l'évêque de Montréal, Mgr Bourget, son intervention fut encore plus vigoureuse: il se rendit lui-même à l'île Bizard et y fit fermer l'église paroissiale jusqu'à ce que la loi soit respectée[15]. Mais malgré toutes ces mesures il y avait encore en 1855 sept municipalités qui refusaient toujours de se conformer à la loi de 1846.

Cartier suivit avec un vif intérêt ces manifestations de l'opposition des milieux ruraux aux taxes scolaires et à l'enseignement obligatoire. Son frère lui écrivait régulièrement des lettres dans lesquelles il déplorait l'ignorance des paysans de la vallée du Richelieu. Ses amis les sulpiciens contribuaient largement au financement des nouvelles écoles des Frères des Écoles chrétiennes dans les quartiers ouvriers de Montréal. Un évêque lui écrivit pour l'avertir qu'une révolte était imminente dans la région de Bytown si l'on ne trouvait pas un moyen de «calmer les esprits»[16]. On comprend facilement qu'à titre de député d'une circonscription rurale, de président de la Société Saint-Jean-Baptiste et d'avocat d'une importante entreprise industrielle, Cartier se sentait directement touché par des questions telles que l'agitation sociale et l'instruction des couches populaires, de même que par le problème plus vaste que posait l'adaptation des valeurs canadiennes-françaises traditionnelles à une société en cours d'industrialisation. Comme il n'y avait pas alors de ministre de l'Éducation, ce fut lui qui hérita du dossier de l'enseignement lorsqu'il devint secrétaire de la province en 1855.

Cartier eut comme principal subordonné Pierre-Joseph-Olivier Chauveau, surintendant des écoles publiques. C'était un homme affable et pragmatique, habile politicien (il avait été ministre et sera premier ministre de la province en 1867), qui n'avait rien du puritanisme de son prédécesseur, Jean-Baptiste Meilleur. Avocat courtois et écrivain, Chauveau avait vécu aux États-Unis, parlait bien l'anglais et était vu favorablement par la collectivité protestante. Cartier doubla son traitement et lui demanda de préparer des projets de lois. Le rapport de Chauveau, en trente-cinq pages, confirma les constatations de la Commission Sicotte, soulignant la faiblesse de la formation des maîtres et le financement désordonné des écoles. Il réclamait un budget distinct pour l'éducation et des subventions pour les bibliothèques paroissiales ainsi que pour l'achat de livres, de cartes et de globes terrestres[17].

Moins d'un an après son accession au pouvoir, Cartier proposa diverses mesures qui allaient dans le sens des recommandations de Chauveau. Il visait nettement par son programme la mise sur pied accélérée d'un réseau scolaire centralisé, hiérarchisé et intégré, et il prévoyait des moyens énergiques pour forcer les municipalités à envoyer leurs rapports au gouvernement et à percevoir les taxes scolaires. Des écoles modèles, bénéficiant de subventions du gouvernement, devaient être établies dans toutes les municipalités. Un montant de 4 000 dollars était spécifiquement affecté à l'instruction des pauvres. Le surintendant voyait ses pouvoirs augmentés par rapport aux enseignants et aux commissions scolaires[18]. Les octrois gouvernementaux aux maisons d'enseignement supérieur devaient être financés au moyen d'un fonds alimenté par les revenus provenant des biens des jésuites[19]. Enfin, les institutions qui sollicitaient des subventions devaient produire des renseignements détaillées sur leur clientèle, leur personnel enseignant, leurs bâtiments et leurs manuels. Ainsi, aucun octroi ne devait être accordé pour l'achat de livres sans que l'établissement en cause n'ait fourni un rapport sur l'état de sa bibliothèque.

Les lois de Cartier touchaient aussi la formation des enseignants de même que leur association et jusqu'à leur journal[20]. Les

L'incendie du parlement de Montréal en 1849. (Musée McCord)

qualifications exigées des professeurs furent rehaussées et à partir de 1856, les femmes qui n'étaient pas membres d'une communauté religieuse durent satisfaire aux mêmes conditions que leurs collègues masculins. Pour combler les besoins de personnel enseignant, on créa trois écoles normales. L'une, de langue anglaise, était rattachée à l'Université McGill. Les deux autres étaient de langue française: la première se trouvait à Montréal et la seconde relevait de l'Université Laval à Québec. Cartier expliqua la nécessité de trois institutions, au lieu d'une seule comme en Ontario, par les particularités religieuses et régionales du Québec[21].

Chauveau joua un rôle de premier plan dans la mise sur pied de l'association des enseignants. Pour écarter le risque qu'un tel organisme ne devînt un instrument de critique et de revendication, il fut prévu dans les statuts de l'association que le surintendant des écoles publiques et le recteur de l'école normale de langue française de Montréal auraient le droit d'assister aux assemblées[22]. Chauveau avait aussi un autre projet qui lui tenait à coeur: celui d'une revue destinée aux enseignants, qui fut concrétisé par la Loi des écoles publiques de 1856. *Le Journal de l'instruction* fut ainsi fondé, grâce à une subvention initiale de 1 800 dollars. Sa devise était «Rendre le peuple meilleur» et son emblème avait de quoi plaire à tout le monde: une croix surmontant un livre sous lequel se trouvait un castor, le tout entouré d'une couronne de feuilles d'érable[23].

L'alliance entre le clergé catholique et la bourgeoisie conservatrice de même que l'attachement jaloux de la minorité anglophone à son autonomie en matière scolaire rendaient impossible la création d'un ministère de l'Éducation. À la place, on forma donc un conseil de l'instruction publique autonome. Ce conseil était chargé de la surveillance administrative des écoles, de la réglementation des examens, des normes d'engagement et des conditions de congédiement des enseignants et de la sélection de tous les manuels à l'exception de ceux qui avaient trait à la morale ou à la religion. Le gouvernement Cartier-Macdonald nomma les premiers membres du conseil en 1859. Sur un total de quinze, il y avait onze catholiques et quatre protestants. L'équipe se composait de cinq religieux, huit avocats, un médecin et un notaire[24]. Dès sa constitution le conseil se divisa en deux sous-comités, l'un catholique et l'autre protestant.

Grâce à l'autorité ainsi confiée à un organisme relativement indépendant du gouvernement et à la reconnaissance du rôle important du clergé dans le domaine de l'éducation les conservateurs purent mettre sur pied un système d'enseignement centralisé, obligatoire et complet, malgré la coexistence des secteurs catholique et protestant. En conséquence le nombre des écoles augmenta rapidement et l'analphabétisme ne cessa de diminuer jusqu'à ce qu'il se stabilise après 1861[25]. Le gouvernement put aussi affermir son autorité dans toutes les régions, imposer des normes administratives et obliger les municipalités récalcitrantes à se conformer aux nouvelles lois relatives aux taxes, aux commissions scolaires et aux règles de comptabilité. Bien que des pouvoirs importants aient été délégués aux autorités religieuses, la réglementation gouvernementale régissait les écoles normales, les bibliothèques paroissiales et les écoles modèles, ce qui permettait au gouvernement d'influencer l'idéologie nationale et le contrôle local[26]. Enfin, les lois de Cartier obligeaient les collectivités locales à financer par leurs taxes l'enseignement primaire tout en suivant les normes établies par le conseil de l'instruction publique, notamment dans le choix des enseignants et des manuels scolaires.

Ce partage du pouvoir entre le gouvernement et le clergé protestant et catholique, dans le domaine de l'éducation, se doublait d'une collaboration au niveau institutionnel dans les secteurs politique, économique et social. Ainsi, avant de procéder à la création d'une nouvelle paroisse (ce qui relevait en partie de l'autorité civile), Cartier prenait soin de consulter l'évêque de l'endroit[27]. De même, lors de l'adoption de ses projets de lois sur l'éducation en 1856. Cartier repoussa les propositions de Dorion qui voulait que l'enseignement primaire soit financé par les revenus provenant des biens des jésuites. Son parti fit aussi rejeter un amendement présenté par les rouges en vue de la création d'écoles mixtes dans lesquelles toute instruction religieuse serait abolie. Durant la première année où Cartier fut secrétaire de la province, les conservateurs s'attaquèrent à sa loi sur le contrôle financier des écoles, prédisant que les institutions catholiques refuseraient «avec mépris» l'aide de l'État[28]. En fait, la hiérarchie catholique accorda publiquement son appui aux mesures proposées par Cartier. Il y eut même trois représentants du clergé parmi les premiers membres du Conseil de l'instruction publique:

l'évêque de Saint-Hyacinthe, le recteur de l'Université Laval et le curé irlandais de l'église Saint-Patrick[29].

Bien qu'antérieurement l'Église se fût opposée aux projets de lois touchant la formation des maîtres, l'évêque Baillargeon participa à l'inauguration de l'École normale de l'Université Laval, déclarant à cette occasion: «Le clergé ne peut voir la fondation de cette école normale d'un mauvais oeil, parce qu'il veut l'avancement et le progrès. Il ne redoute que l'éducation sans morale, sans religion»[30].

Il fallut plus de temps pour obtenir le soutien du clergé protestant. En 1856, Galt exprima les craintes que lui inspiraient les pouvoirs accordés à un surintendant francophone et catholique. Pour sa part, le recteur de Bishop's College, Jasper H. Nicolls, se contenta de fournir au gouvernement des rapports «non officiels» sur l'administration de son établissement, en donnant les explications suivantes: «Le surintendant a peut-être raison de demander des renseignements sur des collèges catholiques romains ou sur le Lower Canada College de Montréal, mais il ne doit certes pas s'attendre à ce que nous nous placions sous son autorité»[31].

Durant les dix années qui suivirent, Cartier et Chauveau réussirent néanmoins à dissiper ces craintes par des subventions généreuses et par leur respect de l'autonomie des protestants. Ainsi, au lieu de répartir le budget des trois écoles normales selon les rapports de population, ils accordèrent le tiers des fonds à l'école normale de McGill[32]. De plus, la division du Conseil de l'instruction publique en deux sous-comités, l'un protestant et l'autre catholique, contribuait à rassurer les esprits, tout comme l'aide accordée par le gouvernement à l'édition anglaise du *Journal de l'instruction* dont le contenu, d'ailleurs, différait de celui de la publication française. Enfin, le gouvernement se montrait très conciliant sur la question linguistique. En présentant son projet de loi sur la création des écoles normales, Cartier promit que l'anglais serait la seule langue d'enseignement à l'école normale de McGill[33].

La réforme du droit

La création d'un État moderne et centralisé au Québec exigeait aussi la réforme des institutions juridiques. Sous le Régime français,

Rue Saint-Paul. (Archives photographiques Notman)

la coutume de Paris avait été en vigueur. Après la Conquête, les autorités imposèrent le droit pénal britannique tout en conservant, au Bas-Canada, le code civil français. Le résultat était plutôt déconcertant. Lord Durham le décrivit en ces termes: «un rapiéçage», «une masse de lois incohérentes et contradictoires, en partie françaises et en partie anglaises, entre lesquelles la ligne de partage est extrêmement confuse»[34]. D'origine largement féodale, la coutume de Paris intégrait le droit de propriété à un cadre seigneurial, familial et religieux. Or un système juridique fondé sur de tels principes se trouvait incompatible avec le capitalisme du Québec du 19e siècle. Au cours des années 1850, la situation était devenue d'autant plus compliquée que dans les régions à population anglophone, comme les Cantons de l'Est, on appliquait à l'occasion le droit civil britannique.

Une réforme s'imposait aussi pour des raisons techniques. Le Canada ayant été coupé de la France avant l'instauration du Code Napoléon, le droit civil du Bas-Canada n'était qu'un mélange confus des traditions romaine, germanique et française. En réclamant un code cohérent, uniforme et «progressiste», les dirigeants bourgeois invoquaient les arguments dont ils s'étaient servis pour abolir le régime seigneurial, effectuer la réforme de l'éducation et subventionner à même les fonds publics le développement des transports. La refonte du droit, expliquait un avocat, aurait pour effet «d'augmenter et de faciliter les relations d'affaires», d'assurer «la stabilité» et de servir de «barrière conservatrice»[35].

Le code civil, qui régissait les rapports de propriété, fut donc, comme l'abolition du régime seigneurial, un élément essentiel de la réforme des institutions au Québec. Comme procureur général et associé principal dans une étude de droit commercial, Cartier était bien placé pour en saisir l'importance: «Si les habitants du Bas-Canada voulaient que leur pays augmente sa force et sa puissance, rien ne permettait mieux d'atteindre ce but et de le maintenir que la révision du code civil»[36].

Toujours sensible aux réactions de la minorité anglophone, Cartier prit soin de souligner que le droit pénal britannique, «le meilleur au monde» selon lui, ne serait nullement mis en cause. La réforme disait-il, devait servir «non seulement les intérêts de mon peuple, mais aussi ceux des autres habitants du Bas-Canada: Anglais, Écossais et Irlandais»[37]. Pour lui, la méfiance provenait surtout de ce qu'il n'existait pas de version anglaise du code civil. «La généralité des lois dans cette division de la province, soulignait-il, n'existe que dans la langue qui n'est pas la langue naturelle des personnes d'origine britannique». Aussi le nouveau code devait-il être rédigé «dans les langues française et anglaise, et les deux textes seront imprimés en regard»[38]. Enfin, il était prévu qu'un des trois membres de la commission chargée de la rédaction du nouveau code serait de langue anglaise et que les deux secrétaires, l'un francophone et l'autre anglophone, seraient bilingues.

Cartier programma la refonte du code sur une période de huit ans. Il présenta le projet de loi initial, constitua la commission et en désigna les membres, présida le comité législatif chargé d'étudier le rapport de la commission et se servit de la majorité ministérielle pour faire adopter le nouveau code par l'Assemblée.

Cette refonte du droit civil, cependant, présentait certains risques. Ainsi George Brown en profita pour proposer aussitôt une réforme générale qui aurait abouti à l'unification du droit sur tout le territoire canadien. Cartier s'y opposa. S'il y avait lieu, selon lui, de simplifier l'ancien code français et de le traduire en anglais, le Québec devait néanmoins conserver son propre système juridique. Cartier rejeta aussi les demandes de l'opposition qui voulait que les membres de la commission fussent désignés par l'Assemblée plutôt que par le gouvernement. Il choisit donc des conservateurs sûrs et expérimentés qui par la politique avaient accédé à la magistrature. La Fontaine ayant refusé de siéger à la commission, le choix de Cartier se porta sur deux juges de Québec: René-Édouard Caron et Augustin-Norbert Morin, et sur Charles Dewey Day, juge de la Cour supérieure de Montréal. La commission loua des locaux à Québec dans un édifice qui appartenait à Caron et tint sa première séance en octobre 1859[39]. De 1861 à 1864, les commissaires produisirent huit rapports qui furent soumis à un comité spécial de l'Assemblée législative présidé par Cartier lui-même. Après avoir tenu dix-neuf séances durant l'hiver de 1865, le comité présenta finalement son projet de code à l'Assemblée[40]. Un an avant la Confédération, le nouveau code entra en vigueur.

En même temps, Cartier présenta aussi deux autres projets de loi destinés à faciliter l'uniformisation et la structuration du système judiciaire. Le premier réorganisait les tribunaux du Bas-Canada, créait dix-neuf districts judiciaires et affectait une somme de 75 000 livres à la construction de palais de justice et de prisons. Les cours de circuit devenant ainsi inutiles, les juges concernés furent intégrés à une nouvelle Cour supérieure composée de dix-neuf magistrats: quatre à Montréal, trois à Québec et les autres dans des villes secondaires[41]. La seconde loi précisait la façon dont le nouveau code civil devait être appliqué dans les Cantons de l'Est[42].

L'abolition du régime seigneurial

Tout comme l'ancien code civil, le régime de propriété en vigueur au Bas-Canada constituait un obstacle à l'édification d'un

État stable et centralisé ainsi qu'à la mise en oeuvre de nouvelles politiques dans les domaines des affaires sociales, du commerce, de l'agriculture et des transports. Le système seigneurial, hérité de la Nouvelle-France, régissait la vie économique et sociale des régions rurales et exerçait encore ses effets sur la société montréalaise au milieu du 19e siecle[43].

Malgré le déclin de la classe des seigneurs, ce système, qui par ailleurs se révélait inapte à résoudre les problèmes agricoles et démographiques, demeurait une institution solide, étroitement rattachée aux traditions rurales, à l'économie familiale, à une Église paternaliste et féodale, et à une indépendance relative par rapport au pouvoir politique et judiciaire. En intégrant les rapports économiques à l'ensemble de la société au lieu de les envisager dans une optique individualiste, le système seigneurial entravait à la fois l'expansion de l'État et le développement, au Québec, d'une économie de marché de type urbain. La seigneurie des Deux-Montagnes, pour prendre un des exemples les plus frappants, comptait 1 260 censitaires. Chacun de ceux-ci était soumis à diverses obligations: les lods et ventes, les cens et rentes, la dîme et le droit de banalité. Le seigneur pour sa part devait se charger de construire et d'entretenir un moulin et le clergé local avait ses responsabilités dans les domaines de la religion, de l'éducation et de l'assistance sociale. Ce système complexe et hiérarchique, fondé sur le principe de l'interdépendance, régissait à la fois la propriété, le travail et les institutions sociales, constituant en conséquence un obstacle à la spéculation foncière, au développement des transports, à l'établissement des immigrants et à la mise en place d'un nouvel ordre social. De plus, l'absence d'un droit de propriété individuel absolu et la priorité reconnue aux seigneurs par rapport aux autres créanciers rendaient difficiles certaines pratiques financières, telles que l'hypothèque[44].

Tenue de tout temps à l'écart du monde féodal, la bourgeoisie visait des buts qui se trouvaient en contradiction totale avec le régime seigneurial. C'est sur l'État central que comptaient les marchands, les avocats et les entrepreneurs pour assurer leur sécurité, la justice et l'organisation du commerce. Citadins avant tout, ils vivaient dans un contexte capitaliste qui reposait sur les droits de l'individu, le crédit et le travail considéré comme une marchandise négociable. Quant aux hommes d'affaires anglophones, qui possé-

L'emblème du nouveau journal des enseignants allie les thèmes religieux, nationalistes et pédagogiques. (Bibliothèque de l'Université McGill)

daient cependant bon nombre de seigneuries, ils considéraient depuis longtemps le régime seigneurial comme un anachronisme qui, selon le président du comité de l'Assemblée chargé d'en préparer l'abolition, était «contraire à l'esprit de progrès»[45]. De même, Alexander Galt, qui spéculait sur les terres et les chemins de fer, décrivait le système seigneurial comme «un frein à l'industrie du peuple, qui le dégrade et qui en fait empêche le Bas-Canada de recueillir sa part de l'augmentation de la population et des richesses»[46].

Vu les dissensions survenues parmi les patriotes quant à leurs objectifs sociaux, l'attitude de la bourgeoisie francophone à l'égard de la tenure seigneuriale était plus complexe. Pour les radicaux, le système seigneurial, comme le catholicisme et la monarchie, faisait partie des institutions qu'ils jugeaient réactionnaires. Par contre, des hommes politiques éminents comme Papineau y voyaient un moyen de protection des valeurs de la société canadienne-française. Cette ambivalence finit par se dissiper au cours des années 1840 lorsque les bourgeois qui s'opposaient à l'abolition du système tels que

Denis-Benjamin Viger, furent éclipsés par La Fontaine et ses partisans[47].

Par ses origines familiales, sa profession, ses intérêts commerciaux et sa clientèle, Cartier se situait parmi les adversaires les plus représentatifs du régime seigneurial. Il contribua largement à faire accepter l'abolition du système par la population rurale et à régler le cas particulièrement délicat de la seigneurie de l'île de Montréal. Comme il l'avait fait pour justifier ses autres réformes institutionnelles, il fit valoir principalement la nécessité de favoriser le progrès économique et de protéger l'ordre social.

Convaincu des effets bienfaisants de la propriété privée pour l'économie et la société, Cartier estimait que le principal «vice» du système seigneurial tenait au fait qu'il «entrave l'esprit d'entreprise[48].» Ce défaut, expliquait-il, avait des conséquences sur les marchés, l'expansion économique et la mobilité de la population. Ainsi, soulignait-il à titre d'exemple, le Haut-Canada avait 200 moulins à farine tandis que le Bas-Canada, en plus de produire de la farine de qualité inférieure, n'en avait que deux qui fonctionnaient à des fins d'exportation[49]. Cartier se rendait compte aussi de l'importante accumulation de capital qu'entraînerait l'abolition du système seigneurial. Aussi déplorait-il que les seigneurs ne pussent être promptement indemnisés, ce qui leur aurait permis de faire des placements considérables[50].

Cartier introduisit aussi un autre thème dans le débat: celui de l'instabilité sociale dans les campagnes. Les autorités s'inquiétaient de l'hostilité de la population à l'égard de la réforme de l'éducation, des problèmes posés par l'émigration et de l'existence d'une forte population flottante composée de journaliers dépourvus de terres. Dans certaines régions, jusqu'à 40% des chefs de familles, incapables d'obtenir des terres, restaient dans leurs paroisses d'origine où ils constituaient «un prolétariat de jeunes»[51]. Un système dépassé, hérité du vieux monde, comme celui de la tenure seigneuriale, risquait, selon Cartier, d'engendrer des révoltes et même de favoriser la propagation de «doctrines socialistes». En conséquence, son abolition servirait la cause de l'ordre[52].

Pendant trente ans, la tenure seigneuriale fit l'objet de débats tant dans la presse que dans divers comités de l'Assemblée législative. De 1841 à 1851, dix-neuf projets de résolutions et quatre-vingt-une pétitions en vue de sa révision ou de son abolition furent soumis à l'Assemblée[53]. Finalement, en 1851, un comité présidé par Lewis Drummond réussit à mettre au point un projet de loi abolissant le système. Pendant les trois années qui suivirent, il fallut encore, à coups de compromis, régler des questions telles que l'indemnisation des seigneurs absentéistes. Adoptée par l'Assemblée en 1853, la loi devait ensuite être bloquée au Conseil législatif.

Devant le scepticisme des habitants et la forte opposition de nombre de seigneurs, les porte-parole du gouvernement, comme Jean-Charles Taché, invitèrent la population rurale à envisager toutes les conséquences de la tenure seigneuriale. Ce système, expliquait notamment Taché, entravait la construction des voies ferrées et nuisait à l'ensemble de la société: «Dans un cas comme celui-ci, comme lorsqu'il s'agit de la fondation ou de l'agrandissement de villes, ou de la construction de moulins ou d'usines, ce n'est pas le censitaire, l'occupant actuel de la propriété rurale, qui subit le plus grand tort, mais l'ouvrier, le capitaliste et en conséquence la société en général, dont le progrès peut être retardé ou même paralysé»[54].

Les politiciens de la région de Montréal organisèrent alors des assemblées publiques dans les campagnes pour se rallier l'opinion. À Verchères, Cartier prit la parole à plusieurs meetings. Il expliqua pourquoi il avait voté à deux reprises en faveur de l'abolition du système, réfuta l'accusation selon laquelle la commission chargée d'étudier la question aurait coûté un prix extravagant, décrivit en détail les conséquences financières de la loi pour les censitaires et conclut que l'abolition servirait les intérêts des habitants. Les gens de sa circonscription adoptèrent une résolution en faveur de l'abolition, dans laquelle ils dénonçaient les méthodes dilatoires du Conseil législatif comme «injustes et cavalières». Les hommes d'affaires anglophones, quant à eux, se montraient particulièrement satisfaits des efforts de leurs collègues francophones. Francis Hincks, par exemple, estimait que toute cette campagne, menée de Montréal, avait joué un rôle crucial dans l'adoption définitive du projet de la loi en novembre 1854 par le revirement qu'elle avait provoqué dans l'opinion publique rurale[55].

Saint-Sulpice

L'apport le plus important de Cartier dans cette affaire fut sans doute d'avoir réussi à régler le problème délicat que posait l'île de Montréal, dont la seigneurie appartenait au Séminaire de Montréal qui en tirait le gros de ses revenus. Celui-ci, par ailleurs, nommait tous les curés des paroisses de l'île de Montréal et constituait un élément essentiel de l'alliance entre les gallicans et les conservateurs de La Fontaine et Cartier. Par surcroît, il occupait une place de premier plan dans les institutions d'enseignement et d'assistance sociale de la ville.

En 1840 le Séminaire de Montréal vit ses droits reconnus dans une nouvelle charte.

Cette reconnaissance officielle des droits des sulpiciens coïncidait avec l'ascension politique de La Fontaine et son rapprochement avec le clergé gallican. Baptisée, confirmée, mariée et enterrée par les sulpiciens, leur louant ses bureaux et ses magasins, fréquentant leur bibliothèque et écoutant leurs sermons, la bourgeoisie conservatrice acceptait facilement le rôle majeur joué par le clergé dans l'éducation et les affaires sociales. Ses journaux défendaient le point de vue clérical. *La Minerve,* par exemple, louangea la conduite héroïque des sulpiciens à l'égard des immigrants irlandais et rapporta le décès des membres de l'ordre victimes de l'épidémie de choléra[56]. L'alliance du clergé et des conservateurs se manifestait aussi par les lois scolaires et par la présence active de la bourgeoisie au sein du mouvement de colonisation, des associations de tempérance et des sociétés philanthropiques, dont l'initiative provenait de l'Église. Cette collaboration se trouvait encore renforcée par les amitiés personnelles qu'engendraient l'école, les affaires, les relations sociales et les carrières politiques. Cartier, par exemple, fut élevé au Collège de Montréal chez les sulpiciens. Trois de ses camarades de classe se firent prêtres. Il fut avocat de la congrégation et il désigna le supérieur du séminaire comme son exécuteur testamentaire. C'est dans leur église qu'eurent lieu ses funérailles.

De leur côté, les sulpiciens devinrent plus tolérants à l'égard du Canada français, de son nationalisme et de sa bourgeoisie. Durant les élections, ils accordèrent leur appui aux candidats conservateurs.

Le nouvel édifice du Grand Séminaire de Montréal en 1876. (Archives photographiques Notman)

Ils contribuèrent au maintien de l'ordre public et, pour la première fois de leur histoire, ils s'efforcèrent de recruter des membres canadiens-français.

Le séminaire, qui avait un poids considérable à la fois comme consommateur, propriétaire et investisseur, cimenta ses liens avec ses alliés laïques en achetant leurs produits et en retenant leurs services à titre d'architectes, d'avocats, de notaires, de banquiers et de médecins. En 1841, par exemple, La Fontaine et son associé Joseph-Amable Berthelot se virent pour la première fois confier des causes par les sulpiciens. Lorsque La Fontaine accéda à la magistrature, Cartier et Berthelot qui avaient fréquenté ensemble le Collège de Montréal s'associèrent. Leur bureau s'occupa de diverses démarches politiques pour les sulpiciens, administra certains de leurs placements et leur fournit les armes juridiques dont ils avaient besoin dans leur longue querelle avec l'évêque, Mgr Bourget. Le séminaire, par ailleurs, plaça des fonds particulièrement importants dans l'entreprise d'un autre client de Cartier: le Grand Tronc[57].

Pour Cartier, le séminaire de Saint-Sulpice était une institution d'intérêt public qui jouait dans le domaine social et scolaire un rôle essentiel à la prospérité de Montréal[58]. Il était urgent, par ailleurs, de prévoir des Écoles destinées au prolétariat urbain qui croissait rapidement. Leurs maisons d'enseignement étant réservées aux élites, les sulpiciens s'adressèrent aux frères des Écoles chrétiennes, communauté française spécialisée dans l'éducation populaire, avec laquelle ils avaient une longue tradition de coopération. Les négociations commencèrent en 1829 et huit ans plus tard les frères acceptèrent les propositions des sulpiciens. Les premiers frères des Écoles chrétiennes arrivèrent au Séminaire de Montréal en 1837, en plein milieu de la rébellion. En 1882, ils étaient au nombre de 294 et dispensaient leur enseignement à plus de 10 000 élèves[59]. Les sulpiciens subventionnèrent les couvents et les orphelinats, construisirent des écoles dans les quartiers ouvriers, payèrent les salaires des enseignants laïques, assumèrent le coût de l'entretien des établissements, du bois de chauffage, des taxes scolaires et des assurances.

L'agitation qui régnait chez les Irlandais de Montréal, dont le nombre ne cessait de s'accroître, inquiétait fortement les autorités. Les sulpiciens firent des dons importants aux plus pauvres d'entre eux, recrutèrent des prêtres irlandais et financèrent leur formation en France, versèrent de l'argent aux écoles et à l'hôpital de la collectivité et subventionnèrent l'église Saint-Patrick[60]. Ils ne négligèrent pas pour autant les paroisses rurales. Les frères des Écoles chrétiennes reçurent de l'aide financière pour fonder, en 1851, une école d'agriculture dans la seigneurie des Deux-Montagnes. La même année, un sulpicien créa une société de frais funéraires à l'intention des pauvres: l'Union des prières[61].

L'étroite collaboration entre les sulpiciens et la bourgeoisie conservatrice de Montréal restait quelque peu ternie par l'existence de la tenure seigneuriale sur les terres des sulpiciens. Certes, l'Ordonnance de 1840 permettait la transformation de ce régime en celui de libre propriété, mais la commutation n'était pas obligatoire et ne pouvait se faire que sur l'initiative des censitaires. Nombre de propriétaires urbains se prévalurent de ce droit, mais les habitants demeuraient réticents. Ainsi, en mars 1852, seulement douze des 1 260 censitaires établis dans la seigneurie des Deux-Montagnes avaient effectué le changement, et pas plus de dix dans la seigneurie de Saint-Sulpice. Sur l'île de Montréal, à l'extérieur de la ville, environ le tiers des habitants avaient fait la commutation en 1859[62].

Si pour leur part les sulpiciens s'accommodaient parfaitement du statu quo, leurs alliés, les bourgeois de Montréal, ne pouvaient accepter la persistance d'un régime de propriété qui leur semblait anachronique, le système de la libre tenure existant partout ailleurs en Amérique du Nord. L'abolition progressive et volontaire de la tenure seigneuriale n'avançait qu'à pas de tortue, ce qui entravait les réformes administratives et judiciaires, le développement des transports et l'instauration d'une nouvelle éthique sociale fondée sur l'individualisme. Cartier, qui aurait voulu que le changement du régime de propriété se fasse au même rythme que sa refonte du code civil, disait qu'à la vitesse où s'effectuaient les transferts, le système seigneurial risquait de durer encore deux siècles dans les campagnes de la région de Montréal[63]. Il s'inquiétait aussi de ce qu'il appelait la taxe perçue par le séminaire «sur l'industrie et l'activité des habitants». En effet, lorsque les terres des seigneuries appartenant aux sulpiciens, y compris celles qui se trouvaient dans la ville même de Montréal, changeaient de propriétaires, les acquéreurs versaient au séminaire un montant supplémentaire correspondant à environ huit pour cent du prix de vente, de sorte que tous ceux qui avaient apporté des améliorations à leur propriété, par exemple en y construisant quelque bâtiment, perdaient autant de leur investissement[64].

Les efforts tentés pour appliquer aux terres des sulpiciens la loi générale abolissant les droits seigneuriaux, en 1854, suscitèrent de vives réactions. Le procureur du séminaire, Joseph Comte, dont l'influence était grande, écrivit quatre lettres à Cartier et une autre à Lewis Drummond demandant pour ses clients «une exception totale» relativement aux dispositions de la loi. Comte rappelait à Cartier l'apport du séminaire «au bien de la religion, à l'éducation gratuite des pauvres, au soutien des invalides, des orphelins et en aumônes aux malheureux de toutes conditions». Il soulignait en outre que la mission des sulpiciens chez les Indiens des Deux-Montagnes servait au maintien de l'ordre social et que sa disparition réduirait les indigènes à la famine et les forcerait à «redevenir barbares». Réclamant pour ses clients un régime spécial «au nom de la Religion» et dans «l'intérêt du pays», il ajoutait que l'Ordonnance de 1840 était en fait «un traité» et qu'en conséquence elle ne pouvait être modifiée qu'avec le consentement des deux parties. Cédant à ces pressions et tenant compte de la complexité de l'entente de 1840 et des fonctions sociales exercées par les sulpiciens, le gouvernement exempta donc le Séminaire de Montréal de l'application de la loi de 1854[65].

En 1858 et 1859, Cartier, alors devenu procureur général et déterminé à en finir avec la question, entreprit de nouvelles démarches auprès des sulpiciens. Il leur fit valoir qu'il était de plus en plus difficile de calmer l'opinion qui réclamait la mise en vigueur de la loi de 1854 et insista sur le risque d'une «agitation désagréable» si la tenure seigneuriale n'était pas rapidement abolie. Les sulpiciens exigèrent alors d'importantes concessions. Les arrérages de redevances devaient être inclus dans le prix des commutations. Un délai supplémentaire de vingt ans devait leur être accordé pour la vente de leur ferme de Saint-Gabriel, à l'ouest de Montréal. Enfin ils voulaient une plus grande liberté dans le placement des capitaux que leur rapporteraient les commutations, ainsi que le droit de subdiviser et de vendre leurs propres terres aux prix du marché. Cartier accepta toutes ces conditions et les inscrivit même dans le projet de loi qu'il présenta à l'Assemblée[66].

C'est en mars 1859 que Cartier négocia avec les représentants du séminaire les dispositions financières de son projet de loi. Ensemble ils établirent le prix du blé dont il devait être tenu compte dans les commutations, le montant de la contribution du gouvernement et le règlement des droits seigneuriaux sur les édifices gouvernementaux à Montréal. Pour les dernières négociations, il invita le supérieur du séminaire à Toronto. Celui-ci fut particulièrement heureux que toutes les questions aient été réglées en privé, «sans intervention des commissaires, sans cadastre et sans aucune recherche ultérieure[67]». Avant sa présentation à l'Assemblée, le projet de loi fut soumis, pour approbation, au conseil d'administration du séminaire à Montréal[68].

Pour neutraliser l'opposition au Parlement, Cartier inséra dans son projet de loi une disposition compensatoire selon laquelle le Haut-Canada et les Cantons de l'Est devaient recevoir des montants proportionnels à ceux qui seraient versés aux seigneurs du Bas-Canada. En réponse aux accusations de favoritisme envers ses alliés les sulpiciens, il souligna que le séminaire aurait touché 30 000 livres

Au milieu des transformations que connaît la ville, les sulpiciens conservent cet îlot de verdure au coeur du Vieux-Montréal. (Archives publiques du Canada, PA 22187)

de plus si on lui avait appliqué la loi de 1854. Enfin, il insista sur l'oeuvre sociale accomplie par les sulpiciens et notamment sur le fait qu'ils dispensaient un enseignement gratuit à quelque 5 000 élèves[69]. De cette façon, il réussit à diviser l'opposition. Dorion et la plupart des rouges appuyèrent son projet de loi. Bien plus, ils tinrent une réunion spéciale pour dénoncer le sectarisme ethnique et religieux des grits à l'endroit des institutions canadiennes-françaises. En dépit d'un filibuster de 39 heures organisé par les grits, le projet de loi de Cartier fut facilement adopté[70].

Les lois de 1859 et 1860 accordèrent le régime de propriété, dans la région de Montréal, aux réformes administratives, judiciaires et politiques mises en oeuvre au Québec durant la période de l'Union. Le morcellement et la vente de la ferme de Saint-Gabriel favorisèrent l'expansion urbaine le long du canal Lachine[71]. La liberté de commerce s'étendit aux terres et au travail. Bref, l'abolition de la tenure seigneuriale fut considérée comme une véritable «révolution sociale» effectuée, comme le disait Alexander Galt à un auditoire londonien, «à un coût négligeable»[72].

Quant aux sulpiciens, qui avaient été consultés à chaque étape du projet, ils s'adaptèrent aisément à la nouvelle situation. En 1840, ils étaient le symbole même du système seigneurial à Montréal. Trente ans plus tard, ils participaient activement au mouvement d'urbanisation et d'industrialisation en finançant et en dirigeant un grand nombre des institutions sociales les plus influentes de la ville. Les placements de capitaux ayant remplacé les revenus seigneuriaux, la compagnie touchait des sommes plus que suffisantes pour lui permettre d'exercer ses responsabilités. Le produit des transferts de propriétés passa de 18 275 dollars en 1865 à 31 996 en 1871. Le portefeuille des sulpiciens, en 1865, comprenait des actions du Grand Tronc ainsi que des obligations de la Ville et du Port de Montréal. En 1871, ils investirent, par l'intermédiaire du bureau de Cartier, dans le chemin de fer de la rive nord et, au cours de la même année, ils commencèrent à placer des fonds en hypothèques[73].

Le travail accompli par Cartier pour le compte du Séminaire des sulpiciens s'inscrit dans le cadre de ses rapports multiples avec les autorités religieuses de la région de Montréal. Il fut un des premiers partisans de la colonisation. Dès sa première campagne politique, il se fit le chantre de la tempérance et il joua sans cesse un rôle actif au sein de la Société Saint-Jean-Baptiste. Le clergé et les hommes politiques accordant une grande importance au cérémonial, il prit soin de se faire voir aux funérailles des personnalités ecclésiastiques, aux collations de grades des couvents et à l'ordination des évêques. L'indépendance du Vatican vis-à-vis du nationalisme italien étant un sujet de préoccupation pour les catholiques durant les années 1850 et 1860, Cartier défendit vigoureusement le pouvoir temporel de la papauté et versa obstensiblement une somme de 200 dollars pour la défense des États pontificaux[74].

Les curés servaient d'intermédiaires entre leurs paroissiens et le monde des bureaucrates et des gens d'affaires. Aussi certains d'entre eux écrivaient-ils à Cartier au sujet du service postal, de la nomination des fonctionnaires et du choix des candidats aux élections[75]. Le haut clergé, par ailleurs, était particulièrement attentif aux lois susceptibles d'avoir des effets sur la morale, la famille, l'éducation et la pratique religieuse. Cartier, à cet égard, se trouvait dans une situation délicate car comme tout politicien soucieux d'exercer une influence dépassant le cadre provincial, il lui fallait composer avec les éléments non catholiques de la population. Les écoles laïques, le mariage et le divorce, en particulier, posaient bien des problèmes. En 1859, *La Minerve* s'opposa vigoureusement à la demande d'un protestant du Haut-Canada qui, divorcé, voulait se remarier. La même année, Cartier vota contre un projet de loi qui aurait permis, dans certains cas, aux protestants de divorcer[76]. À l'occasion de la refonte du code civil et du débat sur la confédération, et de nouveau en 1872, Cartier consulta les évêques du Québec au sujet des lois se rapportant au mariage[77].

Le plus difficile, pour Cartier, était de se tenir à l'écart de la vieille querelle entre les sulpiciens et l'évêque de Montréal. Ce conflit, qui opposait les gallicans aux ultramontains, des prêtres français à une institution canadienne, une communauté bien nantie à un prélat ambitieux, marqua toute la vie publique de Cartier et contribua largement à sa défaite politique en 1872.

L'affaire remontait au début des années 1820. Comme curés attitrés de la paroisse de Montréal, les sulpiciens s'opposaient alors à la restriction de leur pouvoir qui devait implicitement découler de la création d'un diocèse dans la ville. Ils tentèrent d'empêcher la construction de l'église Saint-Jacques parce qu'elle ne relèverait pas d'eux. Même la nomination d'un des leurs, Mgr Jean-Jacques Lartigue, comme premier évêque de Montréal, en 1836, ne suffit pas à les apaiser. Le remplacement de ce dernier par Mgr Ignace Bourget, quatre ans plus tard, vint aggraver la situation. Mgr Bourget n'avait ni la formation ni l'optique des sulpiciens et comme secrétaire et vicaire général de son prédécesseur il avait pendant vingt ans senti peser sur lui leur mépris. Tandis que les sulpiciens pliaient devant les exigences de la réalité temporelle, l'intransigeant Mgr Bourget luttait sans merci contre l'irréligiosité, refusait tout compromis avec les autorités civiles et restait méfiant envers les dirigeants bourgeois comme Cartier[78]. Irascible, surchargé de travail et souvent malade, il reprochait aux sulpiciens le choix de leurs manuels, leur relâchement dans l'observance du rituel romain et leurs liens avec le jansénisme qui, disait-il, avait apporté à la France «les horribles malheurs de la grande révolution»[79].

En 1831, on s'adressa pour la première fois au Vatican pour trancher le problème que posait la juridiction sur la paroisse de Montréal. La démarche restée sans lendemain, le conflit ne fit qu'empirer. Tout en reconnaissant au supérieur des sulpiciens le droit de désigner le curé de Notre-Dame (l'église de la paroisse de Montréal), Mgr Bourget soutenait que ce dernier devait relever entièrement de l'évêque[80]. Les sulpiciens, pour leur part, se disaient disposés à construire de nouvelles églises paroissiales, mais voulaient conserver leur contrôle sur le financement des paroisses et la nomination des curés. De son côté, Mgr Bourget réussit, en 1846, à empêcher la réélection de Joseph-Vincent Quiblier comme supérieur du séminaire. Lorsque Cartier accéda au pouvoir, au milieu des années 1850, le conflit s'était propagé à d'autres secteurs politiquement et socialement importants, tels que la formation dispensée par les jésuites à Montréal, la fondation d'une université catholique dans cette ville, la surveillance des Irlandais et l'émission de registres à l'intention des nouvelles paroisses.

Tout au long de cette querelle qui s'étala dans les journaux, gagna l'Assemblée législative et se répercuta jusqu'à Rome, les sympathies de Cartier furent évidentes. Son bureau défendit les sulpiciens devant les tribunaux et lui-même plaida leur cause auprès du

Vatican. La décision de Rome en faveur de Mgr Bourget, en 1865, ne régla pas la question. Dans de longs mémoires qu'il écrivit pour le compte du séminaire, Cartier soutint que Mgr Bourget agissait «contrairement à la loi» en enregistrant des naissances et des décès ailleurs que dans le registre paroissial officiel à l'église Notre-Dame. De même, affirmait-il, en attendant que le gouvernement provincial ait reconnu l'autorité civile des autres paroisses, tous les mariages, à Montréal, devaient être célébrés à Notre-Dame. L'influence de Cartier auprès du ministère Chauveau empêchait par ailleurs les nouvelles paroisses créées par l'évêque d'obtenir cette reconnaissance[81]. Cependant, comme on devait le voir aux élections de 1872, les zouaves pontificaux, les écoles catholiques du Nouveau-Brunswick et le «programme catholique» favorisent le triomphe des ultramontains et Cartier en fut l'une des premières victimes.

Le Grand Tronc

La puissance de Cartier à Montréal provenait de la place qu'il occupait dans diverses institutions d'importance. Ayant pour client l'ordre religieux le plus riche de la ville, il occupait des postes élevés dans l'association des avocats, les sociétés philanthropiques, la milice et le Conseil des ports. De plus, il siégeait au conseil d'administration de plusieurs banques, sociétés d'assurances et entreprises de transport. Son mariage l'avait allié à une éminente famille de la bourgeoisie. Enfin, à titre de *chef* du Parti conservateur, il se trouvait être le grand patron de la bureaucratie locale. Avec le Séminaire de Montréal, le Grand Tronc constituait un de ses principaux leviers. Comme le séminaire, c'était une organisation internationale qui avait recours aux services de Cartier à la fois comme avocat et comme démarcheur politique. D'ailleurs la période la plus active de la carrière de Cartier coïncida avec l'essor du Grand Tronc et du séminaire, à Montréal. Son déclin fut marqué par la rivalité entre le Grand Tronc, et le chemin de fer du Pacifique ainsi que par l'offensive ultramontaine contre ses alliés gallicans et contre le milieu social qu'il représentait.

La compagnie du Grand Tronc fut fondée en 1854 et sa voie principale, terminée en 1860, allait de Sarnia, en Ontario, jusqu'à Portland, dans le Maine, en passant par Montréal et les Cantons de l'Est. Les besoins techniques et financiers de l'entreprise ainsi que sa dépendance envers le transport maritime et les marchés étrangers, engloutirent rapidement toutes les ressources de ses promoteurs canadiens. Ses avocats, ses administrateurs, ses courtiers, de même que les banquiers qui la soutenaient, étaient britanniques. Le conseil d'administration, établi à Londres, présidé par Thomas Baring et dont certains membres étaient désignés par le gouvernement canadien, prenait les principales décisions d'ordre financier. Il comptait largement sur l'apport des administrateurs locaux dont un grand nombre étaient des ministres du gouvernement canadien[82]. La mainmise du siège social s'affermit à mesure que se détériorait la situation financière de l'entreprise. De plus en plus, les administrateurs canadiens durent aller en Angleterre d'où ils rapportaient des demandes de subventions à même les fonds publics. En 1856, selon le procès-verbal du conseil d'administration canadien, sir William Napier arriva de Londres, porteur des «instructions de Baring». Deux ans plus tard, le vice-président louait une maison à Toronto pour suivre de plus près les démarches auprès du gouvernement. En 1860, les engagements des firmes financières Glyn et Baring envers le Grand Tronc avaient atteint plus de 600 000 livres[83]. Le contrôle de Londres sur la société se resserra et le directeur général C.J. Brydges, réputé pour sa froide efficacité, reçut l'ordre de fournir à Londres des rapports hebdomadaires. De leur côté, Baring et Brydges envoyaient régulièrement à Cartier des lettres détaillées dont il ressort clairement que le véritable pouvoir, dans l'entreprise, était désormais passé aux mains du bureau de Londres et de son administrateur sur place[84].

Le Grand Tronc fut à l'origine des liens étroits qui existèrent toujours entre les chemins de fer et l'État au Canada. Les deux parties s'appuyaient mutuellement. En dépit de querelles fréquentes, elles visaient les mêmes objectifs fondamentaux[85]. Le Grand Tronc assurait le transport des matières premières, de la poste, de la milice... et des politiciens. En 1854, les salaires versés à ses employés atteignaient 15 000 livres par jour[86]. Par l'influence qu'elle exerçait sur les tarifs, les parcours, le marché du travail, les élections et l'essor économique en général, la société se trouvait au coeur même de la vie politique canadienne. Elle finançait des campagnes électorales, fournissait des emplois à des politiciens importants, récompen-

Radeau de bois passant sous les arches du pont Victoria. (Archives photographiques Notman)

sait des régions et distribuait des sinécures, des fonds et des billets gratuits. Les amis des administrateurs buvaient son champagne et voyageaient dans des trains spéciaux[87]. En retour, l'État conférait à la société un prestige assuré et lui accordait des avantages de toutes sortes: garanties pour ses emprunts, monopoles, prêts, subventions et octrois de terres. Le gouvernement, qui soutenait ouvertement le Grand Tronc, adoptait des lois qui favorisaient la société par leur souplesse, bloquait l'essort des entreprises concurrentes et accordait aisément des chartes aux banques et aux sociétés de construction ou d'assurance destinées à servir les besoins du Grand Tronc. Des politiciens comme Cartier et John A. Macdonald, d'ailleurs, tiraient fierté des services qu'ils lui rendaient. «Comme vous le savez, écrivait Macdonald en 1882, je n'ai jamais cessé d'appuyer le Grand Tronc depuis 1854, et ce n'est pas maintenant que je changerai d'attitude»[88]. Cartier, lui aussi, rappela souvent qu'un de ses plus grands exploits avait été de présenter la demande de charte du Grand Tronc: «J'en suis plus fier, écrivait-il, que de tout autre acte de ma vie. Aujourd'hui encore, le Grand Tronc est la principale cause de la prospérité publique»[89].

Bien avant de siéger à l'Assemblée législative, Cartier s'était déjà occupé d'obtenir des subventions municipales pour des chemins de fer qui devaient par la suite fusionner pour donner naissance au Grand Tronc. C'est en 1846, en effet, que commencèrent les travaux d'installation du Saint-Laurent et Atlantique et de son prolongement américain, l'Atlantic and Saint Lawrence Railway. La jonction des deux lignes allait relier Montréal à Portland, port d'hiver plus près de Montréal que Boston d'environ 160 km. Cette même année, Cartier prit la parole à une assemblée publique présidée par La Fontaine et consacrée à la question des chemins de fer. Parlant après Francis Hincks et Lewis Drummond, il affirma que les chemins de fer étaient essentiels à la prospérité de tout pays[90]. Par ailleurs, promettait-il, une vigoureuse expansion du réseau ferroviaire pourrait faire de Montréal la charnière entre l'Europe et l'Amérique, entre l'Est et l'Ouest.

L'année 1849 marqua la fin du boom des chemins de fer en Angleterre. Les capitaux privés n'étant plus disponibles, le Saint-Laurent et Atlantique n'avait que 64 kilomètres de voies aménagées dans les campagnes du Québec, alors qu'aux termes de la loi récemment adoptée, il lui en fallait cent vingt pour bénéficier de l'aide de l'État. Les promoteurs se tournèrent alors vers les politiciens locaux comme Cartier pour obtenir des subventions des municipalités. Cartier, qui n'était alors qu'un jeune politicien ambitieux, gendre du maire de Montréal et protégé du premier ministre, et qui n'entretenait aucune hostilité à l'égard des chemins de fer, se fit un plaisir d'organiser une campagne dans le but d'obtenir pour le Saint-Laurent et Atlantique une subvention municipale de 125 000 livres. Participant à une vaste assemblée publique au Marché Bonsecours, en compagnie d'Augustin-Norbert Morin, de John Rose, d'Oliver Berthelot et de Benjamin Holmes, il expliqua qu'une telle subvention permettrait aux Montréalais de montrer qu'ils n'étaient pas «apathiques» et qu'ils ne manquaient ni «d'énergie» ni du «sens de l'entreprise»[91].

C'est dans les années 1850 que le rôle de Cartier comme agent de relations publiques fut le plus marqué. Il était alors devenu un leader national et le symbole des Canadiens français. Sa présence au conseil d'administration du Grand Tronc, de novembre 1852 à mars 1853, bien qu'à titre provisoire, permit à la société de compter un Canadien français éminent parmi ses représentants. *La Minerve*, à cette occasion, affirma que c'était là un honneur pour le Canada français. En 1866, Cartier profita d'un banquet ecclésiastique à Saint-Jean, auquel il était invité comme orateur, pour rehausser l'image du Grand Tronc. Après avoir rappelé la suprématie du spirituel sur le temporel, il décrivit l'industrie comme l'expression du génie humain et souligna à ses auditeurs, parmi lesquels se trouvaient dix évêques, que c'était le Grand Tronc qui les avait conduits — et dans le plus grand confort — au lieu de leur réunion[92]. De même dès la première session du Parlement canadien, il expliqua que le Grand Tronc avait apporté à la population un moyen de transport peu coûteux et avait fait augmenter la valeur de la propriété foncière dans tout le pays[93]. Parmi les nombreux services qu'il rendit au Grand Tronc on peut encore noter un voyage qu'il fit à Londres en 1858 en compagnie du président et d'un des directeurs de la société, ainsi que sa participation l'année suivante à l'inauguration officielle du pont Victoria qui appartenait au Grand Tronc[94].

Le rôle de Cartier ne se limitait pas à celui de prête-nom. S'il avait contribué activement à l'installation d'un chemin de fer allant vers l'Atlantique, il comprenait aussi l'importance que pourrait prendre une ligne ferroviaire en direction de l'ouest. Pendant plusieurs générations, les milieux d'affaires montréalais avaient essayé d'étendre leurs activités dans cette direction et la fortune de plusieurs amis de Cartier, comme les Cuvillier, s'était construite de cette façon. Cartier, issu lui-même d'une famille de marchands et patron d'un bureau spécialisé dans le droit commercial, appuya les efforts de ses semblables qui voulaient des chartes pour créer des lignes ferroviaires le long du Saint-Laurent. De 1851 à 1855, deux groupes rivaux envisagèrent l'établissement d'un chemin de fer reliant Montréal à Kingston. Cartier s'occupa des deux projets. Il fut d'abord parmi les promoteurs du Montréal et Kingston qui obtint sa charte en août 1851. Mais ce projet fut bientôt compromis par celui de Francis Hincks qui avait obtenu, en vue de l'aménagement d'une ligne principale, l'appui d'une influente maison britannique: Peto, Brassey, Jackson and Betts. Apprenant la chose, Cartier, Luther Holton, Alexander Galt et Ira Gould se hâtèrent de mettre leur entreprise sur pied en mars 1852[95]. Durant l'été suivant, cependant, Cartier passa de l'autre côté et en novembre 1852 il fut nommé administrateur intérimaire du Grand Tronc[96]. Une âpre rivalité s'établit entre les deux groupes jusqu'à ce que le gouvernement révoque la charte du Montréal et Kingston et accorde au Grand Tronc le droit d'aménager une ligne reliant Montréal et Toronto. Ce fut Cartier qui dirigea les partisans de Hincks et présenta au Parlement le projet de loi créant le Grand Tronc, au cours d'un violent débat qui dura quatre heures.

Cartier n'eut pas à regretter sa volte-face. Au lieu de n'être, selon l'expression du journal *Le Pays*, qu'un «instrument innocent», il avait opté pour la société qui avait l'appui du gouvernement, l'accès au capital britannique et les moyens de s'étendre aux marchés du Maine et jusqu'à Chicago. Le Grand Tronc, d'ailleurs, allait devenir la principale force industrielle de Montréal jusqu'aux années 1870[97]. Cartier n'attendit pas longtemps sa récompense. Dès la première réunion du conseil d'administration canadien, en juillet 1853, il était nommé avocat de la société pour tout le Québec. En 1857, l'étude de Cartier avait reçu en tout, du Grand Tronc 10 000 dollars pour frais professionnels[98]. Le contrat d'association entre Cartier et François Pominville, d'ailleurs, indiquait bien l'importance qu'avait le Grand Tronc pour leurs affaires. Il y était précisé que Cartier ne recevrait que le cinquième des profits généraux de l'étude, mais les deux tiers des bénéfices provenant du chemin de fer de Vaudreuil ainsi que du Grand Tronc et de son entreprise de construction[99]. Le Grand Tronc tenait à Londres des fonds spéciaux à la disposition de Cartier, organisait pour sa famille des voyages en Europe gratuits en envoyant directement de l'argent à sa femme[100]. Cartier, néanmoins, ne fit jamais de gros placements dans les actions ou les obligations du Grand Tronc, ce qui était sage étant donné leur faible valeur. En 1859, les obligations qu'il détenait dans la société n'avaient qu'une valeur nominale de 225 livres et à sa mort les exécuteurs testamentaires les considérèrent comme sans valeur[101].

En plus de son travail de relations publiques, Cartier jouait

Locomotives du Grand Tronc dans la campagne québécoise. (Archives photographiques Notman)

aussi le rôle d'agent politique et juridique pour le Grand Tronc. Ces fonctions ne lui donnaient guère de place dans la direction et l'administration de l'entreprise. Il n'était pas membre du tout-puissant comité des finances et, sauf lorsqu'il s'agissait de ventes ou d'achats de terrains, il n'était pas autorisé à signer au nom de la société[102]. Dès que l'entreprise fut officiellement organisée, en juillet 1853, Cartier cessa d'en être administrateur et il n'assista plus aux réunions du conseil d'administration, sauf en une occasion, en 1859. Durant les années 1850, les administrateurs canadiens du Grand Tronc, notamment Francis Hincks, John Ross et Alexander Galt, établissaient leurs politiques de concert avec ceux de Londres, puis donnaient leurs instructions à Cartier, comme en témoigne la note suivante, qui date de 1858: «L'honorable G. Cartier voudra bien rédiger un contrat en bonne et due forme conformément à nos notes écrites et dont les dispositions générales seront en tous points les mêmes que dans le contrat relatif au Québec et Richmond pour ce qui a trait à la nature du chemin de fer et à son aménagement»[103].

Pendant vingt ans donc, le bureau de Cartier s'occupa de ventes, de transferts et d'achats de terres, de litiges, de relations ouvrières, de procès et d'enquêtes pour le compte du Grand Tronc. Cartier s'était tout d'abord affairé au cours d'un voyage à Portland à régler la question du transfert de l'Atlantic and Saint Lawrence Railway[104]. Il eut ensuite à traiter une cause plus difficile qui portait sur les droits de navigation en hautes eaux entre Québec et Lévis. À cette occasion il représenta le Grand Tronc, tandis que John A. Macdonald défendait la *Saint Lawrence Dock Company* et une autre société dans laquelle le Grand Tronc avait d'importants placements[105]. La contestation des arrérages de droits seigneuriaux et la commutation des terrains du Grand Tronc furent aussi pour Cartier — et à plusieurs reprises — la source d'importants revenus. Dès le début des années 1860, le Grand Tronc, soumis à des fortes pressions, commença à faire défaut dans le paiement des dividendes et des intérêts sur ses actions et obligations. Au Canada, ceux qui avaient le plus investi dans le chemin de fer étaient le Séminaire de Montréal et la British American Land Company qui y avaient placé chacun 25 000 livres. En 1863, le Grand Tronc consolida sa dette envers le séminaire. Si le rôle de Cartier dans cette affaire reste obscur, il est sûr qu'il se mêla activement de ce règlement entre ses deux plus importants clients. La même année, son bureau servit d'intermédiaire entre le Grand Tronc et des communautés de religieuses montréalaises qui y avaient investi de leurs fonds. Enfin, en 1872, les administrateurs londoniens du Grand Tronc déléguèrent à l'étude de Cartier les pleins pouvoirs pour en venir à un règlement avec la British American Land Company[106].

Le bureau de Cartier représenta aussi le Grand Tronc à l'occasion d'enquêtes sur des accidents, des grèves et des conflits de travail. En 1857, par exemple, il défendit la société contre les accusations d'un ouvrier qui avait perdu son emploi par suite d'un accident[107]. De même, en 1864, Pominville représenta le Grand Tronc lors d'une enquête sur un autre accident survenu à Beloeil et

La cour de triage du Grand Tronc à la Pointe-Saint-Charles. (Archives publiques du Canada, C-48561)

assura Cartier qu'aucun des immigrants qui avaient été blessés ne poursuivrait le chemin de fer. La même année, Cartier lui-même intervint dans la grève des charretiers montréalais contre l'agent d'expédition du Grand Tronc[108].

De 1852 jusqu'à la Confédération, Cartier fut également le porte-parole du Grand Tronc à l'Assemblée législative. Son rôle, à ce titre, consistait notamment à contrôler les comités chargés d'étudier les questions relatives aux chemins de fer, à répondre aux demandes de publication des contrats et des listes d'actionnaires et à bloquer toute loi qui limiterait le tarif passager ou obligerait la société à construire des ponts aux passages à niveau. Presque à chaque session, Cartier s'occupa de chartes, de subventions et de règlements divers que réclamait la société. Il n'y avait pas de ministère des chemins de fer à l'époque, aussi Cartier présentait-il lui-même la plupart des projets de loi qu'il pilotait ensuite au comité des chemins de fer dont il était président[109]. À partir de 1857, le travail lui fut encore facilité du fait qu'il était leader de la Chambre.

En 1852, Hincks demanda à Cartier de présenter un projet de loi accordant au Grand Tronc la ligne Montréal-Toronto. Par ses dispositions financières libérales, ce projet est représentatif de toutes les lois relatives au Grand Tronc durant les dix années suivantes. Le financement de la ligne était assuré par la vente au Grand Tronc, sans avis public, de terrains appartenant aux sulpiciens, par la permission accordée aux corporations municipales et religieuses d'investir dans le projet et par un octroi gouvernemental de 3 000 livres par mille de voie, auquel pourraient s'ajouter des prêts de l'État[110]. Deux ans plus tard, Cartier présenta le projet de charte définitive de la société qui fusionnait six lignes ferroviaires ainsi qu'une entreprise de ponts et autorisait une garantie provinciale de 2 211 000 livres[111]. En 1856, le Grand Tronc se trouvant dans l'impossibilité de payer ses entrepreneurs, Cartier parraina une nouvelle émission d'obligations de la société, au montant de deux millions de livres, qui avait priorité sur les obligations provinciales. En programmant soigneusement la présentation du projet de loi, il obligea les promoteurs des autres sociétés ferroviaires à accorder leurs votes au gouvernement s'ils voulaient ensuite recevoir leurs propres subventions. Après la crise boursière de 1857, les actions du Grand Tronc étaient tombées à 40 pour cent de leur valeur nominale, et les obligations à 73 pour cent[112]. Malgré une forte opposition, Cartier réussit encore à faire adopter un projet de loi par lequel le gouvernement renonçait à tous intérêts sur ses investissements dans la société.

Au cours des années 1850, les politiciens purent donc faire croire que les intérêts du Grand Tronc se confondaient avec ceux du pays. À la fin de la décennie, cependant, il était devenu difficile de concilier les nécessités politiques, au Canada, avec les pressions du conseil d'administration londonien, de sorte que la situation de Cartier, qui était à la fois ministre et avocat de la société, se faisait de plus en plus délicate. En 1859, Macdonald et Cartier assistèrent, à titre de ministres, à une réunion du conseil d'administration du Grand Tronc au cours de laquelle ils approuvèrent une nouvelle émission d'obligations. Deux ans plus tard, par une fuite calculée, Cartier avertissait le courtier de la société à Londres que le gouvernement allait augmenter la subvention qu'il accordait pour le service postal[113]. Durant toute cette période, des ponctions substantielles furent effectuées sur les fonds publics à l'avantage du Grand Tronc sans la sanction du Parlement. Ainsi, de 1856 à 1861, le gouvernement accorda à la société des prêts extraordinaires de quatre millions de dollars. Le ministère des Affaires indiennes lui prêta 400 000 dollars sous la forme d'obligations de la Ville de Toronto. De plus, Cartier expliqua que deux autres prêts, l'un de 688 163 dollars et l'autre de 120 000 avaient été consentis au Grand Tronc dans des «cas d'urgence», alors que la Chambre ne siégeait pas[114]. Lorsque, par la suite, il leur devint impossible d'obtenir d'autres subventions directes de l'État, les administrateurs décidèrent de capitaliser sur les revenus qu'ils tiraient du transport de la poste et de l'armée. Thomas Baring écrivit alors à Cartier deux longues lettres de Londres pour lui donner ses instructions. Le président de la société, Edward Watkin, lui rendit visite à son bureau de Québec pour lui dire que le Grand Tronc avait besoin d'une hypothèque de 500 000 livres sur son matériel et de l'autorisation de déménager son siège social à Londres. La loi «de réorganisation» que Cartier fit adopter en 1862 allait satisfaire à la plupart des demandes de la société, et en 1867 le Grand Tronc reçut la permission d'émettre 500 000 livres d'obligations hypothécaires qui avaient priorité sur presque toutes les émissions antérieures[115].

Cartier dirigea aussi les tractations entre le Grand Tronc et la Ville de Montréal. Avant même de devenir l'avocat de la société, il avait invité le conseil municipal à acquérir des actions dans les chemins de fer, sans quoi, disait-il, Montréal passerait pour une ville «arriérée»[116]. Au milieu des années 1850, ses postes de ministre et de membre de la Commission des ports, de même que ses amis bien placés dans la magistrature, le Board of Trade et le conseil municipal, lui facilitèrent grandement les choses lorsqu'il s'agissait par exemple, de l'accès au port, des règlements concernant les passages à niveau, de l'emplacement des gares ou des subventions municipales.

Le Grand Tronc n'exerçait pas seulement, par ses activités, une forte influence sur l'emploi et le progrès économique: il constituait aussi, à Montréal, une importante force électorale. Ses ouvriers formaient alors un véritable réservoir de votes... et de gros bras. Ils constituaient même une unité officielle de la milice. En

1851, le conseil municipal, inquiet de certaines pratiques, crut devoir demander à la direction du chemin de fer et à ses entrepreneurs de ne pas avoir recours «à la violence et à la force» au cours des élections qui allaient avoir lieu[117]. Au besoin, Cartier négociait directement avec les autorités municipales. Ainsi, en 1854, il reçut à Québec la visite du maire de Montréal Wolfred Nelson, qui venait discuter des prochaines lois relatives au Grand Tronc. Les tractations se firent entre amis puisque les deux hommes avaient combattu ensemble à Saint-Denis et que Cartier venait d'appuyer Nelson aux élections à la mairie. Cartier l'assura alors que le Grand Tronc était prêt à des compromis et que lui-même verrait à faire retrancher du projet de loi tout élément litigieux. Bien plus, alors qu'il était encore maire de Montréal, Nelson, qui était médecin, fut employé par le Grand Tronc pour donner des soins aux mécaniciens[118].

Le rôle politique de Cartier consistait aussi à enrayer ce que le directeur du Grand Tronc appelait «les méfaits de la concurrence». Au Québec, il s'agissait, en pratique, d'assurer au Grand Tronc un monopole sur le port de Montréal et d'empêcher l'établissement de toute autre ligne de chemin de fer le long de la vallée de l'Outaouais ou en direction de Québec[119]. Ainsi le projet du chemin de fer de la rive nord, soutenu par des entrepreneurs de Québec, et qui devait favoriser la mise en valeur de la rive nord du fleuve et orienter vers Québec le trafic venant de l'ouest, constituait une grave menace pour le Grand Tronc, dont le terminus était à Montréal et dont la ligne vers Québec suivait la rive sud. Pendant une bonne vingtaine d'années, Joseph Cauchon et Hector Langevin, collègues de Cartier et conservateurs comme lui, défendirent âprement ce projet, se heurtant sans cesse à la puissance économique et politique du Grand Tronc. Cauchon, dans le gouvernement de Taché, fut ministre des Terres de la couronne jusqu'en 1857. C'est alors qu'il démissionna, précisément parce qu'il n'avait pas réussi à obtenir des concessions satisfaisantes pour la réalisation de son projet. De leur côté, les politiciens de la rive nord se sentaient frustrés par la collusion entre Cartier et le Grand Tronc: ils s'opposèrent à sa nomination comme secrétaire de la province en disant qu'il était bien «la dernière personne au monde» à qui on pouvait confier ce poste[120]. Hector Langevin qui avait été stagiaire dans l'étude de Cartier exprimait le même point de vue dans son journal à Québec, *Le Courrier du Canada*[121].

L'emblème du Grand Tronc. (Archives publiques du Canada, PA 46777)

Mais les politiciens au service du Grand Tronc avaient bien des moyens de bloquer la concurrence. Ils argumentèrent que l'aide financière de l'État ne devait aller qu'aux lignes principales. Ils firent traîner les travaux en comité et accusèrent la Ville de Québec de manquer d'initiative. Ils ne se gênèrent pas pour avoir recours aux mesures dilatoires et aux déclarations contradictoires. Ainsi Cartier expliqua à la Chambre que la subvention accordée au Grand Tronc en 1855 n'avait pas pour but «d'autoriser la compagnie à emprunter, mais d'autoriser le gouvernement à prêter»[122]. Les gouvernements de Taché et de Cartier, il est vrai, accordèrent aux promoteurs du chemin de fer de la rive nord d'importantes concessions forestières, mais ils s'organisèrent pour que ces mesures ne soient adoptées qu'après qu'eurent été votées les subventions destinées au Grand Tronc. De plus, grâce à ses alliés influents et à ses dettes impressionnantes, le Grand Tronc exerçait une forte influence sur les marchés de capitaux britanniques. En 1858, Cartier et deux représentants du Grand Tronc firent un voyage à Londres au cours duquel ils rencontrèrent des administrateurs de la maison Glyn and Baring et réussirent, selon certains entrepreneurs de Québec, à bloquer sur le marché de Londres tout crédit pour le chemin de fer de la rive nord. À son retour, Cartier invita d'ailleurs Langevin à rester au Canada au lieu de chercher inutilement des capitaux anglais pour son chemin de fer. Toujours est-il que le chemin de fer de la rive nord qui avait obtenu sa charte en 1853, n'avait pas encore posé un seul rail vingt ans plus tard lorsque Cartier mourut.

Conclusion

À partir de 1870, le pouvoir de Cartier fut de plus en plus ébranlé par des forces nées partiellement des réformes auxquelles il avait lui-même largement contribué dans les domaines de l'éducation, du système judiciaire, du régime de propriété et des structures politiques. Son influence s'appuyait sur le Séminaire de Montréal, le Parti conservateur et le Grand Tronc, autant d'institutions qui se trouvaient sérieusement contestées à Montréal. Les ultramontains s'en prenaient à la mainmise des sulpiciens sur les paroisses, exploitaient le nationalisme et semaient la division chez les conservateurs. Les rouges, assagis par le temps, conscients de la nécessité de se faire des alliés dans le clergé et la minorité anglophone, et devenus en conséquence pragmatistes et libéraux, présentaient un autre danger. Le Grand Tronc, qui pendant toute une génération avait exercé, dans son domaine, une hégémonie incontestable, avait désormais à faire face aux grands capitalistes du chemin de fer du Pacifique. Le groupe social dont faisait partie Cartier perdait son homogénéité à mesure que se développaient le commerce et les carrières libérales en réponse aux nouveaux besoins de la ville en matière d'industrie et de transport. Enfin, Cartier se voyait menacé même dans son vieux «fief» de Montréal: les usines et les quartiers ouvriers se multipliaient le long du canal de Lachine et dans l'Est; les sulpiciens avaient construit leur nouveau séminaire rue Sherbrooke, presque à la campagne; la gare du Grand Tronc était située dans l'ouest de la ville, l'église des Irlandais au sommet de la côte du Beaver Hall, et le nouveau cimetière sur les pentes lointaines de la montagne.

La question des écoles catholiques du Nouveau-Brunswick, l'exécution de Thomas Scott dans le Nord-Ouest, l'affaire Riel et l'émigration des Québécois posaient de graves problèmes à un politicien comme Cartier qui s'était toujours présenté comme le défenseur de l'expansion vers l'Ouest, de l'harmonie entre les groupes ethniques et de la confédération [1]. La circonscription qu'il représentait, celle de Montréal-Est, était essentiellement ouvrière, de plus en plus française et catholique, soumise à de fortes tensions découlant de l'industrialisation et particulièrement vulnérable à toute démagogie de caractère ethnique ou religieux. Pour la garder, il aurait fallu beaucoup de vigilance, une main sûre et une bonne organisation de parti. Or Cartier était devenu négligent et autoritaire. De plus, ses responsabilités politiques, sa nouvelle propriété de campagne et la maladie qui devait finalement l'emporter absorbaient le plus clair de son temps. Comme chef du Parti conservateur pour le Québec, il contrôlait le «patronage» dans l'ensemble de la province; occupant rarement son siège à l'Assemblée, il gardait néanmoins une forte influence sur le gouvernement de Chauveau. En 1865 et 1866 il passa plusieurs mois à Londres pour participer aux conférences sur la confédération. En 1867 il alla défendre la cause des sulpiciens à Rome. En 1869 il passa encore cinq mois en Angleterre pour négocier l'acquisition des Territoires du Nord-Ouest par l'État canadien. La même année il présentait au Parlement son projet de loi sur la milice, qui contenait plus d'une centaine d'articles. La révolte des métis vint encore alourdir sa tâche et il lui fallut diriger le débat sur la loi du Manitoba. De plus, en l'absence de Macdonald, notamment lorsque celui-ci eut à négocier le Traité de Washington, Cartier agit comme leader du gouvernement à la Chambre.

Pendant des dizaines d'années l'évêque de Montréal, Mgr Bourget, avait été en conflit avec les sulpiciens et, bien entendu, leur

Mgr Ignace Bourget, adversaire de Cartier. (Archives publiques du Canada, C-29244, avec la permission de Mercury Publishing Co.)

avocat était Cartier. Comme on l'a vu, au cours des années 1870 la querelle aboutit à la remontée en force des ultramontains. Stimulés par la publication de la doctrine de l'infaillibilité du pape ainsi que par le retour des zouaves pontificaux, les ultramontains réclamaient une plus forte participation de l'Église aux affaires de l'État. En avril 1871, ils publièrent leur *Programme catholique* qui constituait une véritable déclaration de guerre contre les pragmatistes comme Cartier et leurs alliés, les gallicans. La transcription de questions morales et religieuses, dans un programme politique formel auquel devaient souscrire les candidats, eut des répercussions évidentes pour Cartier qui devait se présenter aux élections provinciales en 1871, et à d'autres, fédérales, l'année suivante. L'hostilité des curés de la région l'empêcha de se présenter dans la circonscription de

Laprairie. Et dans Beauharnois où il fut finalement candidat il fut soumis à de fortes pressions pour qu'il endossât le *Programme catholique*[2].

Les «programmistes» demandaient la révision des lois concernant le mariage, l'éducation, la création de paroisses et la tenue des registres publics. En 1872, le journal ultramontain *Le Nouveau Monde* publiait presque chaque jour des articles invitant les députés catholiques à faire leur devoir et à suivre la voix de leur conscience. Le journal rappelait à ses lecteurs que «l'État est subordonné à l'Église et qu'il n'est pas permis à un peuple d'avoir des lois contraires aux lois de l'Église»[3]. Dans une déclaration publique qui ne manquait pas de vigueur, Mgr Bourget incita la population à choisir, aux élections fédérales, «des hommes fermement convaincus qu'ils doivent (...) reconnaître Dieu et se soumettre à lui»[4]. De son côté, *Le Nouveau Monde*, peu avant les élections de 1872, exprimait le mépris dans lequel les ultramontains tenaient Cartier: «Quand nous nous rappelons la longue carrière politique de sir George-Étienne Cartier, le rôle important qu'il a joué depuis bientôt vingt ans, l'influence qu'il a exercée sur nos destinées, nous regrettons d'envisager la triste fin vers laquelle il s'obstine à courir. Si, fidèle au drapeau du Parti conservateur, il eût marché droit dans la voie droite, s'il eût adhéré jusqu'au bout aux principes de la nationalité française et du catholicisme dont il s'était constitué le champion, il aurait pu continuer(...) à conduire les affaires du pays(...). Mais depuis dix ans, il était engagé dans les luttes dangereuses contre l'autorité épiscopale(...). Il a préféré nous sacrifier, nous catholiques, nous Canadiens, à la popularité de Sir John; il a été entraîné par l'appât du pouvoir»[5].

La situation politique de Cartier continua de se détériorer à la fin de 1871 avec la formation du Parti national qui, comme les rouges auparavant, prônait une réforme libérale dans le domaine judiciaire, un gouvernement moins coûteux et plus efficace et un certain accroissement de la participation populaire en politique. Cependant, contrairement aux rouges, le Parti national n'avait rien dans son programme qui fût de nature à lui aliéner l'Église. Les changements qu'il préconisait dans le domaine de l'éducation, par exemple, de même que le rapatriement des émigrés avaient toujours eu l'appui des ultramontains. Le nouveau parti créa un journal, *Le*

National, dont le premier numéro soulignait le rôle de la religion au Canada français. Adoptant un point de vue que Wilfrid Laurier allait légitimer cinq ans plus tard, *Le National* faisait une nette distinction entre le libéralisme religieux et le libéralisme politique, ce dernier reconnaissant que la religion était à la base même de la société[6].

Pour s'opposer à Cartier dans Montréal-Est, le Parti national choisit Louis-Amable Jetté, un fils de commerçant, qui avait été admis au Barreau en 1857. Bien après sa victoire de 1872 et son passage au Parlement, Jetté devait devenir membre de la cour chargée de régler la question de la frontière de l'Alaska, puis lieutenant-gouverneur en 1898 et finalement juge en chef du Québec de 1909 à 1911. Sa démission de l'Institut canadien, en 1858, et sa nomination comme rédacteur en chef de *L'Ordre* avaient confirmé sa réputation de libéral modéré. Au cours de sa campagne électorale, Jetté reprit dans une large mesure les thèmes et la stratégie dont s'étaient servis Cartier et La Fontaine auparavant. Pour attirer les ultramontains et les nationalistes, il dénonça l'attitude de Cartier face aux écoles du Nouveau-Brunswick. Sa défense de l'Église dans l'affaire Guibord contribua aussi à lui valoir l'appui des milieux cléricaux. Alors que ses adversaires exigeaient que le gouvernement fédéral désavoue la loi du Nouveau-Brunswick, Cartier en était réduit à exprimer sa sympathie pour les catholiques de l'extérieur du Québec et à expliquer que «la loi est dure, mais c'est la loi»[7]. Pour gagner le soutien des milieux d'affaires, Jetté exploita à fond les contradictions de la politique de Cartier dans le domaine économique et dans celui des chemins de fer. Il parlait bien l'anglais et était parfaitement en mesure de se rallier les éléments que Cartier avait déçus par son affiliation au Grand Tronc. Enfin, les partisans de Jetté se plurent à souligner l'écart qui séparait Cartier de la classe ouvrière et, grâce à l'efficacité de leur organisation, ils s'assurèrent le contrôle de la rue le jour de l'élection.

Pour Cartier, le coup fatal fut le débat sur le Canadien Pacifique et l'affrontement avec Hugh Allan au printemps de 1872. Cartier, comme on l'a vu, avait joué un rôle important dans l'établissement de la fédération, l'acquisition du Nord-Ouest et l'adhésion de la Colombie-Britannique. Dans chaque cas, son argumentation reposait sur la nécessité de l'expansion économique, d'un État transcontinental et d'un chemin de fer qui traverserait le territoire canadien jusqu'au Pacifique. En juin 1870, Cartier rencontra, à titre de premier ministre suppléant, une délégation de la Colombie-Britannique. Il s'engagea alors à établir, dans les dix ans, une ligne ferroviaire jusqu'au Pacifique. Il réussit ensuite à faire accepter cette entente par le caucus de son parti[8].

En 1872, les groupes rivaux de Montréal et de Toronto n'étaient toujours pas parvenus à un accord et Hugh Allan, principal promoteur montréalais, refusait toujours de se départir de ses appuis américains. Cependant il n'était plus possible aux conservateurs de retarder l'établissement d'une compagnie de chemin de fer vers le Pacifique.

Les démarches d'Allan et les pressions qu'il exerçait sur Cartier s'inscrivaient dans le cadre d'un vaste conflit entre la Montreal Ocean Steamship Company qui lui appartenait et le Grand Tronc. Les deux sociétés avaient été liées par un accord de 1859 à 1869, mais Allan craignait que le Grand Tronc obtînt un monopole sur le commerce avec l'Ouest et un contrôle sur les tarifs. De son côté, le Grand Tronc, qui avait envisagé la possibilité d'établir sa propre ligne vers le Pacifique, restait branché sur le réseau américain et refusait d'investir dans l'entreprise d'Allan[9].

Sa force reposant sur deux institutions vénérables de l'ouest de la ville, Cartier était particulièrement vulnérable aux attaques des partisans d'Allan. Ce dernier put exploiter le gallicanisme de son adversaire, son manque d'attaches avec la population ouvrière de sa circonscription et sa servilité envers le Grand Tronc. Il eut recours aux services des jeunes francophones qui en voulaient à la clique de Cartier et il prit soin de subventionner *La Minerve*, la *Montreal Gazette* et d'autres journaux qui défendaient ses intérêts dans les chemins de fer. Ces publications soulignèrent avec insistance que le terminus projeté par Allan dans l'Est, en plus d'être une source d'emplois, augmenterait la valeur des propriétés. Par ces moyens, Allan estimait lui-même qu'il s'était rallié vingt-sept des quarante-cinq députés francophones du groupe de Cartier[10]. En avril 1872 puis de nouveau en juin de la même année, d'importantes délégations de politiciens et d'hommes d'affaires de Montréal rendirent visite à Cartier pour lui demander d'être plus généreux envers le che-

Hugh Allan, l'un des plus importants capitalistes montréalais du 19e siècle. (Archives publiques du Canada, C-26668)

min de fer d'Allan et de lui obtenir une importante subvention municipale.

Pour faire pression sur Cartier, Allan tira aussi parti des querelles religieuses qui divisaient Montréal. Nombre d'hommes d'affaires, d'avocats et de journalistes francophones dont il avait retenu les services ou qu'il avait nommés au conseil d'administration de son entreprise étaient des ultramontains reconnus, alliés de Mgr Bourget. Ainsi Joseph-Édouard-Lefebvre de Bellefeuille, qui était secrétaire de plusieurs sociétés appartenant à Allan, était un pamphlétaire ultramontain, secrétaire des zouaves pontificaux. Joseph Cauchon, ultramontain de Québec, promoteur du chemin de fer de la rive nord et adversaire de Cartier, siégea quelque temps au conseil d'administration du chemin de fer du Pacifique. Les liaisons entre Allan et l'évêché étaient assurées par le curé Antoine Labelle de Saint-Jérôme, défenseur acharné de la colonisation, qui faisait à l'occasion du lobbying à Québec pour le compte de Mgr Bourget. Allan cultivait soigneusement ses relations avec le curé qui, en retour, qualifiait l'entrepreneur de «nouvel Hercule»[11]. Mgr Bourget, pour sa part, relevait le curé Labelle de ses tâches paroissiales afin de lui permettre de faire des démarches en vue d'obtenir des subventions municipales pour le chemin de fer d'Allan. De son côté, *Le Nouveau Monde* appuyait les efforts d'Allan pour obtenir le dragage du fleuve, la construction d'un nouveau pont sur le Saint-Laurent et plus particulièrement la construction chemin de fer du Pacifique[12].

Allan collaborait avec les adversaires de Cartier, bourgeois, nationalistes et ultramontains, allant jusqu'à les subventionner; il exploitait par ailleurs les aspirations régionales et le mouvement de colonisation, participant à l'aménagement de plusieurs chemins de fer qui entraient en concurrence directe avec le Grand Tronc et qui auraient pu éventuellement être intégrés au réseau du Pacifique. C'était le cas notamment du Canada Central, de l'Ontario et Québec et du chemin de fer de la rive nord dont la popularité, à l'échelon local, leur valait d'importantes subventions municipales et provinciales. Enfin, Allan était président du chemin de fer de colonisation de Montréal qui, en avril 1872, obtint une subvention municipale d'un million de dollars en promettant du bois de chauffage bon marché, des emplois, une aide à la colonisation et un terminus dans l'est de la ville[13].

Pour se défendre, Cartier n'avait qu'une étroite marge de manoeuvre. Pour contrebalancer l'influence de Mgr Bourget et des ultramontains, il se tourna vers les évêques plus libéraux et s'efforça de tirer parti de l'alliance traditionnelle des bleus et du clergé. À l'encontre de Mgr Bourget qui condamnait l'attitude de Cartier face aux écoles du Nouveau-Brunswick, l'archevêque de Québec, Mgr Taschereau, plus souple, affirmait que tout catholique était libre de choisir les moyens qui lui semblaient les meilleurs pour améliorer le sort des minorités catholiques. Mais si Cartier et ses partisans conservaient l'appui d'une bonne partie du clergé paroissial, l'attitude du haut clergé demeurait mitigée. L'évêque de Saint-Hyacinthe, Mgr Larocque, faisait preuve d'une neutralité bienveillante à l'égard de Mgr Bourget. Quant aux évêques d'Ottawa, Mgr Guigues, et de Rimouski, Mgr Langevin, ils restèrent neutres[14].

Il était difficile aussi pour Cartier de réfuter les accusations de Jetté qui lui reprochait d'avoir en quelque sorte trahi le Parti conservateur de même que les intérêts de sa circonscription par sa collusion avec le Grand Tronc. De plus, le mal de Bright, qui s'attaquait déjà à ses reins et à ses jambes, le minait. Aux élections fédérales de 1872, Cartier, pendant tout le début de la campagne, fut retenu à Ottawa par les débats sur le traité de Washington, les écoles du Nouveau-Brunswick et la charte du chemin de fer du Pacifique. Il lui fallut donc laisser l'organisation et le financement de sa campagne à quatre hommes d'affaires de sa circonscription: Henry Starnes, ancien maire et directeur de l'Ontario Bank, Peter Murphy, marchand, Jean-Louis Beaudry, président de la Banque du peuple et Victor Hudon, fabricant de textiles.

Durant les dernières semaines de la campagne — c'est-à-dire trop tard pour lui éviter la défaite — Cartier céda aux pressions. Au début de juin, semble-t-il, il accepta les conditions du groupe d'Allan pour accorder une charte à son chemin de fer du Pacifique. Allan écrivit alors à ses associés américains qu'il avait la garantie de Cartier et il souscrivit peu après une somme de 85 000 dollars à la caisse électorale de ce dernier, ce qui faisait partie d'une contribution globale de 162 000 dollars qu'il versait au Parti conservateur[15]. Cartier se réconcilia aussi — à la dernière heure — avec Mgr Bourget qui, se méfiant toujours des rouges et de Jetté, lui rendit visite chez lui une semaine avant l'élection. Mais ce soutien tardif de la part de l'évêque et d'Allan ne suffisait pas à arrêter la détérioration qu'avait connue depuis un an l'organisation de Cartier. Celui-ci vit ses votes tomber de 54% en 1867 à 38% en 1872. Il n'obtint la majorité dans aucun des trente-neuf bureaux de scrutin de sa circonscription et il ne recueillit en tout que 2 007 voix, contre les 3 264 de son adversaire[16].

À huit heures et demie le jour de l'élection, le 28 août, Cartier arrive à son quartier général dans l'ancienne demeure familiale de la rue Notre-Dame qu'il louait désormais. Il passa la journée allongé sur un divan, se levant de temps à autre pour travailler et conférer avec ses organisateurs. À dix heures du soir, la défaite étant certaine, il remercia ses partisans qui s'étaient rassemblés dans la rue puis retourna à ses dossiers sur l'expédition de la rivière Rouge. À deux heures du matin, il quitta les lieux en compagnie de François Pominville. L'évêque Taché s'arrangea alors pour le faire élire promptement et par acclamation dans la circonscription de Provencher, au Manitoba, mais sa carrière était finie. Sa santé se détériorait rapidement. Il passa ses dernières semaines au Canada dans son domaine de Limoilou avant de partir pour l'Angleterre, à la fin septembre[17].

Les réactions ne tardèrent pas. John A. Macdonald estimait que Cartier avait été l'artisan de sa propre défaite par son «obstination» et par sa maladresse dans la question des chemins de fer. Arthur Dansereau, directeur de *La Minerve*, lui reprocha d'avoir négligé la jeunesse du parti et d'avoir perdu son ascendant sur les Irlandais et les débardeurs[18]. D'autres expliquèrent la défaite de Cartier par la «trahison» et y virent la victoire des annexionnistes, des rouges ou des fanatiques du *Nouveau Monde*[19]. Le clergé exprima rapidement sa sympathie. Mgr Bourget rendit de nouveau visite à Cartier, tandis que l'évêque d'Ottawa, manifestant son indignation, prédit que les Montréalais regretteraient «cet acte d'injustice et d'ingratitude.» L'évêque de Saint-Hyacinthe, Mgr Larocque, décrivit Cartier comme «une victime»[20]. Une centaine de prêtres de l'archidiocèse de Québec envoyèrent à Cartier des messages de sympathie. Celui-ci, malade et léthargique, ne fournit pas d'explications de sa défaite, se bornant à rappeler que la force du Parti conservateur tenait à son alliance avec le clergé: «Le grand Parti conservateur de la province de Québec doit ses succès passés à son union avec les membres du clergé de toutes les dénominations et ses succès futurs devront dépendre de cette union»[21].

Le 28 septembre, Cartier partit de Québec sur un des navires d'Allan: le *Prussian*. L'atmosphère, à bord, était lourde. On savait que Cartier était condamné. Durant la campagne électorale il se fatiguait vite, ses jambes étaient si enflées qu'il ne put assister qu'à deux assemblées publiques et avait dû parler assis. Macdonald avait averti le gouverneur général que Cartier était atteint d'une maladie

Cartier à la fin de sa vie, 1871. (Archives publiques du Canada, PA 25472)

«incurable» qui ne lui laissait pas plus d'un an à vivre. Certains de ses collègues, frappés par son apparence, lui donnaient à peine six mois[22].

Le mal de Bright, dont souffrait Cartier, était considéré dans les ouvrages médicaux de l'époque comme une maladie «incurable» dont on pouvait cependant «retarder» l'issue fatale[23]. La première manifestation que Cartier en ressent en 1871 est une enflure des pieds et des chevilles après tout effort prolongé. Par la suite, les émissions d'urine atteignent jusqu'à un gallon par nuit et s'accompagnent fréquemment d'incontinence nocturne, de maux de tête et de divers troubles nerveux. On observe ensuite une enflure des mains, des reins et de la figure. Les convulsions et le coma marquent la dernière phase. Le traitement consistait essentiellement en des saignées et le repos au lit. On recommandait aussi les climats chauds. Le médecin qui soignait Cartier à Londres, sir George Johnson, spécialiste du mal de Bright et professeur au King's College Hospital, était un adepte fervent du régime lacté et des traitements à l'air chaud qui consistaient à envelopper le patient de couvertures de flanelle sous lesquelles on insufflait de l'air chaud[24]. On complétait cette cure par de fortes doses de digitaline qui contribuaient à atténuer l'inflammation des reins.

Cartier passa ses derniers mois au Westminster Palace Hotel puis dans un appartement au 47 Wilbeck Street sur Cavendish Square. Il occupait ses journées à dépouiller son courrier du Canada et à conférer avec les représentants du Colonial Office. Le soir, il retrouvait ses amis de la colonie canadienne. Sa femme et ses filles, qui vivaient déjà en Europe étaient arrivées à Londres un mois avant lui. Luce Cuvillier s'y trouvait aussi. Ses rapports avec Mme Cartier demeurant tendus, ses deux filles se relayaient pour accompagner tantôt leur père tantôt leur mère dans des promenades à pied ou en voiture. Toutes deux, d'ailleurs, exprimaient dans leur journal l'atmosphère pénible qui régnait dans la famille, la détérioration de l'état de leur père («notre malheureux vieux») et les pressions continuelles de leurs parents les poussant au mariage. La période de Noël fut particulièrement triste: «un joyeux Noël dans la solitude, la bonne humeur de dogue et sans cadeaux autres que ceux que nous nous faisons nous-mêmes»[25].

Au printemps de 1873 Cartier décida d'organiser son retour au Canada, malgré la vive inquiétude de ses filles qui craignaient de le voir trépasser au milieu de l'océan. Il écrivit à son propriétaire à Ottawa qu'il serait au Canada à la fin d'avril et dans les lettres hebdomadaires qu'il envoyait à Macdonald, il annonçait qu'il prendrait le bateau le 15, le 22 ou le 29 mai[26]. Au cours de la troisième semaine de mai cependant, son état s'aggrava brusquement. Il était de plus en plus sujet à la fatigue, aux maux d'estomac et de poitrine ainsi qu'aux inflammations intestinales. Alité, il se leva pour la dernière fois une semaine avant sa mort. Quatre jours plus tard, trop faible pour écrire, il dicta son ultime lettre à Macdonald. Il mourut à six heures du matin, le mardi 20 mai. «Cette nuit, écrivait sa fille, il a dormi, ce qui n'arrivait pas souvent depuis quelque temps. Vers l'aurore, Maman, qui était restée à son chevet toute la nuit, a quitté

La chambre dans laquelle Cartier est mort. (Archives publiques du Canada, C-21426)

la chambre quelques instants avec certains des domestiques. À son retour, un changement s'était produit et elle donna l'alarme. On fit venir les médecins et les religieux et tout fut terminé en une vingtaine de minutes. Il reprit quelques forces et nous dit lui-même qu'il était en train de mourir»[27].

John Rose fit célébrer un service funèbre à la chapelle de la paroisse française de Londres et choisit un embaumeur «de grande habileté et réputation» qui lui garantit que la dépouille «arriverait au Canada dans l'état souhaité par ses amis»[28]. Le 29 mai, le cercueil, hermétiquement scellé, quitta le port de Liverpool à bord du *Prussian*.

Onze jours plus tard, le navire arrivait au large de Québec où le corps de Cartier fut transféré sur un bâtiment du gouvernement, le *Druid*, et placé dans un autre cercueil fait de chêne poli et muni de poignées de laiton sur lequel étaient déposées trois couronnes mortuaires. L'une portait l'inscription «à mon mari», une autre, «à mon père» et la troisième, offerte par le valet de Cartier, «à mon maître et ami»[29]. Après une messe des morts célébrée par le grand vicaire Cazeau, le public fut invité à venir à bord rendre hommage à la dépouille. Dans la soirée, le cercueil, salué par un coup de canon à chaque minute et par deux fanfares, fut transporté à la basilique où l'archevêque Taschereau chanta le Requiem. Le lendemain, avec à son bord la belle-mère de Cartier ainsi que son frère Antoine-Côme, le *Druid* partit pour Trois-Rivières où le cercueil fut exposé à la cathédrale durant une autre messe. Tandis que le navire passait devant Sorel, Berthier et le domaine de Cartier à Longue-Pointe, les drapeaux furent mis en berne et les cloches des églises sonnèrent le glas. La femme du gouverneur général, qui se trouvait sur un autre bâtiment et croisa alors le *Druid*, décrivit ainsi la scène: «Nous étions en train de prendre le thé lorsque nous avons entendu de la musique: la Marche funèbre. En regardant dehors nous avons vu passer lentement dans la nuit le navire qui transportait le corps de sir George Cartier. Ce fut un moment émouvant. La chapelle du navire était tout éclairée et aux cloches qui sonnaient en mer répondaient d'autres cloches, sur la rive»[30].

À Montréal, le cercueil fut exposé pendant deux jours dans la bibliothèque des avocats, au palais de justice. À 8h30, le vendredi 13 juillet, il fut placé sur un corbillard spécialement construit pour l'occasion, au coût de 2 000 dollars. La voiture, de style gothique et qui mesurait près de 7 mètres de haut, était couverte de soie noire et décorée à l'avant et à l'arrière des armoiries de Cartier. Huit chevaux la tiraient, montés par des grooms en cape noire. Le convoi suivit un long parcours circulaire, du Palais de justice à l'église Notre-Dame, en empruntant les rues Bonsecours, Saint-Denis, Sainte-Catherine et Saint-Laurent. De 50 000 à 100 000 personnes, selon les estimations, s'étaient massées le long du parcours. Beaucoup portaient, en signe de deuil, des rubans d'argent et la photographie de Cartier sur un macaron. Les maisons et les édifices publics étaient décorés pour l'occasion, en particulier le couvent des soeurs de Notre-Dame, la maison de Louis Sénécal, le Bureau de poste et l'Hôtel de ville. Le corbillard était précédé de troupes d'infanterie, de la milice, de représentants des artisans et de l'Institut littéraire, de fonctionnaires, de maires, des membres du Board of Trade ainsi que de la Commission du port et de la Commission du blé, et, pour terminer, de délégués des sociétés nationales. On remarquait la présence de l'English Workingmen's Society, de la Saint Bridget's Temperance Society, de l'Irish Benevolent Society, de l'Association des tailleurs de pierre, de la First Cavalry Troop, des pompiers et des élèves officiers du Montreal High School. Les cordons du poêle étaient tenus notamment par le lieutenant-gouverneur Howland de l'Ontario, le juge Louis Sicotte, A.-A., Dorion, sir Francis Hincks et sir Alexander Galt. John A. Macdonald assista au service, de même que tous ses ministres à l'exception de deux. Mme Cartier et ses filles étant restées à Londres, c'est le frère de Cartier, Antoine-Côme, qui représenta la famille à titre de plus proche parent[31].

À l'église Notre-Dame le cercueil fut placé sur un catafalque de 4,30 m de haut, entouré de 500 bougies et au-dessus duquel se dressait une tour à trois étages, haute de plus de 12 mètres et surmontée de quatre bustes de Cartier et d'une croix dorée. L'église était tendue de voiles violets et sur le mur opposé au catafalque s'étendait une bannière de soie bleue constellée de larmes d'argent et surmontée d'un castor entouré de feuilles d'érables. Dans son testament, Cartier avait demandé que la messe soit chantée par le supérieur des sulpiciens, M. Bayle. Mais Mgr Bourget, qui avait la mémoire longue, insista pour que le service fût célébré par le beau-frère ultramontain de Cartier, Mgr Fabre[32]. M. Bayle accueillit quand même la dépouille à l'entrée de l'église et la chorale des sulpiciens, composée de 300 jeunes garçons, participa à la cérémonie.

En se rendant au cimetière de la Côte des Neiges, le cortège s'arrêta un instant devant le domicile du juge Berthelot, ancien associé de Cartier, sur la Côte du Beaver Hall. Au cimetière, la cérémonie fut brève, Mgr Bourget n'ayant permis à aucun religieux de prononcer d'oraison funèbre. Les personnalités civiles, comme Macdonald et Chauveau, suivirent l'exemple et ne prirent pas la parole. À cinq heures de l'après-midi, les calèches et les carosses ramenaient tous les dignitaires à Montréal, au pied de la montagne.

* * *

Les origines de Cartier, son mode de vie, ses ambitions sociales, ses principes politiques et ses intérêts professionnels, font de lui un bourgeois montréalais typique du milieu du 19e siècle. Il assista durant son enfance à la crise agricole qui marqua le Bas-Canada, à l'effondrement de la fortune familiale fondée sur le commerce des céréales et à la faillite de son père. Sa décision de se faire avocat à Montréal ne rompit pas ses liens avec les milieux commerçants. La famille de sa femme l'aida grandement au début de sa carrière. Par la suite il eut de graves différends avec les Fabre allant jusqu'à les «maudire» dans son testament après les avoir trompés au lit. À sa mort, cependant, la famille et les conventions reprirent leurs droits. La belle-mère de Cartier accompagna son cercueil de Québec à Montréal et son beau-frère, tout ultramontain qu'il fût, célébra sa messe funèbre.

L'écart entre les classes sociales, à Montréal, était élargi par les institutions et par les divisions géographiques. Cartier, qui prétendait représenter le Canada français, n'avait en fait que peu de rapports avec les couches inférieures de la société, si l'on excepte ses domestiques et ses employés. Comme ses quatre frères, il fit ses études au Collège de Montréal où, logé et formé par un corps d'élite d'enseignants français, il partagea avec ses condisciples non seulement la classe et le dortoir mais aussi l'idéologie. Au cours de sa carrière, Cartier continua de vivre dans cet isolement social, habitant et travaillant au coeur de Montréal, parmi les hommes d'affaires, les avocats et autres membres des professions libérales. Le cercle de ses amis se composait de politiciens locaux, de commerçants et de spéculateurs. Son bureau, son domicile, ses immeubles et même son église paroissiale se situaient dans un quadrilatère d'une quinzaine de rues[33]. La librairie de Fabre était en face de son bureau. Une de ses maisons était attenante à celle de Papineau, une autre à un immeuble appartenant à Molson. Pendant de longues années, Cartier habita à l'Hôtel Rasco, où se trouvaient aussi les bureaux du major qui était chargé des relations entre la garnison britannique et la population civile. Il n'eut donc qu'à descendre un escalier pour

Le cortège funèbre de Cartier. (Archives publiques du Canada, C-29693)

négocier avec celui-ci la location de son immeuble de la rue Saint-Paul comme hôpital militaire. Il faut dire que même les sociétés «nationales», comme la Saint-Jean-Baptiste dont Cartier était membre, constituaient en fait des milieux fermés[34].

Cet isolement, par ailleurs, était de nature géographique et sociale plutôt qu'ethnique. Cartier s'entendait fort bien avec ses collègues de langue anglaise comme Lewis Drummond, John Rose et même son adversaire George Brown. Alexander Galt le chargea de négocier certains de ses emprunts personnels[35]. On a vu aussi qu'à partir de 1853 Cartier se mit à tenir ses comptes en anglais et que tout en conservant un accent, il apprit à s'exprimer de plus en plus facilement dans cette langue. Sa conscience de la puissance politique de la minorité anglophone à Montréal l'amena à faire d'importantes concessions dans le domaine des lois scolaires et dans les conditions de la confédération.

Comme la plupart des bourgeois, Cartier sut s'adapter au capitalisme du 19e siècle. Fortement attaché à Montréal où il vécut quarante-huit ans, au milieu des faillites, des grèves et de la violence populaire, il n'en connut pas moins une existence quelque peu nomade: à partir de l'âge de dix ans il vécut au pensionnat, puis dans des hôtels jusqu'à son mariage à trente-trois ans. Par la suite il ne cessa de faire la navette entre Québec, Ottawa et Toronto, évoluant à l'aise dans le monde masculin, extra-familial et inter-ethnique de la politique canadienne. Comme avocat, il délaissa la pratique générale pour se spécialiser dans le droit commercial et eut pour clients le gouvernement français, diverses sociétés ferroviaires, des entreprises minières, des sociétés d'assurance et la plus importante communauté religieuse de Montréal. Ses investissements fonciers lui rapportèrent d'imposants revenus qui s'ajoutaient à ceux qu'il tirait de son bureau et de ses activités politiques. À partir de 1860 il se mit à placer ses capitaux dans des actions bancaires, et à moindre échelle dans des valeurs industrielles.

Issu d'une famille marchande depuis quatre générations, il avait l'habitude des vastes maisons, des domestiques et de l'argenterie fine, et s'adapta facilement à la vie montréalaise, aux pianos, aux restaurants italiens et aux wagons-salons privés. Sa situation financière lui permit d'avoir une maison somptueuse, une bibliothèque bien fournie, une bonne cave et des domestiques qui le libéraient des préoccupations quotidiennes. Ses propriétés étaient entretenues et administrées par son associé qui lui servait aussi de conseiller financier. Luce Cuvillier, pour sa part, s'occupait du domaine de Longue-Pointe. Des stagiaires et des employés prenaient soin de ses affaires professionnelles et politiques. Vers la fin de sa vie, Cartier se sentit de plus en plus attiré par les institutions et le mode de vie britanniques. Il aurait même souhaité pouvoir vivre à Londres.

Cartier commença sa carrière politique comme député d'une circonscription rurale, celle de Verchères, que son grand-père avait déjà représentée et où se trouvaient le domaine familial et la tombe de ses parents. Il y fut facilement réélu entre 1848 et 1857. Tout en continuant d'afficher un culte pour le Québec rural, Cartier, en fait, était avant tout un citadin: sa profession, ses amis et ses principes en témoignent. Il lui fut cependant difficile de se faire élire en ville. À Montréal, il fut défait en 1857 et en 1872, et élu en 1861, 1863 et 1867. Ses querelles incessantes avec les gallicans, son opposition farouche aux projets de chemins de fer qui auraient un terminus dans l'est de la ville, contribuèrent fortement à le rendre vulnérable. Dès la fin des années 1850, ses lourdes responsabilités de procureur général, premier ministre, ministre de la Milice et négociateur à Londres le forçaient à s'absenter fréquemment de sa circonscription et, en conséquence, à compter sur les forces traditionnelles de l'Église, du parti, des patrons et du favoritisme.

Au début de sa carrière, Cartier se mit souvent au service de ses aînés. Il écrivit des chants patriotiques, fut secrétaire de comités de patriotes, transporta des munitions à Saint-Denis en 1837, organisa des campagnes électorales. Durant les années 1850, il hérita de l'associé, des clients et de la renommée de La Fontaine. Cartier contribua largement à fournir à la bourgeoisie montréalaise les instruments politiques dont elle avait besoin pour effectuer une véritable révolution dans le domaine des transports. De même il joua un rôle primordial dans la rationalisation, la centralisation et la bureaucratisation des structures politiques, sociales et judiciaires. Son comportement personnel aussi bien que ses actes politiques, comme la formation de la milice, illustrent son souci de discipliner la classe ouvrière. En effet, l'urbanisation et l'industrialisation, qui s'accompagnaient de diverses mesures de contrôle social, entraînaient un mécontentement populaire qui se manifestait de façon désorganisée mais persistante. Le choix de la capitale, l'organisation des impôts et des services administratifs, de même que la Guerre des Éteignoirs, les révoltes, les grèves et les émeutes indiquent l'ampleur des conflits de classes à l'époque. La part que prit Cartier dans la transformation de l'enseignement élémentaire, l'établissement de palais de justice, de prisons et de postes de police, la réglementation des registres paroissiaux, l'essor des caisses d'épargne et la neutralisation des sociétés nationales, montrent bien l'importance qu'il accordait aux contrôles sociaux. Il dota la Société Saint-Jean-Baptiste de structures calquées sur celles des légions romaines et il encouragea des entreprises comme le Grand Tronc à regrouper leurs ouvriers dans des unités de la milice. Sa loi de 1868 sur la milice conférait aux autorités militaires le droit de procéder à des perquisitions arbitraires et d'imposer le service militaire[36].

Cartier, qui fut sans doute l'homme politique québécois le plus important de 1850 à 1870, joua le rôle traditionnel des membres des élites coloniales: celui de médiateur entre sa société et le monde extérieur. Cette fonction prenait une importance particulière dans la région de Montréal où coexistaient d'une part: un régime de propriété pré-industriel, une Église catholique solidement établie, des structures sociales et judiciaires du 18e siècle; et d'autre part un vaste prolétariat rural et urbain. Grâce à leur force politique, Cartier et ses alliés étaient en mesure de transformer rapidement une société marquée par des structures de l'ancien Régime. Ils réussirent à imposer la tenure libre, un code civil nouveau, un système fédéral et l'enseignement universel. De plus, ils surent légitimer ces réformes fondamentales aux yeux d'une population souvent hostile à de telles transformations[37].

Malgré la confusion politique qui marque en apparence la période de l'Union, cette instauration de l'ordre bourgeois fut accomplie de façon systématique. Pour effectuer la révision du code civil, il fallait au préalable abolir la tenure seigneuriale. De même, Cartier tenait à ce que la réforme juridique se fasse avant la confédération. On note chez lui un souci d'intégrer et de coordonner les institutions et les structures administratives. L'instauration de la bureaucratie dans le domaine judiciaire et dans celui de l'enseignement, par ailleurs, exigeait l'amélioration des modes de transport. Quant aux municipalités et aux congrégations religieuses, qui jouissaient d'un nouveau statut civil, elles furent autorisées à faire des emprunts à des fins de développement économique local.

Dans ses activités, Cartier bénéficia toujours de l'appui social et économique de divers éléments de l'élite qui saisissaient le sens de ses entreprises. Le gouvernement britannique, par exemple, loua ses immeubles, lui accorda le titre de baronnet auquel il tenait tant et le fit pénétrer à la cour et dans les hautes sphères de l'aristocratie anglaise. Cartier, d'ailleurs, s'était mérité ces égards par sa totale loyauté après 1838, son opposition au mouvement annexionniste en 1849 et ses autres manifestations d'anti-américanisme, son culte des principes constitutionnels britanniques, sa préoccupation de doter le Canada d'une armée puissante et ses efforts pour orienter le nationalisme canadien-français vers l'ordre établi. À la fin des années 1860, cependant, tous ces principes devaient être contestés par une nouvelle bourgeoisie industrielle et nationale. Son attachement croissant aux valeurs britanniques, son isolement par rapport à ses collègues et à sa circonscription et finalement sa défaite de 1872 (partiellement attribuable à l'opposition de Mgr Bourget, de financiers comme Hugh Allan et de jeunes bourgeois comme Jetté) illustrent cette mise en marge.

Cartier eut toujours des liens particuliers avec le Séminaire de Montréal; après y avoir fait ses études, il en devint l'avocat et le paroissien. Bien qu'établis au Québec depuis deux siècles, les sulpiciens restaient un ordre foncièrement français et se sentaient même menacés par le clergé canadien. Cartier, qui contrairement à nombre de ses collègues ne fut jamais anticlérical, leur apporta la sécurité, suivant en cela l'exemple de La Fontaine et du Colonial Office. Indifférent en matière religieuse, il appréciait le rôle social du catholicisme et il défendit le séminaire contre l'évêque et ses autres adversaires dans le clergé canadien-français. Le plus grand service qu'il rendit aux sulpiciens fut sans doute de faire adopter les lois spéciales qui transformaient leur tenure seigneuriale en propriétés libres. Il régla ainsi le conflit entre le séminaire et la bourgeoisie libérale et expansionniste de Montréal. Du même coup, il permettait aux sulpiciens de continuer d'exercer leurs fonctions sociales et d'investir en hypothèques et en valeurs boursières le produit de la vente de leurs terres.

Quant aux milieux commerçants de Montréal, ils étaient reconnaissants à Cartier d'avoir, par la révision du code civil, érigé des «barrières conservatrices», et, par l'abolition de la tenure seigneuriale, accompli «une révolution sociale(...) à peu de frais»[38]. Dans leurs efforts pour favoriser l'expansion économique, assurer la stabilité sociale et édifier un État centralisé et hiérarchisé, les hommes d'affaires, l'Église et les dirigeants des divers groupes ethniques se servirent de Cartier comme agent et comme intermédiaire, comptant sur lui pour imposer leurs intérêts de classe. Son conservatisme, qui s'exprimait notamment dans l'importance qu'il accordait à la Chambre haute, à la confédération, à l'armée et à la monarchie, constituait à leurs yeux une solide garantie. Pour légitimer la propriété privée, il la rattacha au nationalisme et au progrès, dénonçant les socialistes comme des «blasphémateurs»[39]. Par ses fonctions de ministre, commissaire des Ports et président du Comité des chemins de fer, de même que par son influence sur l'oligarchie du Parti conservateur et sur le gouvernement de Chauveau, il put suivre de près toutes les lois relatives aux municipalités, aux taux d'intérêt, aux subventions, aux chartes, aux hypothèques et aux moyens de transport. Le Grand Tronc fut une de ses principales préoccupations. Avocat de cette société pendant une bonne vingtaine d'années, il lui obtint des prêts annuels du gouvernement, la défendit dans les enquêtes sur les cas d'accidents, lui fit verser des subventions pour le transport de la poste et s'employa à neutraliser ses concurrents. Bien que le Grand Tronc fût de plus en plus financé par les Britanniques et servît les intérêts américains au détriment de certaines régions du Québec, Cartier réussit dans une certaine mesure à en faire un symbole de fierté nationale. On ne s'étonnera pas de le voir nommé aux conseils d'administration de diverses banques, entreprises minières, sociétés d'assurance et compagnies de chemin de fer, qui par ailleurs finançaient généreusement ses campagnes électorales.

Cartier fut donc amplement récompensé pour son rôle politique et idéologique. S'il dut emprunter quelque argent en 1868 pour payer son titre de baronnet et devenir «sir George», c'est qu'il manquait de liquidités, car sa fortune lui permettait aisément de satisfaire ses goûts pour les voyages, le champagne et les arbres fruitiers[40]. À partir de 1865, il se rendit en Angleterre presque chaque année. En 1869, il achetait une propriété de campagne. Deux ans plus tard il avait les moyens de faire vivre en Europe sa femme et ses deux filles. Son attachement à sa circonscription montréalaise, au Canada français et à l'ordre social paraît paradoxal face à son anglophilie persistante, sa quête de prestige, son manque d'intérêt pour la vie familiale, sa liaison extra-conjugale.

Finalement rejeté par les électeurs de Montréal-Est, éclaboussé par le scandale du Pacifique et miné par une maladie débilitante, il passa ses sept derniers mois à Londres, dans l'univers qu'il affectionnait: celui de Luce Cuvillier, de ses filles, de son valet, de ses amis et associés, de Westminster Palace, du Colonial Office et des clubs qu'il avait tant fréquentés. Il voulait rentrer chez lui pour mourir, néanmoins sa mort dans la capitale de l'Empire convenait bien au rôle qui avait été le sien.

Chronologie

	I Vie familiale, voyages	II Vie professionnelle, affaires
1814	Naissance à Saint-Antoine; son grand-père, décédé en mars, avait laissé une fortune de £ 212 492.	
1824	Entrée au collège de Montréal.	
1830	La mère de Cartier poursuit le père en justice. Pensionnaire dans une école privée de Montréal.	
1831		Cléricature chez E.-E. Rodier.
1834		
1835		Reçu au barreau. Ouvre un bureau avec son frère Damien.
1836		
1837		
1838		

III Vie publique, récompenses	IV Événements historiques	
	Révolution américaine.	1776
	Guerre contre les États-Unis 1812-1814.	1812
		1824
Révolte des étudiants du collège de Montréal.		1830
		1831
Participe à la première célébration de la Saint-Jean-Baptiste. Fait campagne pour Papineau et Nelson.	Les 92 résolutions.	1834
		1835
Secrétaire du comité central du district de Montréal.		1836
Mai: secrétaire adjoint du comité central permanent. 5 sept.: participe à la fondation des Fils de la liberté. 17 nov.: fuit Montréal et se réfugie dans la maison familiale de Saint-Antoine. 22 nov.: combat aux côtés des rebelles à Saint-Denis. 23 nov.-1er déc.: se cache dans les environs de Saint-Denis.	Nov.-déc.: rébellions au Haut et au Bas-Canada.	1837
Déc. 1837-mai 1838: vit dans la clandestinité près de Saint-Antoine. Fin mai: passe la frontière américaine à Rouses Point. Juin: rencontre La Fontaine et Papineau à Saratoga, New York.	Mai: lord Durham arrive au Canada. Nov.: seconde tentative insurrectionnelle. Déc.: 1838-fév. 1839: exécution de 12 patriotes.	1838

	I Vie familiale, voyages	II Vie professionnelle, affaires
1838		
1839		Reprend la pratique du droit avec son frère au 3, rue Saint-Vincent.
1840	La mère intente une nouvelle poursuite contre le père.	Damien quitte le bureau.
1841	Mort du père. Cartier reçoit en héritage 1 200 acres dans le comté de Wolfe.	
1842	Résidence à l'hôtel Rasco.	Achète l'immeuble à l'angle des rues Notre-Dame et Bonsecours.
1843	Construit un premier immeuble.	
1844		
1845		Achète une propriété rue Saint-Paul.
1846	Mariage avec Hortense Fabre.	Première cause dans le domaine des chemins de fer. Loue la propriété de la rue Saint-Paul, qui devient un hôpital militaire.
1847	Naissance de sa fille Joséphine Résidence à l'hôtel Donnegana.	Construit deux bâtiments rue Saint-Paul.

III Vie publique, récompenses	IV Événements historiques	
20 sept.: prête le serment d'allégeance aux autorités britanniques. Fin 1838: retour à Montréal.		1838
6 nov.: invité à une réception chez le gouverneur.	Sept.: déportation de 58 patriotes.	1839
	Le gouvernement britannique reconnaît les droits de propriété des sulpiciens. Ignace Bourget est nommé évêque de Montréal.	1840
Refuse de se présenter aux élections législatives. Mars-avril: fait campagne pour La Fontaine dans Terrebonne. Les sulpiciens confient de premières causes à La Fontaine.	L'Acte d'Union entre en vigueur.	1841
		1842
Secrétaire de la Société Saint-Jean-Baptiste.		1843
Organise la campagne de Drummond. Avril: avocat de la défense dans l'enquête sur l'émeute électorale du marché au foin.		1844
	Abolition des lois britanniques sur les grains.	1845
Fait campagne afin d'obtenir des subventions municipales pour des chemins de fer reliant Montréal et Portland, Maine. Directeur honoraire de la Banque d'épargne de la cité et du district de Montréal.		1846
Directeur de la National Loan Fund Life Assurance Co.	Vague d'immigration irlandaise.	1847

	I Vie familiale, voyages	II Vie professionnelle, affaires
1848	Mort de la mère. Déménage au 16, rue Notre-Dame.	Déménage son bureau au 26, rue Saint-Vincent. Achète sa résidence rue Notre-Dame.
1849	Naissance de sa fille Hortense. Visite Boston.	
1850		Déc.: nommé avocat de la couronne.
1851	De retour à sa résidence du 16, rue Notre-Dame.	Représente la Compagnie du Richelieu.
1852		
1853	Naissance de sa fille Reine-Victoria.	Membre du jury d'examen du barreau de Montréal. Avocat du Grand Tronc pour le Québec. S'associe à Berthelot.

III Vie publique, récompenses	IV Événements historiques	
Élu député à l'Assemblée lors de l'élection complémentaire dans Verchères. Duel avec Joseph Doutre. Président du comité de gestion de la Bibliothèque juridique de Montréal.	Mars: formation du gouvernement Baldwin- La Fontaine. Révolutions en Europe.	1848
Appuie le libre-échange. Fév.-mars: vote en faveur de la Loi indemnisant les victimes de la Rébellion. Oct.: organise une pétition qui constitue une déclaration de loyauté envers la Grande Bretagne. S'oppose à l'annexion. Présente des pétitions en faveur du Saint-Laurent et Atlantique et de la Société Saint-Jean-Baptiste. Directeur, Canada Life Assurance Co.	25 avril: lord Elgin signe la loi indemnisant les victimes de la Rébellion. Incendie du parlement de Montréal. Crise annexionniste. Révolte contre les nouvelles mesures dans le domaine de l'éducation.	1849
Vice-président, Société Saint-Jean-Baptiste.	Le gouvernement siège à Québec (1850-1851).	1850
Refuse le poste de solliciteur général. Réélu dans Verchères.	Grande Exposition de Londres. La population du Haut-Canada dépasse celle du Bas-Canada.	1851
Président de la Commission des chemins de fer (1852-1867) et porte-parole du Grand Tronc à l'Assemblée. Sept.: refuse le portefeuille du ministère des Travaux publics. Nov. 1852 — mai 1853: directeur à titre provisoire du Grand Tronc (Montréal et Toronto). Le gouvernement siège à Toronto (1852-1853).		1852
Présente au Parlement le projet de charte du Grand Tronc. Directeur, Canada Loan Co.	Juin: émeute religieuse provoquée par Gavazzi. Entrée en service de la ligne Montréal-Portland du Saint-Laurent et Atlantique.	1853

	I Vie familiale, voyages	II Vie professionnelle, affaires
1854	Reine-Victoria et le beau-père de Cartier meurent dans l'épidémie de choléra.	
1855		Acquiert un terrain rue Notre-Dame.
1856		
1857		Avocat des Cuvillier.
1858	Oct.-nov.: voyage à Londres et à Paris.	
1859	Déménage au 20, rue Notre-Dame.	Berthelot accède à la magistrature. S'associe à Pominville.
1860	Début de la liaison avec Luce Cuvillier. Visite Boston.	

III Vie publique, récompenses	IV Événements historiques	
Membre du comité de l'Exposition de Paris. Le gouvernement siège à Québec (1853-1854). Mars: appuie Nelson contre son beau-père lors des élections à la mairie de Montréal. Juin: réélu dans Verchères. Sept.: candidat défait au poste de président de l'Assemblée législative. Président de la Société Saint-Jean-Baptiste.	Entente de réciprocité avec les États-Unis. Nov.: abolition de la tenure seigneuriale.	1854
Janv.: nommé secrétaire de la province. Membre de la Commission du port de Montréal (1855-1856). Doctorat honorifique en droit du collège de Saint-Jean.		1855
Nommé procureur général du Canada-Est. Directeur, Montreal Mining Co.	Le gouvernement siège à Toronto (1856-1857). Adoption de la loi sur la réforme de l'éducation au Bas-Canada.	1856
Déc.: défait dans Montréal mais réélu dans Verchères.	Adoption de la loi sur la décentralisation judiciaire. Formation de la Commission du code civil. Premier gouvernement Macdonald-Cartier.	1857
6 août: nommé inspecteur général. 7 août: nommé procureur général, accepte le principe de fédération. Membre de la Commission du port de Montréal. Directeur, Transatlantic Telegraph Co.	6-7 août: double remaniement ministériel. Le gouvernement siège à Québec (1858-1859).	
Présente le projet de loi sur l'abolition des droits seigneuriaux des sulpiciens.	Nov.: inauguration du pont Victoria. On choisit Ottawa pour capitale.	1859
Le gouvernement siège à Toronto (1860-1861).	Juil.: visite du prince de Galles.	1860

	I Vie familiale, voyages	II Vie professionnelle, affaires
1861		
1862		Bétournay se joint à l'étude. Achète la maison voisine, rue Notre-Dame.
1863	Rencontre Lincoln à Washington.	L'étude déménage au 31, rue Saint-Vincent. Clara Symes lui prête 10 000 $.
1864		Construit deux immeubles rue Notre-Dame. Achète 200 acres de terres de la couronne dans le comté de Wolfe.
1865	Mort de son frère Damien. Voyage à Londres et à Paris.	Avocat de la European Assurance Co. Commence à placer son capital en actions et obligations.
1866	Refait son testament. S'établit à Ottawa. Voyages à Londres, à Paris, et à Rome.	Membre honoraire du barreau du Haut-Canada. Plaide la cause des sulpiciens à Rome. La firme représente le gouvernement français. Confie ses affaires à la maison de courtage de Cuvillier.
1867	Naples et Paris.	
1868	Londres et Paris	
1869	Achat du domaine «Limoilou».	

III Vie publique, récompenses	IV Événements historiques	
Juil.: élu dans Verchères et défait dans Montréal-Est.		1861
Mai: démissionne de son poste de procureur général.	Chute du gouvernement Macdonald-Cartier. Le gouvernement siège à Québec (1862-1863).	1862
Juin: réélu dans Montréal-Est. Directeur, British North American Life Association of Scotland.	Mgr Bourget et les sulpiciens en appellent à Rome sur la division des paroisses.	1863
Mars: nommé procureur général. Accepte le principe de la représentation proportionnelle à la population et les termes de la fédération. Réélu dans Montréal-Est.	30 juin: formation du gouvernement de coalition. 1-8 sept.: Conférence de Charlottetown. 10-26 oct.: Conférence de Québec.	1864
Directeur du Club Rideau à Ottawa.	Négociations de la confédération à Londres.	1865
Avril: refuse le poste de juge en chef de la cour d'Appel.	Premier câble télégraphique transatlantique. Conférence de Londres. Le nouveau code civil entre en vigueur.	1866
Juil.: nommé ministre de la Milice et de la Défense. Refuse le titre de compagnon de l'Ordre du bain. Sept.: élu dans Montréal-Est (siège fédéral et provincial).	Juil.: Confédération.	1867
Mars: présente le projet de loi sur la milice. Négocie l'achat des Territoires du Nord-Ouest de la Compagnie de la baie d'Hudson. Avril: nommé baronnet.		1868
Présente les résolutions de la Compagnie de la baie d'Hudson.	Premier soulèvement métis dirigé par Louis Riel.	1869

	I Vie familiale, voyages	II Vie professionnelle, affaires
1871	Premiers symptômes de la maladie de Bright. Sa femme et ses filles partent pour l'Europe. Habite Ottawa et «Limoilou».	Reçoit des honoraires de 1 000 $ des sulpiciens.
1872	Départ pour l'Angleterre.	
1873	20 mai: mort de Cartier à Londres. 13 juin: funérailles d'État à Montréal.	
1886	Mort de Joséphine Cartier.	
1898	Mort de madame Cartier.	
1900	Mort de Luce Cuvillier.	
1941	Mort de Hortense Cartier.	

III Vie publique, récompenses	IV Événements historiques	
Juil.: élu député provincial dans Beauharnois. Nov.: présente le projet de loi sur l'adhésion de la Colombie-Britannique à la Confédération.	Publication du Programme catholique. Loi des écoles du Nouveau-Brunswick.	1871
7 mai: présente le projet de loi sur le Canadien Pacifique. 28 août: défait dans Montréal-Est. 14 sept.: élu dans Provencher, Manitoba.		1872
	Avril: mêlé au scandale du Pacifique dénoncé au Parlement. Nov.: démission du gouvernement Macdonald.	1873

Abréviations

ANQ — Archives nationales du Québec, Québec.

APC — Archives publiques du Canada, Ottawa.

ASSM — Archives du séminaire Saint-Sulpice, Montréal.

Best — Best, Henry: *George-Étienne Cartier,* thèse de doctorat, Université Laval, Québec, 1969.

Boyd — Boyd, John: *Sir George-Étienne Cartier,* Macmillan, Toronto, 1914.

Comptes — Livre de comptes de George-Étienne Cartier, 1835-1853, Archives publiques du Canada, M.G. 23; Société numismatique, série B, microfilm M. 869.

DBC — *Dictionnaire biographique du Canada,* Québec, Presses de l'Université Laval.

DDC — Documents du docteur George-Étienne Cartier, Montréal.

Discours — Tassé, Joseph: *Discours de Sir George Cartier,* Montréal, 1893.

Journal d'Hortense Cartier — Journal d'Hortense Cartier, Archives de l'archevêché de Montréal.

Journal de Joséphine Cartier — Journal de Joséphine Cartier, Archives de l'archevêché de Montréal.

McCord — Collection Cartier, Musée McCord, Montréal.

RHAF — *Revue d'histoire de l'Amérique française.*

Sweeny — Sweeny, Alastair: *George-Étienne Cartier: A Biography,* McClelland and Stewart, Toronto, 1976

Notes

Introduction

1. Morton, W.L.: *The Critical Years: The Union of British North America, 1857-1873,* Toronto, McClelland and Stewart, 1964, p. 65; Cooper, J.I.: «The Political Ideas of George-Étienne Cartier», *Report,* Canadian Historical Association, 1938, p. 286; Berton, Pierre: *The National Dream,* Toronto, McClelland and Stewart, 1971, p. 75; Sweeny, p. 113.

2. Voir par exemple l'étude du rôle joué par Cartier dans les relations entre le Canada et les États-Unis, dans Winks, Robert: *Canada and the United States: The Civil War Years,* Baltimore, , John Hopkins Press, 1960, p. 40-41, 239-240, 315-316. Aussi Silver, A.I.: *Quebec and the French-speaking Minorities, 1864-1917,* thèse de doctorat, University of Toronto, 1973; Silver, A.I.: «French Canada and the Prairie Frontier», *Canadian Historical Review,* 50, 1 (mars 1969): 11-36; Stanley, G.F.G.: *The Birth of Western Canada,* Toronto, University of Toronto Press, 1960.

Chapitre 1 — Les origines

1. Pontbriand, B.: *Mariages de Saint-Antoine-sur-Richelieu, 1741-1965*, publié par l'auteur, Sillery, 1966, p. 1 Allaire J.-B.-A.: «Histoire de la paroisse de Saint-Denis-sur-Richelieu,» *Le Courrier de Saint-Hyacinthe,* Saint-Hyacinthe, 1905; Soeur de Saint-Joseph de Saint-Hyacinthe: *La Petite Histoire de chez nous,* Société historique de Saint-Hyacinthe, 1938, vol. 38, p. 45.

2. Sweeny: p. 91; DDC: contrat de vente, M. Noisseau à Jacques Cartier dit Langevin, 19 février 1762.

3. Boyd: p. 414. M. Richard Rice a signalé à l'auteur qu'en 1825 les Cartier possédaient un schooner construit à Saint-Ours et un autre, de 118 tonneaux, l'*Abeona,* construit à Chambly (Registres du Québec, n° 50).

4. DDC. Compte de Charles Duval à Jacques Cartier pour la somme de 120 livres, 28 janvier 1802. Archives de la Chambre des notaires de Montréal: L.H. Latour, notaire, n° 910, testament de Jacques Cartier, 8 juin 1811; L.H. Latour, notaire, n° 911, vente publique des affaires de Jacques Cartier, 18 avril 1814. La carrière, les aspirations sociales et la situation financière de Jacques Cartier fils ressemblent étroitement à celle des autres commerçants de la rive sud, comme en témoignent notamment les biographies de Jean-Baptiste Raymond et de Pierre-Guillaume Guérout par Alan Dever, in DBC, vol. 6.

5. DDC. Liste des Cartier ayant servi dans la milice.

6. *Ibid.* Engagement et permis de débit d'alcool de Joseph Paradis, 1790. (Pour obtenir son permis, Paradis doit s'engager à ne pas hanter les tavernes ou les salles de jeu). Aussi Lefebvre, Jean-Jacques: «L'Aïeul maternel de Sir George-Étienne Cartier: Joseph Paradis, 1732-1802», RHAF, 14, 1960. Registres paroissiaux du presbytère de Saint-Antoine.

7. Boyd: p. 417. Dans son testament, Jacques Cartier fils fait grâce à son neveu d'une dette de 2 000 livres, lui laisse 23 000 livres et lui loue ses édifices et ses animaux pour six ans. Archives de la Chambre des notaires de Montréal, L.H. Latour, notaire, n° 910, testament de Jacques Cartier, 9 janvier 1811.

8. McCord. Lettre de Jacques Cartier, le troisième, au gouverneur Dalhousie, 27 décembre 1827. Au recensement de 1831, Cartier se fait inscrire avec le grade de lieutenant-colonel. *Recensement de 1831,* Saint-Antoine (Surrey), p. 2032.

9. Ouellet, Fernand: *Le Bas-Canada, 1791-1840: Changements structuraux et crise,* Ottawa, Presses de l'Université d'Ottawa, p. 282-283. Boyd: p. 413. Le minot équivaut à trente-neuf litres. *Recensement du Canada, 1871,* Ottawa, 1873, vol. 1, p. 42.

10. Archives nationales du Québec à Montréal, L.H. Latour, notaire, n° 910, testament de Jacques Cartier, 9 juin 1811; n° 911, vente publique des affaires de Jacques Cartier, 18 avril 1814.

11. DDC. Cour du Banc du Roi, Montréal, juin 1840, Requête de Dame Marguerite Paradis.

12. DDC. Facture de *La Minerve,* octobre 1841; facture de la Fabrique de Saint-Antoine, 18 octobre 1841. *Recensement de 1831,* Saint-Antoine (Surrey), p. 2032.

13. Boyd: p. 415.

14. Le prénom de George, sans «s», figure sur l'extrait de baptême de Cartier, dans le registre paroissial du presbytère de Saint-Antoine. Sa marraine fut sa

tante, Claire Paradis. Il ne semble pas y avoir eu d'école à Saint-Antoine avant 1829, ni avant 1826 dans le village voisin de Contrecoeur: cf. Soeur de Saint-Hyacinthe: *La Petite Histoire de chez nous,* p. 148. Cependant, selon L.-O. David: *Biographies et portraits,* Montréal, Beauchemin et Valois, 1876 et Boyd (p. 21), Cartier aurait fréquenté une école de la région.

15. Il se peut que les Cartier aient été dans l'impossibilité de payer les frais scolaires. En effet, dix ans après avoir terminé ses études, Cartier régla les sommes encore dues pour son frère Damien et pour lui-même. DDC, reçu de l'économe du Petit Séminaire, 25 février 1842.

16. Maurault, Olivier: *Le Collège de Montréal, 1767- 1967, Montréal,* Antonio Dansereau, 1967.

17. ASSM. Tiroir 47, n° 75, prospectus du Collège de Montréal, 1826, p. 3.

18. *Ibid.* n° 50, J.G. Rogue, Règlement du Petit Séminaire de Montréal, 1806-1828, p. 10.

19. Malgré sa sévérité, le règlement n'interdisait pas le tabac. Dans sa vieillesse, Cartier fit observer qu'il avait fumé jusqu'à l'âge de treize ans, mais jamais par la suite. *Discours,* 16 août 1871, p. 711.

20. ASSM. Tiroir 47, n° 83, extrait de *L'Observateur,* 13 novembre 1830.

21. Maurault, O.: *Le Collège de Montréal,* p. 125.

22. Boyd: p. 20; McCord. Prix obtenus par sir George Cartier, note manuscrite.

23. *Discours.* 16 avril 1866, p. 483.

24. Bernard, J.-P., P.-A. Linteau, et J.-C. Robert: «La structure professionnelle de Montréal en 1825», *RHAF,* 30, 3, (décembre 1976): 412.

25. Pour plus de détails sur l'attitude de la bourgeoisie lors de la rébellion, voir Dubuc, Alfred: «Problems in the Study of the Stratification of Canadian Society, 1760-1840» in Horn, Michael et Ronald Sabourin: *Studies in Canadian Society History,* Toronto, McClelland and Stewart, 1974, p. 128. Aussi Ouellet, F.: *Le Bas-Canada, 1791-1840,* p. 275.

26. Filteau, Gérard: *Histoire des patriotes,* Montréal, L'Aurore, 1975, p. 117.

27. Rumilly, Robert: *Histoire de Montréal,* Montréal, Fides, 1970, vol. 2, p. 209.

28. *La Minerve,* 18 septembre 1837.

29. Senior, Elinor: *An Imperial Garrison in its Colonial Setting: British Regulars in Montreal, 1832-1854,* thèse de doctorat, McGill University, 1976, p. 53. Archives de la Compagnie de Saint-Sulpice à Paris, dossier 22, extrait de *L'Ami du peuple,* 20 décembre 1837. Un certain Joseph Cartier, sans doute l'oncle de George-Étienne, prêta le serment d'allégeance le 21 décembre 1837.

30. *Herald* de Montréal, 21 novembre 1837, cité par Best, p. 45.

31. David, J.O.: *Biographies et portraits,* p. 149. Rumilly, Robert: *Histoire de Montréal,* vol. 2, p. 235-238.

32. *L'Ami du peuple* relate la mort de Cartier, le 23 décembre 1837: Archives de la Compagnie de Saint-Sulpice à Paris, dossier 22. *La Minerve,* 22 juin 1873.

Chapitre 2 — Le contexte professionel, familial et social

1. DDC. Paul Montannary, notes d'huissier à Cartier, 1836-1837.

2. Comptes.

3. Best, p. 124. Comptes: inscriptions relatives à Aimé Massue.

4. McCord. Extrait du *Times and Daily Commercial Advertiser,* 24 avril 1844. Dans leur article «La Structure professionnelle de Montréal en 1825» (RHAF 30, 3, décembre 1976, p. 383-407) J.-P. Bernard, P.-A. Linteau et J.-C. Robert soulignent que l'importance de ce groupe a souvent été sous-estimée à cause de celle qu'on a accordée aux commerçants internationaux.

5. *Le Courrier du Canada,* dans son numéro du 28 avril 1858, donne la liste des membres du comité exécutif de l'Institut canadien-français. En 1872, Pominville siégeait au conseil d'administration de la New York Life Insurance Company. Les détails de l'association entre Cartier et Pominville sont décrits au chapitre 4.

6. On trouvera une biographie de Donegani dans DBC, vol. 9, 1977, p. 227-229.

7. McCord. Lettre de Robert MacKay à Cartier.

8. Comptes. Inscriptions relatives à la Compagnie du Richelieu, juin-octobre 1851.

9. *Ibid.* Total de toutes les inscriptions, 1835-1853.

10. *Ibid.* Inscriptions relatives à Aimé Massue et John Donegani, Shepard, P.W.: *Personal History of a Young Man,* APC, Mg 24, I, p. 36, cité dans le dossier de Parcs-Canada. McCord: George Hagar bill, 8 février 1849.

11. Pour plus de détails sur les services qu'il rendit au Grand Tronc et au Séminaire de Montréal, voir le chapitre 4.

12. McCord. Lettre de T.K. Ramsay, procureur de la couronne, à Cartier, 15 octobre 1866.

13. APC. Mg 27, bobine A 765, documents Monck, lettre de lord Carnarvon à Monck, 24 novembre 1866. McCord. Lettre de Cartier à Monck, 17 octobre 1866, on notera l'insistance avec laquelle Cartier s'efforce de justifier sa conduite.

14. *Montreal Gazette,* 29 et 31 mars 1855.

15. *La Minerve,* 9 mars 1855.

16. DDC. Lettre de Robert Henderson à Cartier, 31 mars 1871.

17. On trouvera une excellente description de ce mouvement au Canada dans Linteau, P.-A. et Robert, J.-C.: «Propriété foncière et société à Montréal: une hypothèse,» RHAF 28, 1, (juin 1974): 45-46. Pour les investissements fonciers de la bourgeoisie française, voir Daumard, Adeline: *La bourgeoisie parisienne de 1815 à 1848,* Paris, École pratique des hautes études, 1963 p. 486; aussi Bergeron, Louis: *Les capitalistes en France, 1780-1914,* Paris, Gallimard, 1978, p. 17-36.

18. McCord. Avis d'évaluation foncière à Cartier, 1852; note de D. Laurent, 24 août 1853. La concentration des professions libérales, des commerçants et du clergé dans le centre de Montréal a été décrite par Bernard, Linteau et Robert dans leur recherche: «La structure professionnelle de Montréal,» p. 405. Voir aussi, pour une étude quantitative, Bellavance, Marcel: «Les Structures de l'espace urbain montréalais à l'époque de la Confédération», communication présentée au congrès des sociétés savantes, Montréal, le 29 mai 1980. Pour faire la comparaison avec la situation en France, voir Bergeron, Louis: *Banquiers, négociants et manufacturiers parisiens du Directoire à l'Empire,* Paris, Mouton, 1978, chapitre 1.

19. *Discours:* p. 31-32. *La Minerve,* 23 mars 1857.

20. McCord. Déclaration au juge de paix, 24 mars 1848. DDC: contrat non notarié entre Sylvestre Cartier et Damien Cartier; donation rémunérative par Jacques Cartier et son épouse à George-Étienne Cartier, leur fils, 24 février 1841. Bien qu'ils aient été en tenure libre, les 1 200 acres du comté de Wolfe, dans les Cantons de l'Est, furent acquis par les parents de Cartier en vertu d'une vente en viager.

21. DDC. Vente par François Perrin à Cartier, 13 juin 1842; devis d'une bâtisse pour G. Cartier, 1843.

22. *Ibid.* Bureau de l'intendance, 20 mars 1846, 23 juillet 1848; rapport inédit de Marthe Lacombe à Parcs-Canada, Québec, p. 28.

23. DDC. Contrats entre Cartier et Joseph Lamarée ainsi que Laberge et Bertrand, 8 janvier 1864.

24. *Ibid.* Lettre 1 à Cartier, 7 mars 1873; avis du Bureau de l'intendance à Cartier, 20 mars 1846.

25. *Ibid.* Contrat de location entre Michel Raymond et Cartier, 10 octobre 1870; contrat de location entre Henry Gray et Cartier, 14 septembre 1872.

26. *Ibid.* Rapport de E. Derche, 18 janvier 1874.

27. P.-A. Linteau et F.-C. Robert: «Propriété foncière et société à Montréal», p. 59. Daumard, Adeline: *Les fortunes françaises au XIXe siècle,* Paris, Mouton, 1973, p. 153.

28. Cité par Bergeron: *Les capitalistes en France,* p. 36.

29. DDC. Lettre de Maurice Cuvillier à Cartier.

30. *Ibid.* Compte de sir G.-É. Cartier chez Cuvillier et Cie, 1865, 1870-1873.

31. APC. Fonds Joseph-Amable Berthelot, n° 19: lettre de Cartier à Berthelot, 25 août 1841.

32. DDC. Titre nouvel, 23 février 1843 (Ménard, notaire).

33. *Ibid.* Obligation Dame Marguerite Paradis et George-Étienne Cartier, 12 juin 1847 (P. Chagnon, notaire); billets à ordre de Marguerite Paradis à Cartier, 30 décembre 1845, 3 mars et 3 octobre 1846, 9 janvier 1847.

34. McCord. Lettre d'Antoine-Côme Cartier à George-Étienne Cartier, 13 mars 1854.

35. *Ibid.* Lettre de Sylvestre Cartier à George-Étienne Cartier, 22 janvier 1849.

36. DDC. Déclaration de Damien et George Cartier, 28 décembre 1840.

37. McCord. Note de l'Hôtel du Canada adressée à G.É. Cartier; Robert Mackay, *Montreal Directory,* 1854-1855; DDC: Lettre d'Antoine-Côme Cartier à G.É. Cartier, 30 juin 1860.

38. Lettre de Lactance Papineau à L.-J. Papineau, mai 1845, cité par Groulx Lionel: «Fils de grand homme », RHAF, 10, 1, (juin 1956): 325.

39. On trouvera une histoire détaillée de la famille Fabre dans Parizeau, Gérard: *La Chronique des Fabre,* Montréal, Fides, 1978, et dans divers ouvrages de Jean-Louis Roy, en particulier *Édouard-Raymond Fabre: bourgeois patriote du Bas-Canada, 1799-1854,* thèse de doctorat, McGill University, 1971. Cette thèse fournit notamment un inventaire des biens de Fabre. Celui-ci avait des investissements dans le Grand Tronc (73 livres), la Montreal and New York Printing Company (25 livres) et l'Industry and Rawdon Railway (50 livres). Voir aussi Roy, J.-L.: «Livres et société bas-canadienne: croissance et expansion de la librairie Fabre, 1816-1855», *Histoire sociale* 5, 10, (novembre 1972), 129 et *Édouard-Raymond Fabre: libraire et patriote canadien,* HMH, 1974, p. 24. *Montréal Gazette,* 24 mars 1855.

40. Comptes, p. 53, DDC. Lettres de bénéfices et inventaire accordés aux héritiers de feu Jacques Cartier, 20 septembre 1841. Inventaire des biens de Fabre: Roy, J.-L.: *Édouard-Raymond Fabre,* p. 746.

41. ANQ. Documents Fabre, E.-R.: lettre de Fabre à Julie Bossage, 12 juin 1846, cité dans le dossier Louis Richer, Parcs-Canada.

42. DDC. Contrat de mariage, 9 juin 1846 (Girouard, notaire). Inventaire des biens de Fabre: Roy, J.-L.: *Édouard-Raymond Fabre.*

43. ASSM. Tiroir 6, dossier 58, photocopie de certificat de mariage, 16 juin 1846.

44. Routhier, Adolphe-Basile: *Sir George-Étienne Cartier,* Université Laval, Montréal, 1912, p. 13. Conservateur éminent, juge, ultramontain et ami de la famille Cartier, Routhier recevait souvent Mme Cartier dans son domaine, sur le bas Saint-Laurent.

45. Parizeau, G.: *La chronique des Fabre,* p. 128.

46. Routhier, A.-B.: *Sir George-Étienne Cartier,* p. 13.

47. Moncks, Francis: *My Canadian Leaves,* Londres, 1891, p. 28.

48. APC. MG 24, B. 155, Fonds Berthelot, lettre de Cartier à Berthelot, 25 août 1841; lettre de La Fontaine à Berthelot, 14 septembre 1850. Monck: *My Canadian Leaves, p. 113.*

49. Boyd, p. 371. Monck: *My Canadian Leaves,* p. 34.

50. Pour la description de la maison de Cartier, nous nous sommes largement inspirés du rapport de Marthe Lacombe pour Parcs-Canada.

51. McCord: facture du Beard's Hotel, 1850; facture du Sword's Hotel, juillet 1853. On trouvera plus de détails sur la maison de Cartier à Québec dans le dossier de Parcs-Canada (Québec) intitulé *Saint-Louis résidence.* DDC: note de loyer de Georgina Ruffenstein, 1868. La rue Maria a été rebaptisée rue Laurier et le Colonel By Hotel occupe maintenant l'ancien emplacement de la maison de Cartier.

52. Monck: *My Canadian Leaves,* p. 149. La belle-soeur du gouverneur général affirmait que le passe-temps préféré de Cartier était «l'amour».

53. Parcs-Canada (Québec), dossier Louis Richer, lettre de E. Rodier à Cartier; fonds Berthelot, lettre de Cartier à Berthelot, 22 septembre 1838.

54. McCord. Lettre de Cartier à lord Carnarvon, 16 octobre 1858; lettres de Cartier à Clara Pusey, 23 octobre 1858, 10 janvier 1861.

55. Parizeau, G.: *La Chronique des Fabre.* p. 211.

56. DDC. Certificat de baptême de Reine-Victoria Cartier, 7 juin 1953; lettre de Pominville à Cartier, 9 juin 1864. *La Minerve,* 22 octobre 1864.

57. Journal d'Hortense Cartier, 29 juin 1871. Lettres de Pominville à Cartier, 18 juillet 1864 et 4 janvier 1872. Lettre de Joseph Hickson à Cartier, 1 juillet 1872.

58. DDC. Copie du certificat de décès de Reine-Victoria Cartier, 10 juillet 1854. *La Minerve,* 11 juillet 1854.

59. APQ. Collection Chapais, lettre de E. Hartigan à Cartier, 6 décembre 1865. Journal de Joséphine Cartier, 1 janvier 1871.

60. Parizeau, G.: *La Chronique des Fabre,* p. 223. Journal de Joséphine Cartier, 10 janvier 1870. Journal d'Hortense Cartier, 1 janvier 1871.

61. *Ibid.* 25 décembre 1872. Documents Macdonald, MG 26, n° 70, vol. 200-203, n° 85862-85863, lettre de Cartier à Macdonald, 6 mars 1869. D'autres sources font état du désir de Cartier d'avoir un fils: Best, p. 102, L.-O. David: *Souvenirs et biographies,* p. 161.

62. Journal d'Hortense Cartier, 25 décembre 1872.

63. *Ibid.*

64. *Ibid.* 5 juillet 1872. Le «parfait gentilhomme» auquel Mme Cartier faisait allusion était le comte d'Argence.

65. Joseph Cartier, frère du grand-père de George-Étienne, avait épousé Marie-Aimée Cuvillier. Pour les propriétés foncières de Cuvillier, voir Linteau,

P.-A. et Robert, J.-C.: «Propriété foncière et société à Montréal,» p. 60. On trouvera un exposé de la carrière de Symes dans DBC, 9 (1977), p. 854-855. Aussi Tulchinsky, Gerald: *Montreal Businessmen and the Growth of Industry and Transportation, 1837-1855,* Toronto, University of Toronto Press, 1977, p. 178.

66. *La Minerve,* 18 octobre 1865. APQ. Collection Chapais, lettre de H. Langevin à son épouse, 30 novembre 1866.

67. DDC. Lettre de Maurice Cuvillier à Cartier, 29 juillet 1865. Lettre de Luce Cuvillier à Cartier, 20 octobre 1870.

68. *Ibid.* Inventaire des biens de la succession de feu l'hon. sir George-Étienne Cartier, 28 août 1873. Lettre de Pominville à Cartier, 20 mai 1864. Lettres de Maurice Cuvillier à Cartier, 5 mai 1865 et 29 juillet 1865. Le testament de Cartier a été publié dans le *Rapport de l'archiviste de la Province de Québec,* 1963.

69. DDC. Factures d'Alexander Bassano, 12 février 1869 et de Robert Drake, marchand de fourrures, 17 novembre 1868. Lettres de Maurice Cuvillier à Cartier, 10 septembre 1867 et de John Carroll à Cartier, 29 mai 1871.

70. Parizeau, G.: *La Chronique des Fabre,* p. 240. Sweeny, p. 321.

71. Rapport de Marthe Lacombe pour Parcs-Canada (Québec), p. 50, lettre de Mme Cartier aux exécuteurs testamentaires, 8 août 1873. DDC. Vente aux enchères, septembre 1873. La mère de Mme Cartier, Mme Fabre, vit à ce que les «les biens personnels» incluent l'argenterie, dix chandeliers et le produit de la vente du piano familial.

72. Journal d'Hortense Cartier, 25 août 1871. Sweeny: p. 171. Inventaire de la bibliothèque de George-Étienne Cartier vendue aux enchères, 25 janvier 1875.

73. DDC. Extrait du *Toronto Globe,* 7 août 1862. Clara Symes s'illustra par ses oeuvres philanthropiques dans la société catholique de Montréal. Elle épousa un aristocrate français, le duc de Bassano, et s'établit en France en 1872.

74. *Ibid.* Lettre de Maurice Cuvillier à Cartier, 10 septembre 1867.

75. Daumard, Adeline: *La Bourgeoisie parisienne,* p. 138. Roland Barthes décrit le piano et l'aquarelle comme les deux «fausses occupations d'une jeune fille bourgeoise au XIXe siècle.» *Roland Barthes par Roland Barthes,* Paris, Éd. du Seuil, 1975, p. 56.

76. McCord. Factures de P. Gauthier, juin 1853 et d'Alex Levy, 31 décembre 1853. Boyd, p. 326.

77. DDC. Inventaire des biens..., 18 août 1873.

78. *Ibid.* Inventaire de la bibliothèque de George-Étienne Cartier vendue aux enchères, 25 janvier 1875.

79. Cooper, J.I: «*The Political Ideas of George-Étienne Cartier, Report, Canadian Historical Association, 1938*», p. 286.

80. Daumard, A.: *La bourgeoisie parisienne,* p. 354. DDC. Dawson Bros., libraires, 20 juin 1869.

81. DDC. Inventaire des biens..., 28 août 1873, p. 100.

82. L'inventaire comprend six romans de l'écrivain anglais Lawrence Sterne, mais dans une version française.

83. On ne connaît pas le prix auquel la ferme a été achetée, en 1689, mais elle s'est vendue 20 000 dollars en 1874. DDC. État démontrant les recettes et les dépenses de la succession Cartier, juillet 1885.

84. DDC. Facture de George Gallagher, 1er juin 1870; inventaire du domaine de Limoilou, 3 août 1873.

85. *Ibid.* Facture de P. Buckley pour voiture et cocher; 28 novembre 1867; compte chez Cuvillier et Cie, 1870-1873; facture de Mme Campbell, 9 juillet 1866; facture de P.H. Hill, 23 décembre 1867; note du Grand Hôtel, Paris, 31 décembre 1868. Les ouvriers agricoles étaient payés 90 cents par jour et le gardien 24 dollars par mois.

86. *Ibid.* Les hôtels louaient des chambres séparées aux domestiques qui voyageaient avec leurs maîtres. Reçus de Thomas Vincent, 11 décembre 1868 et 1 mars 1969; chèques de la Banque de Montréal à Vincent, 4 mars, 1, 2 et 9 avril, 3 septembre 1868; inventaire manuscrit des biens de Cartier.

87. Journal de Joséphine Cartier, 25 août 1872.

88. DDC. Facture de *Brevoort House,* New-York, 14 novembre 1866; reçu de P. et F. Shafer, fabricants de boîtes, 26 avril 1867.

89. APQ. Collection Chapais, boîte 2, lettre de H. Langevin à Edmond Langevin, 13 janvier 1869.

90. *La Minerve,* 23 mars 1867 et 12 février 1869. Discours de Cartier au Stadacona Club, *Montreal Gazette,* 28 décembre 1869.

91. APQ. Collection Chapais, boîte 25, invitation de la reine, 19 mars 1869. *L'Opinion publique,* cité dans *La Minerve,* 29 mai 1873.

92. *La Minerve,* 27 mars 1867. *L'Opinion publique,* 8 janvier 1870.

93. McCord. Invitations diverses à Cartier. *Débats de la Chambre des communes,* 29 avril 1869. Journal de Joséphine Cartier, 5 janvier 1873.

94. McCord. Lettre d'Hortense Cartier à D.R. McCord, 1er juin 1913. DDC. Factures diverses de Beard and Nash, novembre-décembre 1866; facture de William Hawes, fabricant de lunettes, 18 décembre 1866; reçus de Robert Douglas, coiffeur, 28 mars 1868, 19 janvier et 27 mars 1869; facture de H.P. Truefitt, 17 mars 1869.

95. Rumilly, Robert: *Histoire de la Société Saint-Jean-Baptiste,* Montréal, L'Aurore, 1975, p. 56. Gagner, J. Léopold: *Duvernay et la Société Saint-Jean-Baptiste,* Montréal, Chantecler, 1952, p. 40. Monck: *My Canadian Leaves,* 11 janvier 1865, p. 113.

96. APQ. Collection Chapais, boîte 8, lettre de Cartier à lord Monck, 2 juillet 1867.

97. DDC. Note manuscrite: «Les armoiries de sir George Cartier sont...» La devise de Cartier était «Franc et sans Dol».

98. Sweeny: p. 25. McCord: nomination à la milice, 14 juillet 1847. *La Minerve,* 12, 13 et 24 mai 1862. *Discours,* 31 mars 1868, p. 566. Les régiments qui restaient incomplets faute de volontaires pouvaient avoir recours a la conscription par tirage au sort. Le service militaire était obligatoire en temps de guerre, mais on pouvait alors se faire remplacer en y mettant le prix.

99. Cartier est cité dans la *Montreal Gazette,* 28 décembre 1969. Débats de la Chambre des communes, 31 mars et 1er mai 1868. *Discours,* 31 mars 1868, p. 566.

100. On trouvera une bonne description de l'anglophilie de Montesquieu dans ARON, Raymond: *Les Étapes de la pensée sociologique,* Paris, Gallimard, 1967, p. 42 Siegfried, André: *Mes souvenirs de la IIIe République: mon père et son temps. Jules Siegfried, 1836-1922.* Paris, Éditions du Grand Siècle, 1946; Lamonde, Yvan: *Les Bibliothèques de collectivités à Montréal,* Montréal, Bibliothèque nationale du Québec, 1979, p. 31.

101. R. Barthes: *Roland Barthes par Roland Barthes,* p. 56.

102. Cité dans Thompson, Edward: *William Morris, Romantic to Revolutionary,* New York, Pantheron 1977, p. 144.

103. Voir par exemple la photographie de Cartier et du frère de Luce Cuvillier en compagnie de trois prêtres.

Chapitre 3 — Le politicien à l'oeuvre

1. ANQ. Fonds Duvernay, n° 471, lettre de F. Amiot à Duvernay, 3 février 1841.

2. DDC. Lettre de Chevalier de Lorimier à Cartier, 12 février 1839.

3. *Rapport de l'archiviste de la Province de Québec,* 1925-1926, lettre de Cartier à Charles Buller, 20 septembre 1838. APC: Fonds Berthelot, lettre de Cartier à J.-A. Berthelot, 22 septembre 1838.

4. David, L.-O.: *Biographies et portraits,* p. 151.

5. Discours de Cartier à l'Assemblée législative, *La Minerve,* 10 juin 1850, cité dans Best, p. 109.

6. Discours de Cartier à Saint-Denis, septembre 1844, cité dans Boyd, p. 65.

7. Monet, Jacques: *The Last Cannon Shot,* Toronto, University of Toronto Press, 1969, p. 45.

8. George Brown jugeait très sévèrement l'évolution de La Fontaine: «Il gravit l'échelle comme libéral, ami du peuple et du progrès et ennemi des curés, puis il la repoussa du pied une fois arrivé au sommet, pour devenir extrêmement conservateur, méfiant envers la pression populaire, fils dévoué de l'Église et baptiseur de cloches». APC Fonds Brown, n° 867, lettre de Brown à Anne Brown, 2 mars 1864.

9. ANQ. Fonds Duvernay, lettre de Louis Perrault à Duvernay, 22 septembre 1840.

10. Lettre de Cartier à La Fontaine, 18 septembre 1842, cité dans Boyd, p. 87. *Discours,* p. 1-3.

11. *Discours,* p. 9. Aimé Massue, seigneur de Varennes, était un des meilleurs clients de l'étude de Cartier durant les années 1840.

12. Creighton, Donald: *John A. Macdonald; The Young Politician,* Toronto, Macmillan, 1952, p. 340. Newman, Lena: *The John A. Macdonald Album,* Tundra Books, 1974, p. 89.

13. Monet, J.: *The Last Cannon Shot,* p. 322. APC: Sydney Bellingham Memoirs, p. 202. APC: Documents Macdonald, n° 85813, lettre de Cartier à Macdonald, 1er septembre 1866. Boyd, p. 361.

14. *Le nouveau Monde,* cité dans *La Minerve,* 21 mai 1873. Notman, W. et Taylor, Fennings: *Portraits of British America,* Montréal, W. Notman, 1865-1868, vol. 1, p. 122. George Brown, à sa façon, reconnut l'endurance et le dynamisme de Cartier: «On a du mal à le croire. Cartier a pris la parole jeudi, à quatre heures et il a parlé jusqu'à six heures. Il l'a reprise à huit heures et demie, jusqu'à onze heures et quart. Il a recommencé hier à trois heures, jusqu'à six heures, puis de nouveau de sept heures et demie jusqu'à une heure moins le quart du matin! Ce misérable a crié pendant treize heures, dans un seul discours! On m'a déjà reproché de parler trop longtemps, mais Cartier bat tous les records passés, présents et à venir.» Fonds Brown, n° 865, lettre de Brown à son épouse, 1er mars 1865. Cette hostilité que manifeste Brown à l'égard de Cartier dans sa correspondance privée fait contraste avec le style officiel des Pères de la Confédération. Joseph Howe, lui non plus, n'était pas tendre pour Cartier lorsqu'il s'exprimait en privé: «Cartier est l'homme le plus surestimé de la Chambre. Il crie comme une mouette perdue dans la tempête. Il a des manières dictatoriales et un esprit illogique.» Lettre de Joseph Howe à son épouse, 22 novembre 1867, cité dans Best, p. 136.

15. APC. Fonds Berthelot, lettre de La Fontaine à Berthelot, 30 juillet 1850.. Best (p. 136) soutient que Cartier et Morin étaient reliés par des alliances matrimoniales. On trouvera un exposé plus détaillé du rôle de Cartier dans les événements politiques des années 1850 et 1860 dans Careless, J. M. S.: *The Union of the Canadas: the Growth of Canadian Institutions, 1841-1857,* Toronto, McClelland and Stewart, 1967, et, du même auteur, *Brown of the Globe,* Toronto, Macmillan, 1959, 1963; Cornell, Paul: *The Alignment of Political Groups in Canada, 1841-1867,* Toronto, University of Toronto Press, *1962; Bernard,* Jean-Paul: *Les Rouges: libéralisme, nationalisme et anticléricalisme au milieu du XIXe siècle,* Montréal Presses de l'Université du Québec, 1971.

16. *Discours*, p. 31. McCord. Lettre de A.-N. Morin à Cartier, 6 novembre 1851; lettre de Cartier à Morin, 7 novembre 1851.

17. *La Minerve,* 15 juillet 1854.

18. *Ibid,* 7 et 9 septembre 1854. Le poste de secrétaire de la province reflète bien la dualité des structures administratives canadiennes à l'époque: il existait deux bureaucraties distinctes pour les deux parties du Canada. Hodgetts, J.E.: *Pioneer Public Service: An Administrative History of the United Canadas,* Toronto, University of Toronto Press, 1955.

19. *Recensement du Canada, 1870-1871,* vol. 5, p. 33, Rumilly, R.: *Histoire de la province de Québec,* vol. 1, p. 73.

20. *La Minerve,* 22 avril 1872.

21. *Recensement du Canada, 1870-1871,* vol. 5, p. 33. À des fins de comparaison, la densité de la population, en 1871, était de 6 025 personnes au mille carré à Toronto et de 5 172 à Québec.

22. Le recensement de 1871 fait état de 9 019 analphabètes dans la population de plus de vingt ans. *Recensement du Canada, 1870-1871,* vol. 2, p. 207.

23. *Ibid.,* p. 302. On trouvera plus de détails sur le sujet dans Bradbury, Bettina: «The Family Economy and Work in an Industrializing City; Montreal in the 1870's», Société historique du Canada, *Communications historiques, 1979, p. 75.*

24. Voir chapitre 4.

25. *La Minerve,* 13 avril 1843, cité dans Best, p. 63.

26. Monck: *My Canadian Leaves,* p. 149.

27. Dever, Alan: *Economic Development and the Lower-Canadian Assembly, 1828-1840,* thèse de maîtrise, McGill University, 1976. L'auteur traite surtout de la période qui a précédé la Rébellion.

28. *La Minerve,* 2 novembre 1852.

29. *Discours,* 6 mars 1860. *Débats de la Chambre des communes,* 3 décembre 1867.

30. *Discours,* 20 mars 1850.

31. *Ibid.* 27 octobre 1854.

32. *Ibid.* 16 mars 1860. Avant l'adoption de cette loi, les détenteurs d'hypothèques n'avaient guère de moyens de se protéger contre la vente clandestine des terrains sur lesquels ils détenaient leurs hypothèques.

33. *Ibid.,* p. 221.

34. *Débats de la Chambre des communes,* 27 mars 1867.

35. Cartier appuyait aussi, en public, le Montreal Colonization Railway, mais étant donné qu'il s'agissait d'un concurrent du Grand Tronc, il s'efforçait discrètement de le saboter.

36. *Montreal Gazette,* 5 septembre 1867.

37. *Royal Commission on the Canadian Pacific Railway* (Ottawa, 1873), témoignage de J. J. C. Abbott, p. 174.

38. *La Minerve,* 14 avril 1853. On trouvera une biographie de John Young dans DBC vol. 10 (1972), p. 790-798.

39. Pour la réaction dans les milieux commerçants de Québec, voir Ouellet, Fernand: *Histoire de la Chambre de commerce de Québec,* Presses de l'Université Laval, 1959.

40. Voir chapitre 4.

41. *Discours,* p. 63.

42. *Ibid.* 7 août 1870, p. 692.

43. McCord. Reçus de la Société Saint-Jean-Baptiste, 1846-1848.

44. *Ibid.* Procès-verbal de la réunion du Barreau de Montéal, 21 mars 1857; lettre de J.-L. Beaudry à Cartier, 17 avril 1857.

45. *Ibid.* Carte de membre, Repeal Association of Ireland, 1844-1845.

46. *La Minerve,* 17 janvier 1854. McCord. Reçu d'une contribution de 15 livres au fonds de secours, 8 juillet 1852.

47. *La Minerve,* 27 juin 1854.

48. Monet, J.: *The Last Cannon Shot,* p. 277.

49. Best: p. 107. *Discours,* 27 mars 1860, p. 233. Dorion a accusé Cartier d'avoir divisé Montréal en trois circonscriptions distinctes aux dépens des électeurs irlandais et francophones. ANQ: Collection Chapais, boîte 8, lettre de Cartier à Langevin, 11 juillet 1867.

50. Best: p. 143. Soeur de Saint-Joseph de Saint-Hyacinthe: *La Petite Histoire de chez nous,* vol. 38, p. 913. Bernard: *Les Rouges,* p. 234.

51. *La Minerve,* 27 août 1853. McCord. Reçu de la Lower Canada Agricultural Society, 1849-1850.

52. McCord. Lettre de l'évêque de Saint-Hyacinthe à Cartier, 24 mars 1863.

53. ANQ. Documents Labelle; lettre de Cartier à Antoine Labelle, 5 février 1863. Archives du Séminaire de Québec: lettre de Cartier à Mgr Marquis, 24 avril 1867.

54. *Montreal Gazette,* 25 avril 1844. Francis Hincks fut impliqué dans une bagarre qui eut lieu rue Notre-Dame et au cours de laquelle un Irlandais fut forcé «à avaler une de ses propres dents», *Pilot,* 16 avril 1844. D'après la *Montreal Gazette* les Canadiens français ne participèrent à peu près pas à l'affaire, étant donné leur «aversion naturelle» pour la violence.

55. *Montreal Gazette,* 25 avril 1844. Hincks, Francis: *Reminiscences of his Public Life,* Drysdale and Co., Montréal, 1884 p. 130. Elinor Senior a décrit le rôle du pouvoir militaire au milieu du 19e siecle dans son étude: *An Impe-*

rial Garrison in its Colonial Setting: British Regulars in Montreal; l'auteur eu l'amabilité de me donner accès à ses notes sur l'élection de 1844.

56. *Montreal Gazette,* 23 avril 1844.

57. *Ibid.* 25 avril 1844. *Pilot,* 26 avril 1844.

58. *La Minerve,* 8 septembre 1854.

59. *Le Pays,* 16 janvier 1858.

60. APC. Documents Cartier, lettre de M. Lanctôt à Cartier, 17 septembre 1872. *L'Union nationale,* 12 septembre 1867. Slattery, T.P.: *The Assassination of D'Arcy McGee,* Toronto, Doubleday, 1968, p. 87; l'auteur cite Cartier sur la disponibilité du vote des Irlandais.

61 Séguin, Normand: *L'Opposition canadienne-française aux élections de 1867 dans la grande région de Montréal,* thèse de maîtrise, Université d'Ottawa, 1968, p. 111-112.

62. Lettre de Cartier à P.-J.-O. Chauveau, 22 octobre 1867, cité dans Best: p. 439.

63. *Le Nouveau Monde,* 27 août 1872. Rumilly: *Histoire de la province de Québec,* vol. 1, p. 219. *Le National,* 29 août 1872.

64. Au cours de la campagne électorale de septembre 1867, la *Montreal Gazette* présenta Médéric Lantôt comme un communiste. Thomas White, directeur de la rédaction de la *Gazette* reconnut devant la Royal Commission on the Pacific Railway (Ottawa, 1873, p. 186) que son journal avait bénéficié de l'aide de Hugh Allan. *Les Mélanges* religieux étaient publiés par Hector Langevin, stagiaire à l'étude de Cartier et qui devait devenir son lieutenant. Sous sa direction, le journal appuya vigoureusement les réformistes, dénonçant les annexionnistes et qualifiant Papineau de «timbré». Désilets, Andrée: *Hector-Louis Langevin: un père de la Confédération canadienne, 1826-1906,* Québec, Presses de l'Université Laval, 1969, p. 45.

65. McCord. Factures de *La Minerve,* 1849 et du *Pilot,* 30 juillet 1846.

66. L.-A. Dessaulles, cité dans *Le Pays,* 18 novembre 1858.

67. *Le Pays,* 13 mars 1858.

68. APC. Ministère des Affaires étrangères à Paris, correspondance commerciale et politique des consuls français à Québec, 1856-1873, 21 janvier 1960, cité dans le dossier Louis Richer, Parcs-Canada, Québec.

69. Archives du Séminaire de Québec, lettre du curé Labelle à Langevin, 30 juillet 1870.

70. *Montreal Gazette,* 4 mai 1855. APQ. Collection Chapais, boîte 8, lettre de Cartier à Langevin, 31 août 1858. *Le Pays,* 25 novembre 1858.

71. *Le Pays,* 19 janvier 1958.

72. *Montreal Gazette,* 20 mai 1862.

73. *Débats de la Chambre des communes,* 30 mars 1868.

74. L.-H. Masson, *Débats de la Chambre des communes,* 30 mars 1868.

75. *Ibid.*

76. APQ. Collection Chapais, boîte 10, lettre de Luc Désilets à Cartier, 2 octobre 1868.

77. *Débats de la Chambre des communes,* 1 et 12 mai 1868.

78. Dumont, Fernand: «*Idéologie et conscience historique dans la société canadienne-française du XIX*e *siècle,*» J.-P. Bernard: *Les Idéologies québécoises au XIX*e *siècle,* Montréal, Boréal Express, 1973, p. 75-76.

79. *La Minerve,* 24 mars 1859.

80. McCord. Lettre de D. M. Armstrong à Cartier, 4 mai 1857.

81. On trouvera une description de cette collaboration croissante dans la lettre de Luther Holton à George Brown, 14 octobre 1859, APC, Fonds Brown, n° 447.

82. Voir le programme publié dans Rumilly: *Histoire de la province de Québec,* vol. 1, p. 200. Dans son étude qui fait autorité *Les Rouges,* Jean-Paul Bernard insiste sur le libéralisme des rouges plutôt que sur leur entente avec les conservateurs au sujet du développement économique.

83. ANQ. Fonds Duvernay, lettre de Cartier à Duvernay, 10 juin 1840.

84. Lettre de Cartier à La Fontaine, 18 septembre 1842, cité dans Boyd, p. 87.

85. APQ. Collection Chapais, boîte 25, lettre de Guillaume Lévesque à Cartier, 19 juin 1844.

86. Monet, J.: *The Last Cannon Shot,* p. 323. Best, p. 649. Bernard: *Les Rouges,* p. 41. APQ, Collection Chapais, boîte 25, lettres de Joseph Doutre à Cartier, 4 et 8 août 1848.

87. *La Minerve,* 23 et 25 février, 2 mars 1854.

88. Boyd: p. 351.

89. *Discours,* discours aux funérailles de Ludger Duvernay, 21 octobre 1855, p. 66.

90. *Ibid.* 13 juillet 1866, p. 495.

91. Best: p. 666. *La Minerve,* 18 mars 1853.

92. *Ibid.* 16 avril 1861. *Discours,* p. 150. J.I. Cooper: «The Political Ideas of George-Étienne Cartier», Canadian Historical Association, Report, 1942, p. 286. L'auteur en vient à la conclusion que Cartier était un homme d'action, mais qu'il n'avait guère de connaissances théoriques en politique. On peut cependant noter une ressemblance frappante entre l'argumentation de Cartier, dans ses thèmes et dans son contenu, et l'oeuvre de théoriciens conservateurs comme Burke qui affirmait: «Les chemins qui mènent à la notoriété et au pouvoir ne doivent pas être rendus trop faciles». Burke ajoutait: «Il est de l'essence même de la propriété, qui repose sur les deux principes de l'acquisition et de la conservation, d'être inégalitaire.» Voir à ce sujet Curtis, Michael: *The Great Political Theories,* New York, 1961, p. 52-55.

93. *Discours,* 7 novembre 1854. *Débats de la Chambre des communes,* 19 novembre 1867.

94. *La Minerve,* 16 avril 1856.

95. En 1867, Cartier siégeait aussi aux comités du système électoral et des comptes publics de l'Assemblée législative. *Journaux de l'Assemblée législative,* Québec, 1867, p. 7. On trouvera d'autres exemples de la subordination du Québec au gouvernement fédéral dans notre article: «*Federalism in Quebec*», Hodgins, Bruce: *Federalism in Canada and Australia,* Waterloo, Wilfrid Laurier University Press, 1978, p. 97-108.

96. *La Minerve,* 14 juin 1853.

97. Best: p. 118. Cartier payait ses employés 90 cents par jour.

98. *Discours,* 13 juillet 1866, p. 495.

99. *Ibid.*, p. 425.

100. Monet, J.: *The Last Cannon Shot,* p. 356.

101. *La Minerve,* 15 octobre 1849, cité dans Best, p. 664.

102. *La Minerve,* 19 avril 1856.

103. Knight, David: *Choosing Canada's Capital,* Toronto, McClelland and Stewart, 1977, p. 14, 110-115.

104. *Journaux de l'Assemblée législative, Canada,* 10 avril 1856, p. 281.

105. *La Minerve,* 9 avril 1856.

106. Mémorandum du gouverneur général Head, cité dans Knight: *Choosing Canada's Capital,* p. 166. *Discours,* 2 février 1859, p. 173-174.

107. Knight, D.: *Choosing Canada's Capital,* p. 115, Skelton, O.D.: *The Life and Times of Sir Alexander Tilloch Galt,* Toronto, Oxford University Press, 1920, p. 202.

108. Knight, D.: *Choosing Canada's Capital, p. 182.*

109. *Ibid.*

110. Morton, W.L.: *The Critical Years: The Union of British North America, 1857-1873,* Toronto, McClelland and Stewart, 1964, p. 65.

111. Waite, P.B.: *John A. Macdonald: His Life and World,* Toronto, McGraw-Hill, Ryerson, Toronto, 1975, p. 62.

112. Skelton, O.D.: *Sir Alexander Tilloch Galt,* p. 96.

113. APC. Fonds Brown, no 953, lettre de Brown à son épouse, 20 juin 1864.

114. *Ibid.* 27 octobre 1864.

115. *La Minerve,* 16 juillet 1864, cité dans Bonenfant, J.-C.: *Les Canadiens français et la naissance de la Confédération,* Ottawa, Société historique du Canada, 1966, p. 14.

116. Discours de Cartier à l'Assemblée législative, 7 février 1865, cité dans Waite, P.B.: *The Confederation Debates in the Province of Canada, 1865,* Toronto, McClelland and Stewart, 1963.

117. À la dernière conférence de Londres, au printemps de 1867, Cartier semble avoir réussi à bloquer les efforts de Macdonald pour augmenter la centralisation. Voir à ce sujet Bonenfant, J.C.: *La Naissance de la Confédération,* Montréal, Léméac, 1969, p. 107.

118. Waite: *Confederation Debates,* p. 115.

119. Discours de Cartier à l'Assemblée législative, 7 février 1865, cité par Waite: *Confederation Debates,* p. 50-55.

120. *Ibid.,* p. 50.

121. McCord. Extrait de *Canadian News,* 27 avril 1865.

122. Waite, P.B.: *Confederation Debates,* p. 88, 95.

123. *Ibid.,* p. 88, 148-149.

124. Discours de H.-G. Joly à l'Assemblée législative, 20 février 1865, *Ibid.* p. 96.

125. Discours de Cartier à l'Assemblée législative, 7 février 1865, *Ibid.* p. 51.

126. *La Minerve,* cité dans Bonenfant: *Les Canadiens français et la naissance de la Confédération*, p. 14.

127. Voir chapitre 4.

128. Cité dans Bonenfant, J.-C.: *Les Canadiens français et la naissance de la Confédération,* p. 15. Voir aussi le discours de Cartier, cité dans Waite: *Confederation Debates,* p. 52. Aussi Ullmann, Walter: «*The Quebec Bishops and Confederation*», Cook, Ramsay: *Confederation,* Toronto University of Toronto Press, 1967, p. 48-49.

129. Lettre du vicaire général Truteau au vicaire général Cazeau, 20 février 1865, cité dans Ullmann: «The Quebec Bishops,» p. 56.

130. *La Minerve,* 30 mai 1866, cité dans Ullmann: «The Quebec Bishops,» p. 57.

131. *Quebec Morning Chronicle,* 23 février 1865.

132. John Rose, cité dans *Quebec Morning Chronicle,* 23 février 1865.

133. McCord. Lettre de Cartier à John Rose, 21 février 1867.

134. *Quebec Morning Chronicle,* 11 mars 1865.

135. *Ibid.* 20 mars, 10 août 1865.

136. APQ. Collection Chapais, boîte 8, lettre de Cartier à Langevin, 17 avril 1866, lettre de Langevin à Cartier, 19 avril 1866.

137. Boyd: p. 399.

138. On trouvera un compte rendu détaillé de la campagne de 1867 dans Gervais Gaétan: *Médéric Lanctôt et l'Union nationale,* thèse de maîtrise, Université d'Ottawa, 1960.

139. *L'Union Nationale,* 20 mars 1867.

140. *Ibid.* 30 mars 1867.

141. Pour les tendances politiques de ce journal, voir Bouchard, Gérard: «Apogée et déclin de l'idéologie ultramontaine à travers le journal Le Nouveau Monde, 1867-1900,» *Recherche sociographiques,* vol. 10, nos 2-3, p. 261-291.

142. Séguin, Normand: *L'opposition canadienne-française aux élections de 1867 dans la grande région de Montréal,* thèse de maîtrise, Université d'Ottawa., 1968, p. 119.

Chapitre 4 — La réforme des institutions

1 Procès verbaux de la Société Saint-Jean-Baptiste, vol. 1 (1843-1881), p. 4.

2. Rumilly, R.: *Histoire de la Société Saint-Jean-Baptiste,* Montréal, L'Aurore, 1975, p. 56. Léopold Gagner: *Duvernay et la Société Saint-Jean-Baptiste,* Montréal, Chantecler, 1952, p. 40.

3. Procès-verbaux de la Société Saint-Jean-Baptiste, vol. 1 (1843-1881), p. 84, 135, 195.

4. Hunte, Keith D.: *The Development of the System of Education in Canada East, 1841-1867: An Historical Survey,* Thèse de maîtrise, McGill University, 1962, p. 171. Labarrière- Paulé, André: *Les Instituteurs laïques au Canada français,* Québec, 1836-1900. Presses de l'Université Laval, 1965, p. 18.

5. *Discours,* 15 avril 1856, p. 103. On trouvera une excellente étude de l'attitude du clergé dans le domaine de l'éducation dans Chabot, Richard: *Le Curé de campagne et la contestation locale au Québec de 1791 aux troubles de 1837,* Montréal HMH, 1975, et dans Ouellet, Fernand: «L'enseignement primaire, responsabilité des Églises ou de l'État? (1801-1836)», *Éléments d'histoire sociale du Bas-Canada,* Montréal, HMH, 1972, p. 259-280. L'hostilité des Canadiens français envers l'Institution royale a été étudié par Réal Boulianne dans «The French-Canadians and the Schools of the Royal Institution for the Advancement of Learning, 1820-1829,» *Histoire sociale,* 5, 10 (novembre 1972), p. 145-164. Le cas des enseignants laïques a été traité par André Labarrère-Paulé dans *Les Instituteurs laïques au Canada Français, 1836-1900.* Pour les conséquences sociales de l'analphabétisme, voir en particulier Greer, Allan: «The Pattern of Literacy in Quebec, 1845-1899,» *Histoire sociale,* 11, 22 (novembre 1978) p. 295-335. De façon générale, pour le système scolaire du Québec, voir Audet, Louis-Philippe: *Le système scolaire de la province de Québec,* Presses de l'Université Laval, Québec, 1951.

6. Greer, A.: «The Pattern of Literacy in Quebec,» p. 315.

7. McCord. Lettre d'Antoine-Côme Cartier à G.-É. Cartier, 29 septembre 1854.

8. Voir, par exemple, la biographie de La Fontaine par Jacques Monet dans DBC, vol. IX (1977), p. 486-497.

9. *Statuts du Canada,* 9, Vic. chap. 27. (1846).

10. Hunte, K.D.: *Development of the System of Education,* p. 164. Audet, L.P.: *Histoire du conseil de l'Instruction publique,* Leméac, Montréal, 1964, p. 18.

11. Hunte, K.D.: *Development of the System of Education,* p. 126, 161.

12. *Montreal Gazette,* 18 décembre 1855.

13. Chapais, Thomas: «La Guerre des Éteignoirs,» *Report, Royal Society of Canada,* série 3 (mai 1928), p. 1-6. Audet: *Histoire du conseil de l'Instruction publique,* p. 8. Le manque de renseignements sur ces troubles empêche de les comparer aux réactions qui ont eu lieu en Angleterre et en Europe continentale contre la centralisation. La participation de certains députés et d'éléments des élites locales semble cependant confirmer l'hypothèse de E.P. Thompson qui dans son ouvrage *The Making of the English Working Class* (p. 80) soutient que les révoltes, en Angleterre, ont parfois bénéficié de la tolérance d'une partie des autorités locales. Voir aussi Hobsbawm, E.B.: «Les Soulèvements de la campagne anglaise, 1798-1850», *Annales, 23,* (janvier-février 1968) p. 9-30.

14. APC. MG24, Bl58, Fonds Joseph-Amable Berthelot, p. 209-211, lettre de La Fontaine à Berthelot, 30 juillet 1850.

15. Chapais, T.: «La Guerre des Éteignoirs,» p. 4.

16. DDC. Lettre du Mgr Guigues, évêques de Bytown, à Cartier, 16 décembre 1856.

17. Audet, L.-P.: *Histoire du conseil de l'Instruction publique,* p. 26.

18. *Discours,* 7 avril 1856, p. 87, 105.

19. *Statuts du Canada,* 19 Vic., chap. 54, (1856)

20. On instaura aussi des pensions pour les enseignants «fatigués». *Statuts du Canada,* 19 Vic. chap. 14, (1856).

21. *Montreal Gazette,* 3 avril 1856.

22. ASS, tiroir 46, no 53, Constitution et règlements de l'Association des instituteurs.

23. *Le Journal de l'instruction,* vol. 3, no 3, mars 1859.

24. *Discours,* 7 avril 1856, p. 97. Audet, L.-P.: *Histoire du conseil de l'Instruction publique,* p. 37.

25. Cartier signala à l'Assemblée que le nombre des écoles, au Québec, était passé de 2 352 à plus de 3 000 en deux ans, soit de 1853 à 1855. *Discours,* 20 février 1856, p. 70. Greer décrit cette hausse en évoquant les répercussions possibles sur le taux de natalité, la commercialisation de l'agriculture et la formation d'une force de travail industrielle, dans «The Pattern of Literacy in Quebec, 1845-1899,» p. 327, 334-335.

26. La situation au Québec ressemble à celle qu'a décrite Jean-Pierre Rioux, pour qui les buts des éducateurs du milieu du 19e siècle, en Prusse, en France et dans les pays anglo-saxons étaient les mêmes: «Permettre aux futurs citoyens d'accomplir leur devoir civique et militaire, prêcher la résignation à la main-d'oeuvre agricole ou industrielle, *La Révolution industrielle, 1780-1880,* Paris, Éditions du Seuil, 1971, p. 206.

27. DDC. Lettre de Mgr Guigues à Cartier, 16 décembre 1856.

28. *Discours.* Discours de Cartier, 1 et 15 avril 1856, p. 79 et 103. Discours d'Arthur Turcotte à l'Assemblée, *Montreal Gazette,* 21 avril 1855.

29. Audet, L.-P.: *Histoire du conseil de l'Instruction publique,* p. 37.

30. Rexford, Orrin B.: *Teacher Training in the Province of Quebec: A Historical Study to 1857,* thèse de maîtrise, McGill University, 1936, p. 89.

31. *Montreal Gazette,* 9 février 1856.

32. Rexford, O.B.: *Teacher Training,* p. 82.

33. *Discours,* 1 avril 1856, p. 79. En rapportant le discours de Cartier, la *Montreal Gazette* (3 avril 1856) reprend sa déclaration selon laquelle les deux langues devront être enseignées dans toutes les écoles, ce qui entre en contradiction avec les propos que lui prête *La Minerve* (16 avril 1856) voulant que l'anglais soit enseigné dans les trois écoles normales.

34. Cité par John Brierley: «Quebec's Civil Law Codification,» *McGill Law Journal* 144 (1968). L'auteur insiste sur la nécessité technique de la codification. Par ailleurs, Yves Zoltvany, dans «Esquisse de la Coutume de Paris,» *RHAF* 25, 3 (décembre 1971), p. 367, souligne que la Coutume de Paris enfermait la bourgeoisie québécoise «dans une structure essentiellement non capitaliste». Ce thème a été repris par Michael E. Tiger et Madeleine R. Levy dans *Law and the Rise of Capitalism,* New York, Monthly Review, 1977. André Morel, pour sa part, insiste sur l'absence de débats publics au sujet du projet de codification. Il trouve particulièrement étonnant le silence des juges et du Barreau: Boucher, Jacques et André Morel: *Livre du centenaire du code civil,* Montréal, Presses de l'Université,de Montréal 1970, p. 37-38.

35. McCord, T.: *The Civil Code of Lower Canada,* p. 11.

36. *Quebec Morning Chronicle,* 1 février 1865.

37. *Ibid.* Sweeny: p. 113.

38. *Statuts du Canada,* 20 Vic. chap. 44, (1857)

39. Brierley: «Quebec's Civil Law Codification», p. 583.

40. *Civil Code, Codifiers Report,* Québec 1865.

41. *Statuts du Canada,* 20 Vic. chap. 44, (1857)

42. *La Minerve,* 14 mars 1857. *Statuts du Canada,* 20 Vic. chap. 45. (1857)

43. Le rachat des terres à Montréal, l'importance de la ferme de Saint-Gabriel dans l'aménagement des rues de la ville ainsi que dans le développement des

canaux et des chemins de fer, de même que le rôle joué par les sulpiciens dans le domaine social et scolaire à Montréal, montrent bien que le système seigneurial restait solidement implanté. Pour une description fidèle du régime seigneurial, voir Harris, R.C.: *The Seigneurial System in Early Canada: A Geographical Study,* Québec, Presses de l'Université Laval, 1967. Les conséquences du système ont été étudiées dans Dechêne, Louise: *Habitants et marchands de Montréal au XVIIe siècle,* Paris, Plon, 1974.

44. On trouvera un intéressant débat sur le sujet dans Dobbs, Maurice et Paul Sweezy: *Du féodalisme au capitalisme: problèmes de la transition,* Paris, Maspero, 1977. L'abolition de la tenure seigneuriale au Canada a été étudiée dans Ouellet, F.: *Éléments d'histoire sociale du Bas-Canada,* Montréal, HMH, 1972, p. 91-112 et 297-318, et, du même auteur: *Le Bas-Canada, 1791-1840,* Ottawa, Presses de l'Université d'Ottawa, 1976, p. 221-246. Voir aussi Wallot, J.-P.: *Un Québec qui bougeait: trame socio-politique au tournant du XIXe siècle,* Montréal, Boréal Express, 1973.

45. Discours de Lewis Drummond à l'Assemblée législative, 1853, cité par Ouellet: *Éléments d'histoire sociale du Bas-Canada,* p. 300. Pour les liens entre l'évolution de la bourgeoisie et les structures féodales, voir Pernoud, Régine: *Les origines de la bourgeoisie,* Paris, Presses Universitaires de France, 1969. En 1831, quatre-vingts seigneuries appartenaient à des anglophones, Ouellet: *Eléments d'histoire sociale du Bas-Canada,* p. 100.

46. Discours d'Alexander Galt à Londres, publié dans Buchanan, Isaac: *The Relations of the Industry of Canada with the Mother Country and the United States,* Montréal, 1864, p. 315.

47. Les principes sur lesquels s'appuyait Viger dans sa défense du système seigneurial sont exposés dans Ouellet: *Éléments d'histoire sociale du Bas-Canada,* p. 305-315.

48. *Discours,* 8 avril 1859, p. 193. DBC, 9 (1977).

49. Best: p. 109. *La Minerve,* 3 mai 1854.

50. *Discours,* 20 mars 1853, p. 36.

51. Ouellet, F.: *Le Bas-Canada, 1971-1840,* p. 227. Bourque, Gilles et Anne Legaré: *Le Québec: la question nationale,* Paris, Maspero, 1979, p. 60; les auteurs soutiennent, mais sans documentation à l'appui, que «la résistance paysanne» a constitué le principal obstacle à la commercialisation de l'agriculture dans les seigneuries.

52. *Discours,* 25 juin 1850, p. 24. Neuf ans plus tard, *La Minerve* (12 avril 1859) accusait encore les adversaires de l'abolition d'être des «socialistes».

53. *Journaux de l'Assemblée législative, Canada,* 1841-1851, p. 488-490.

54. Taché, J.C.: «The Seigneurial System in Canada and Plan of Commutation,» *Index to the Journals of the Assembly of Canada,* 1852-1868, p. 794. La brochure de Taché, publiée par le Comité anti-seigneurial de Montréal, fut traduite en anglais et publiée par le gouvernement.

55. *Discours,* 14 février 1855, p. 57. Hincks, F.: *The Seigneurial Question: Its Present Position,* Québec, 1854, p. 6-7.

56. *La Minerve,* 12 juillet 1847.

57. En 1871, le séminaire versa 1 000 dollars à Cartier pour retenir ses services en cas de besoin. À sa mort, Cartier devait 1 733 dollars au séminaire. Même s'ils ne les payaient pas aussi cher, les sulpiciens avaient aussi recours à des avocats d'autres tendances politiques comme Louis Sicotte et le bureau de Dorion, Dorion et Geoffrion. ASSM, livre de comptes d'avocats, p. 191.

58. *Discours,* 14 février 1866, p. 475.

59. Lagrave, François: «*Les frères des écoles chrétiennes au Canada,*» *Rapport,* Société canadienne d'histoire de l'Église catholique, 1969, p. 45.

60. ASSM, vol. 180, livre de caisse, 1865-1873.

61. Les membres de la société versaient leurs cotisations aux sulpiciens. Lorsqu'un membre mourait, le séminaire versait huit dollars à la paroisse pour payer le service religieux, le cercueil et le corbillard.

62. *Discours,* 8 avril 1859. La lenteur du changement dans les campagnes faisait l'affaire des sulpiciens. Ils continuaient ainsi à percevoir des revenus seigneuriaux en même temps que dans les villes les commutations leur apportaient d'importants capitaux d'investissement. On trouvera la description de la situation qui existait dans la seigneurie de Deux-Montagnes dans Dessureault, Christian: «Lac des Deux-Montagnes,» communication présentée au congrès de l'Institut d'histoire de l'Amérique française, Ottawa, 19 octobre 1979.

63. *Discours,* 8 avril 1859, p. 157.

64. *Ibid.* 8 avril 1859, p. 193.

65. ASSM, correspondance de Joseph Comte; lettres de Comte à Cartier, 9 et 13 novembre 1864; lettre du Comte à Lewis Drummond, 20 novembre 1854. *Statuts du Canada,* 18 Vic., chap 3, (1854).

66. Archives de la Bibliothèque nationale de Montréal, Biens du séminaire, no. 92. Lettre de Cartier à Joseph Comte, 23 mars 1859, no 191. Lettre de M.D. Granet à Cartier, 1858.

67. *Ibid.*, no 193, lettre de M.D. Granet à Comte, 3 mars 1859.

68. ASSM. Cahier no 1, Rapport de l'assemblée d'onze, 10 mars 1859.

69. *La Minerve,* 12 et 20 avril 1850. *Discours,* 8 avril 1859, p. 193-199. *Statuts du Canada,* 22 Vic., chap. 48, (1859) article 20.

70. Pour la scission entre les rouges et les grits au sujet de la tenure seigneuriale, voir Fonds Brown, vol. 393, lettre de Lewis Drummond à Brown, 30 avril 1859; lettre de Brown à Laberge, 2 mai 1859.

71. Le cas de Cartier lui-même est intéressant. Après sa mort, ses exécuteurs testamentaires durent verser au séminaire la somme de 1149 dollars pour la commutation de trois de ses propriétés, en plus de 586 dollars en intérêts accumulés. DDC, rapport des exécuteurs testamentaires de G.-É. Cartier, 1888, p. 10.

72. Discours de Galt, 1er janvier 1860, cité dans Buchanan, Isaac: *The Relations of the Industry of Canada with the Mother Country and the United States,* p. 315.

73. ASSM, vol. 180, livre de caisse, 1865-1873; vol. 251, cahier des créanciers, 1871-1921.

74. *Le Courrier du Canada,* 30 juillet 1860.

75. ANQ, Fonds Labelle, lettre de Cartier au curé Labelle, 20 mai 1860; lettre du curé Labelle à H. Langevin, 3 avril 1865. Archives du séminaire de Québec, lettre de Cartier à Mgr Marquis, 24 avril 1867. Pour d'autres exemples de démarches du clergé, voir Ryan, William: *The Clergy and Economic Growth in Quebec, 1896-1914,* Québec, Presses de l'Université Laval, 1966, et Young, Brian: *Promoters and Politicians: the North-Shore Railways in the History of Quebec, 1854-1885,* Toronto, University of Toronto Press, 1978, p. 30-37.

76. *La Minerve,* 29 mars et 12 avril 1859.

77. APQ. Collection Chapais, boîte 32, lettres d'Edmond Langevin à Hector Langevin, 1865; boîte 22, lettre de Mgr Taschereau à Cartier, 23 février 1872.

78. Eid, Nadia: *Le Clergé et le pouvoir politique au Québec,* Montréal, HMH, 1978, p. 11. L'auteur situe le mouvement ultramontain au Québec dans le contexte général du conflit entre le clergé et «la petite bourgeoisie canadienne-française».

79. ASSM, tiroir 99, correspondance entre Mgr Bourget et le supérieur des sulpiciens, lettre de Mgr Bourget à G. Doucette, 3 juillet 1858. On trouvera une défense des ultramontains dans l'étude de Léon Pouliot sur Mgr Bourget (Montréal, Bellarmin, 1972), et dans le second volume de l'*Histoire de Montréal* de Rumilly.

80. ASSM, Correspondance entre Mgr Bourget et M.D. Granet, lettre de Mgr Bourget à Granet, 25 octobre 1863.

81. *Ibid.* Tiroir 100, memorandum 43, 24 mai 1867; tiroir 99, lettre 45, 19 octobre 1866.

82. On comparera avec intérêt les procès-verbaux des conseils d'administration de la société à Londres et au Canada: APC, R. G. 30, vol. 1 000, *Grand Trunk Minute Book* et vol. *1 002, Grand Trunk Minute Book: London.*

83. Canadian Board, Minutes, mai 1856, janvier 1858; Robert Fulford, *Glyn's: 1753-1953,* Macmillan, Londres, 1953, p. 150-155.

84. APC. Mg 24, Fonds Baring, D 21, vol 150, lettres de Baring à Cartier 13 mars et 14 mars 1862. ANQ, Collection Chapais, lettre de C. J. Brydges à Cartier, 13 février 1871.

85. APC, R.G. 30, Canadian National Railway, lettre d'Edward Watkins à C.J. Brydges, 12 décembre 1861. Pour l'histoire du Grand Tronc, les ouvrages qui font autorité sont ceux de Currie, A.W.: *The Grand Truck Railway of Canada,* Toronto, University of Toronto Press, 1957, et Stevens, G.R.: *The Canadian National Railways, Toronto,* Clarke Irwin, 1960.

86. Currie: *The Grand Trunk Railway of Canada*, p. 36.

87. En 1854, le Grand Tronc versa 37 livres à La Fontaine et 45 livres à Macdonald. APC, Canadian National Railway, R.G. 3G, vol. 1973, Grand Trunk Ledger, 1853-1857.

88. Naylor, Tom: *History of Canadian Business, 1867-1914*, Toronto, James Lorimer, 1975, vol. 1, p. 279.

89. Boyd: p. 161. *La Minerve*, 12 mars 1853. *Discours*, p. 49.

90. *Discours*, p. 6.

91. *Ibid.*, p. 15.

92. *La Minerve*, 31 juillet 1866, cité dans le dossier Louis Richer, Parcs Canada (Québec).

93. *Débats* de la Chambre des communes, 25 novembre 1867.

94. *La Minerve*, 9 février 1855.

95. *Ibid.* 24 octobre 1852.

96. *Statuts du Canada*, 16 Vic. chap. 37, (1852).

97. *Le Pays*, 30 septembre 1852.

98. APC. R.G. 30, vol. 1 000, Minutes of Canadian Board, 11 juillet 1853; vol. 1 002, Minutes London Board, 31 août 1853. *Journaux de l'Assemblée législative*, vol. 15, app. 6-7, question 223: le montant en cause est ici de 10 000 dollars, cité dans le dossier Louis Richer, Parcs-Canada. Les Procès verbaux du conseil ne font état que de 340 livres versées à titre d'honoraires à Cartier le 28 mai 1856.

99. McCord. Acte de société, Cartier et Pominville, 5 mars 1859.

100. DDC. Lettre de M. Grant à Cartier, 24 septembre 1868; lettre de J. Hickson à Cartier, 23 mai 1872.

101. DDC. Obligations du Grand Tronc à 7%, 1859, (voir tableau 6).

102. Canadian Board Minutes, 27 septembre 1853; London Board Minutes, 14 février 1872.

103. DDC. Mémorandum de John Ross sur la ligne d'Arthabaska, 20 août 1858.

104. R.G. 30, vol. 10 186, 9 février 1855.

105. *Ibid.* vol. 10 193, lettre de J. Hickson à Cartier, 21 août 1863.

106. *Ibid.* vol. 1973, Ledger, *Grand Truck Railway*, 1853-1857, 31 mai 1861; vol. 10 194, minutes, London Board, 14 février 1872.

107. Best: p. 148.

108. DDC. Lettre de Pominville à Cartier, 16 juillet 1864. La nièce du gouverneur général se trouva à passer sur les lieux de l'accident quelques jours plus tard. «Nous avons fait un excellent voyage à Montréal, écrit-elle. Nous sommes

passés sur un pont levant où un terrible accident avait eu lieu quelques jours auparavant. Par suite de quelque négligence, le pont était resté ouvert et un train rempli de pauvres immigrants allemands est tombé dans la rivière. Une centaine de personnes ont perdu la vie. En passant là j'ai senti un frisson d'horreur.» Francis Monck: *My Canadian Leaves*, p. 27. Heap, Margaret: «La grève des charretiers à Montréal, 1864,» RHAF, 31, 3, (décembre 1977), p. 371-395.

109. Le gouvernement fit rejeter une proposition qui tendait à interdire aux députés ayant des placements dans les chemins de fer de siéger au comité. *Le Pays*, 26 septembre 1854.

110. *Statuts du Canada,* 16 Vic. chap. 37, (1852).

111. *Ibid.* 18 Vic. chap 33, (1854).

112. Currie, A.W.: *Grand Trunk Railway Company of Canada,* p. 49.

113. Canadian Board, Minutes, 10 juin 1859. McCord. Lettre de Cartier à Alexander Galt, 1 octobre 1861.

114. Currie, A.W.: *Grand Trunk Railway Company of Canada,* p. 91. Discours, 2 mai 1861, p. 285.

115. Watkins, E.: *Canada and the States,* p. 497. *Statuts du Canada,* 25 Vic. chap. 56, (1862). APC. M.G. 24, Documents Baring, D. 21, vol. 150, lettres de Thomas Baring à Cartier, 13 mars et 14 mai 1862.

116. Boyd: p. 22.

117. *La Minerve,* 29 novembre 1851.

118. R.G. 30, vol. 1973, Grand Trunk Ledger, 1853-1857.

119. *Ibid.,* vol. 10 199, lettre de Thomas Blackwell à Thomas Baring. ANQ, Collection Chapais, boîte 7, lettre de C.J. Brydges à Cartier. *Montreal Gazette,* 14 février 1872.

120. Joseph-Édouard Turcotte, de Trois-Rivières, cité dans *Montreal Gazette,* 5 mai 1855.

121. *Le Courrier du Canada,* 7 avril 1857.

122. *Montreal Gazette,* 12 mai 1855.

Conclusion

1. Au sujet de Cartier, Riel et l'émigration canadienne-française vers l'Ouest, voir Graham, Jane: *The Riel Amnesty and the Liberal Party in Central Canada, 1869-1875,* thèse de maîtrise, Queen's University, 1967. Aussi Silver, Arthur: «French Canada and the Prairie Frontier, 1870-1890». *Canadian Historical Review,* 50, 1, (mars 1969), p. 11-36.

2. Désilets, *Andrée: Hector-Louis Langevin, un père de la Confédération canadienne, 1826-1906,* Québec, Presses de l'Université Laval, 1969, p. 228.
3. *Le Nouveau Monde,* 6 février, 20 juin 1872.
4. *Mandements, lettres pastorales, circulaires et autres documents,* Montréal 1887, vol. 6, p. 275, 25 juillet 1872.
5. *Le Nouveau Monde,* 1 juin 1872.
6. *Le National,* 16 mai 1872.
7. Boyd: p. 313.
8. Morton, W.L.: *The Critical Years,* p. 247-248.
9. APQ. Collection Chapais, lettre de C. J. Brydges à Cartier, 5 mars 1872.
10. *Royal Commission on the Canadian Pacific Railway,* Ottawa, 1873, lettre d'Allan à G.W. Cass, p. 212. C'est dans ce rapport qu'on trouve les meilleurs renseignements sur l'importance du Chemin de fer du Pacifique dans les élections de 1872. Pour une biographie d'Allan, voir DBC, vol. 11, p. 5-17.
11. *Montreal Gazette,* 17 février 1872.
12. *Le Nouveau Monde,* 23, 28 octobre, 2 novembre 1871.
13. Young, B.: *Promoters and Politicians,* chap. 3.
14. *Mandements, lettres pastorales, circulaires et autres documents,* Québec, 1889, vol. 5, p. 116, 1er juin 1872. Rumilly: *Histoire de la province de Québec,* p. 224.
15. *Royal Commission on the Pacific Railway,* lettre d'Allan à G.E. McMullen, p. 210; témoignage d'Allan, p. 145. La contribution d'Allan à la campagne électorale a pu être partiellement versée au compte personnel de Cartier. En effet, d'avril à septembre, Cartier a déposé 7 268 dollars à son compte chez Cuvillier pour payer des montants dus sur des actions. DDC, compte de Cartier chez Cuvillier et Cie, 1870-1873.
16. Rumilly, Robert: *Monseigneur Laflèche et son temps,* Montréal, Éditions du Zodiaque, 1938, p. 71.
17. Sulte, Benjamin: *Sir George-Étienne Cartier. Mélanges historiques,* p. 12. ANQ Collection Chapais, boîte 22, lettre de Mgr Taché à Cartier, 14 septembre 1872.
18. Pope, Joseph: *Memoirs of the Right Honorable Sir John Alexander Macdonald G.C.B., First Prime Minister of the Dominion of Canada,* Londres, 1894, vol. 2, p. 157, lettre de J.A. Macdonald à lord Lisgar, 2 septembre 1872. ANQ. Collection Chapais, boîte 10, lettre d'Arthur Dansereau à Hector Langevin, 7 septembre 1872.
19. APC. Fonds Cartier, lettre de P. Winter à Cartier, 26 septembre 1872; lettre de F.C. Bonneau à Cartier, 10 septembre 1872; lettre de V.P. Lavallée à Cartier, 6 septembre 1872.

20. *Ibid.* Extraits de journaux, 28 août, 6 septembre 1872.

21. *Ibid.* Lettre de Cartier à Louis Archambault, publiée dans *La Minerve,* 25 septembre 1872.

22. Lettre de Macdonald à lord Lisgar, 2 septembre 1872, citée dans Best, p. 584. Collection Chapais, boîte 10, lettre de A. Dansereau à H. Langevin, 7 septembre 1872.

23. Loomis, Alfred: *Lectures on Diseases of the Respiratory Organs, Heart and Kidneys,* Londres, 1875.

24. Dickinson, W.H.: *On the Pathology and Treatment of Albuminia,* Londres, 1868.

25. Journal d'Hortense Cartier, 25 décembre 1872.

26. APC. Fonds Macdonald, no. 85729-31, lettre de Joséphine Cartier à Macdonald, 22 mai 1873. DDC. lettre de Cartier à Georgina Ruffenstein, 13 mars 1873. Pope: *Memoirs of Sir John A. Macdonald,* vol. 2, p. 326-327.

27. Fonds Macdonald, no 85729-31, lettre de Joséphine Cartier à Macdonald, 22 mai 1873.

28. ASSM. Correspondance, lettre de John Rose à Macdonald, 28 mai 1873.

29. *La Minerve,* 10 juin 1873.

30. Lady Dufferin: *My Canadian Journal, 1872-1878,* New-York, 1891, p. 76.

31. Les funérailles de Cartier ont été décrites en détail dans *La Minerve,* 13 juin 1873 et la *Montreal Gazette,* 14 juin 1873.

32. *Le Nouveau Monde,* 21 mai 1873, cité dans *La Minerve,* 16 juin 1873.

33. Foster, John: *Class Struggle and the Industrial Revolution: Early Industrial Capitalism in three English Towns,* Londres, Methuen, 1977, p. 182.

34. McCord. Reçus de la Société Saint-Jean-Baptiste, 1846-1848.

35. En 1868, Galt demanda à Cartier de lui arranger un emprunt de 20 000 dollars de Clara Symes. DDC, lettre de Galt à Cartier, 1er mars 1868.

36. Pour les changements apportés au système des registres paroissiaux, voir les articles 54-6 et 64-5 du code civil, ainsi que l'étude de Gérard Bouchard et André Larose: «La réglementation du contenu des actes de baptême, mariage et sépulture au Québec, des origines à nos jours,» RHAF, 30, 1 (juin 1976), p. 67-84. APC, R.G. 30, vol. 10 199, no 297, *Canada Gazette,* 23 février 1867. Au sujet de l'appui de Cartier à la police provinciale, voir *Débats de l'Assemblée législative du Québec,* 1867-1870, p. 126.

37. Il y a d'autres exemples concernant les sociétés «différentes» dans: Tilly, Charles: *The Vendée: A Sociological Analysis of the Counter-Revolution of 1793,* New York, John Wiley and Sons, 1967, p. 60. Guttsman, W.L.: *The British Political Elite,* New York, Basic Books, 1963, p. 60-68.

38. McCord, Thomas: *The Civil Code of Lower Canada*, Montréal, Dawson Brothers, 1867, p. 11. Discours d'Alexander Galt, 1er janvier 1860, cité dans Buchanan, Isaac: *The Relations of the Industry of Canada with the Mother Country and the United States,* p. 315.

39. *Discours,* 21 octobre 1855, p. 66.

40. Sweeny (p. 176) affirme que Cartier était «obligé» d'emprunter à cause d'un «manque de fonds».

Note bibliographique

L'écriture de Cartier a toujours été difficile à déchiffrer, mais à partir du moment où il fut atteint du mal de Bright, en 1870, elle devint pratiquement illisible. De plus, les historiens s'interrogent encore sur ce qu'il est advenu de ses papiers personnels. Une partie de ses livres de comptes, notamment ceux où sont consignés ses honoraires de 1835 à 1853, se trouvent au musée Ramezay, à Montréal. On peut les consulter sur microfilms aux Archives publiques du Canada. Une autre collection de documents relatifs à Cartier, restreinte mais importante, est à Montréal en possession d'un de ses descendants, le docteur George-Étienne Cartier. Elle nous a été particulièrement utile pour reconstituer la vie familiale et professionnelle du personnage. Après la mort de Cartier à Londres, son épouse a divisé ses papiers en trois catégories, selon qu'ils avaient trait à ses activités publiques, commerciales ou privées. Madame Cartier emporta ces derniers en France où elle s'établit. Par la suite, Hortense Cartier en fit don au musée McCord de Montréal. Cette collection, bien que mal classée, constitue une documentation précieuse pour l'étude de la vie privée et professionnelle de Cartier.

Étant donné le rôle important de Cartier dans le scandale du chemin de fer du Pacifique, le gouvernement de Macdonald traita les documents avec beaucoup de prudence. John Rose envoya à Macdonald ceux que Cartier avait laissés à Londres et qui avaient trait aux affaires publiques. On ne les a jamais retrouvés. En juillet 1873, deux des exécuteurs testamentaires de Cartier, son frère et un notaire, se rendirent à Ottawa pour faire l'inventaire des biens du défunt. Après avoir vu Macdonald, ils rencontrèrent Hector Langevin qui leur avait offert ses services «par amitié et respect pour feu sir George». Les trois hommes passèrent trois après-midi et autant de soirées à trier les documents. Ceux qui étaient de nature officielle ou politique furent déposés au bureau de Langevin: ils ont complètement disparu. Quant aux papiers de famille, ils furent envoyés à madame Cartier et sont maintenant en partie au musée McCord et en partie entre les mains du docteur George-Étienne Cartier. Le rapport du notaire explique ce qui est arrivé aux autres: tous les documents de nature privée et qui n'avaient plus d'utilité, écrit-il, ont été soigneusement détruits.

En conséquence il nous a fallu reconstituer la vie de Cartier à partir d'extraits de journaux, de débats à l'Assemblée, de documents provenant du gouvernement èt de diverses institutions, et de témoignages de contemporains. Après les années 1840, *La Minerve* reflète fidèlement le point de vue de Cartier. La *Montreal Gazette,* à partir de 1854, est en général favorable à Cartier, au développement économique et à la collaboration entre les groupes ethniques. Quant à l'opposition, elle s'exprime, à Montréal, dans *Le Pays,* et l'*Union nationale,* durant la période de la confédération, et par la suite dans *Le National. Le Nouveau Monde* expose les positions de Mgr Bourget, de 1867 à 1873, et appuie «le programme catholique». Enfin, deux collections sont particulièrement précieuses: celle du Séminaire de Montréal, pour ce qui a trait au contexte religieux, social et économique, et celle du Grand Tronc qui se trouve aux Archives publiques du Canada.

Les principaux discours de Cartier ont été recueillis et publiés par Joseph Tassé (Montréal, 1893) sous le titre *Discours de Sir George Cartier.* Il existe aussi plusieurs biographies du personnage. Celle de John Boyd: *Sir George-Étienne Cartier, his Life and Times: a Political History of Canada from 1814 until 1873* (Macmillan,

Toronto, 1914), surtout descriptive, a été publiée à l'occasion du centenaire de la naissance de Cartier. Dans la même veine apologétique, citons L.-O. David: *Biographies et portraits,* Montréal, Beauchemin et Valois, 1876; Alfred Duclos De Celles: *Cartier et son temps,* Collection Champlain, Montréal, 1913, et Benjamin Sulte: «Sir George Cartier», in *Mélanges historiques* publiés par Gérard Malchelosse, Montréal, 1918-1934. Les ouvrages récents qui font autorité sur le sujet sont: H.B.M. Best: *George-Étienne Cartier,* thèse de doctorat, Université Laval, Québec, 1969, et Jean-Charles Bonenfant, dans le *Dictionnaire biographique du Canada,* vol. X, Québec, Presses de l'Université Laval, 1972, p. 155-166. Dans les deux cas, les auteurs insistent sur la vision pan-canadienne et fédéraliste de Cartier. Dans son ouvrage *George-Étienne Cartier* (Toronto, McClelland and Steward, 1976) Alastair Sweeney, encore plus élogieux que tous les auteurs précédents, décrit Cartier comme «un grand héros national» qui aurait joué dans l'histoire du Canada «un rôle magnifique». Il va sans dire que son personnage a bien peu en commun avec le bourgeois montréalais de notre étude.

Plutôt que de proposer une bibliographie complète sur la période étudiée, nous avons préféré multiplier les notes de référence. Au surplus, on trouvera des bibliographies détaillées dans les ouvrages suivants: W.L. Morton: *The Critical Years: The Union of British North America, 1857-1873,* Toronto, McClelland and Stewart, 1971; P.B. Waite: *Canada, 1874-1896: Arduous Destiny,* Toronto, McClelland and Stewart, 1971, et André Désilet: *Hector-Louis Langevin: un père de la Confédération canadienne, 1826-1906,* Québec, Presses de l'Université Laval, 1969. Pour les adversaires libéraux de Cartier, voir Jean-Paul Bernard: *Les Rouges: libéralisme, nationalisme et anticléricalisme au milieu du XIXe siècle,* Montréal, Presses de l'Université du Québec, 1971. Enfin, pour ce qui a trait à la société montréalaise, voir Paul-André Linteau et Jean Thierge: *Montréal au XIXe siècle: bibliographie,* Montréal, Groupe de recherche sur la société montréalaise au XIXe siècle, 1973.

Éléments de bibliographie

Depuis la parution de la première édition de ce livre, en 1982, plusieurs études sont venues clarifier différents aspects de la figure de Cartier et de son milieu. Voici les plus importantes :

Éric Bédard, *Le Mouvement réformiste. La pensée d'une élite canadienne-française au milieu du XIXe siècle* (thèse, Université McGill, 2004), 323 p.

Bellavance, Marcel, *Le Québec et la Confédération : un choix libre ? Le clergé et la constitution de 1867*, Sillery, Septentrion, 1992, 209 p.

Buckner, Phillip A., *Transition to Responsible Government : British Policy in British North America 1815-1850*, Westport, Greenwood Press, 1985, 358 p.

Danylewycz, Martha, *Profession : religieuse. Un choix pour les Québécoises, 1840-1920*, Montréal, Boréal, 1988, 246 p. [*Taking the Veil : An Alternative to Marriage, Motherhood, and Spinsterhood in Quebec, 1840-1920*, Toronto, McClelland & Stewart, 1987, 203 p.]

Ducharme, Michel, « Penser le Canada. La mise en place des assises intellectuelles de l'État canadien moderne (1838-1840) », *Revue d'histoire de l'Amérique française*, vol. 56, n° 3 (hiver 2003), p. 357-386.

Dumont-Johnson, Micheline *et al.*, *Les Couventines. L'éducation des filles au Québec dans les congrégations religieuses enseignantes, 1840-1960*, Montréal, Boréal, 1986, 315 p.

Dumont, Fernand, *Genèse de la société québécoise*, Montréal, Boréal, coll. « Boréal compact », 1996, 398 p.

Fecteau, Jean-Marie, *La Liberté du pauvre. Sur la régulation du crime et de la pauvreté au XIXe siècle québécois*, Montréal, VLB éditeur, 2004, 455 p.

Greer, Allan et Ian Radforth (dir.), *Colonial Leviathan*, Toronto, UTP, 1992, 328 p.

Greer, Allan, *Habitants et Patriotes. La Rébellion de 1837 dans les campagnes du Bas-Canada*, Montréal, Boréal, 386 p. [*The Patriots and the People*, Toronto, UTP, 1993, 385 p.]

Hardy, René, *Contrôle social et mutation de la culture religieuse au Québec, 1830-1930*, Montréal, Boréal, 1999, 284 p.

Kelly, Stéphane, *La Petite Loterie. Comment la Couronne a obtenu la collaboration des Canadiens français après 1837*, Montréal, Boréal, 1997, 283 p.

Lamonde, Yvan, *Histoire sociale des idées au Québec*, vol. I : *1760-1896*, Montréal, Fides, 2000, 565 p.

Lemieux, Lucien, Philippe Sylvain et Nive Voisine, *Histoire du catholicisme québécois*, vol. II : *Les XVIIIe et XIXe siècles*, Montréal, Boréal, 1989.

Little, J. I., *State and Society in transition : The Politics of Institutional Reform in the Eastern Townships, 1838-1852*, Montréal/Kingston, McGill-Queen's University Press, 1997, 320 p.

Martin, Ged, *Britain and the Origins of Canadian Confederation, 1837-1867*, Vancouver, UBC Press, 1995, 388 p.

Monet, Jacques, *La Première Révolution tranquille. Le nationalisme canadien-français 1837-1850*, Montréal, Fides, 1981, 502 p. [*The Last Cannon Shot : A Study of French-Canadian Nationalism 1837-1850*, Toronto, UTP, 1969, 422 p.]

Otter, A. A. den, *The Philosophy of Railways : The Transcontinental Railway Idea in British North America*, Toronto, UTP, 1997, 292 p.

Rudin, Ronald, *Histoire du Québec anglophone, 1759-1980*, Québec, Institut québécois de recherche sur la culture, 1986, 332 p.

Silver, A. I., *The French-Canadian Idea of Confederation, 1867-1900*, Toronto, UTP, 1982, 257 p.

Stewart, Gordon, *The Origins of Canadian Politics. A Comparative Approach*, Vancouver, UBC Press, 1986, 129 p.

Young, Brian, *The Politics of Codification. The Lower Canadian Civil Code of 1866*, Montréal, The Osgoode Society for Canadian Legal History et McGill-Queen's University Press, 1994, 264 p.

Table des matières

ACHEVÉ D'IMPRIMER EN NOVEMBRE 2004
SUR LES PRESSES DE L'IMPRIMERIE AGMV MARQUIS
À CAP-SAINT-IGNACE (QUÉBEC).